Windows 10 Tipps und Tricks

Schritt für Schritt erklärt

von
Dirk Louis, Peter Müller

Liebe Leserin, lieber Leser,

Sie kennen ja bestimmt die Geschichte vom Ei des Kolumbus. Gerade aus Amerika zurück-gekehrt, spielten die Spanier seine Verdienste herunter und sagten, es sei ja ein Leichtes gewesen, die Neue Welt zu entdecken. Jeder andere hätte das auch geschafft. Er forderte sie im Gegenzug dazu auf, ein gekochtes Ei auf der Spitze aufzustellen. Nachdem das nieman-dem gelang, schlug er das Ei mit der Spitze so auf den Tisch, dass es stehen blieb und sagte: »Alles ist einfach, wenn man weiß, wie es geht!«

Nun, um ganz ehrlich zu sein, hat er es ein wenig anders formuliert, aber das war doch im Grunde seine Botschaft. Wenn man den Weg kennt, ist er leicht zu beschreiten. Schon ein kleiner Tipp, nur ein wenig Wissen oder ein kurzer Hinweis können viel bewegen. Und das gilt in ganz besonderem Maße auch für den Umgang mit dem Computer. Dieses Buch sammelt genau diese Tipps, dieses Wissen und diese Hinweise, die Ihnen das Leben mit Windows so viel leichter machen können. Es ist fast unglaublich, wie viele Hunderte solcher Tipps und Tricks Dirk Louis und Peter Müller gesammelt haben. Profitieren Sie davon. Lernen Sie Windows so richtig kennen, surfen Sie im Internet, schreiben Sie Mails, schauen Sie Filme und richten Sie sich in Windows 10 so ein, dass Sie einfach unkomplizierter und schneller damit arbeiten können. Sie müssen das Buch nicht von vorne bis hinten lesen. Jeder Tipp steht für sich allein und Sie können sofort und ohne Vorkenntnisse damit loslegen. Und das sollten Sie jetzt auch tun. Entdecken Sie Windows 10!

Dieses Buch wurde mit größter Sorgfalt geschrieben und hergestellt. Sollten Sie dennoch einmal einen Fehler finden oder inhaltliche Anregungen haben, freue ich mich, wenn Sie mit mir in Kontakt treten. Für Kritik bin ich dabei ebenso offen wie für Lob. Viel Spaß und Erfolg mit dem neuen Windows wünscht Ihnen

Ihr Jan Watermann
Lektorat Vierfarben

jan.watermann@vierfarben.de
www.facebook.com/vierfarben

Sie haben Fragen, Wünsche oder Anregungen zum Buch?
Gerne sind wir für Sie da:

Anmerkungen zum Inhalt des Buches: *jan.watermann@vierfarben.de*
Bestellungen und Reklamationen: *service@vierfarben.de*
Rezensions- und Schulungsexemplare: *sophie.herzberg@vierfarben.de*

Das vorliegende Werk ist in all seinen Teilen urheberrechtlich geschützt.
Alle Rechte vorbehalten, insbesondere das Recht der Übersetzung, des
Vortrags, der Reproduktion, der Vervielfältigung auf fotomechanischem
oder anderen Wegen und der Speicherung in elektronischen Medien.

Ungeachtet der Sorgfalt, die auf die Erstellung von Text, Abbildungen
und Programmen verwendet wurde, können weder Verlag noch Autor,
Herausgeber oder Übersetzer für mögliche Fehler und deren Folgen eine
juristische Verantwortung oder irgendeine Haftung übernehmen.

Die in diesem Werk wiedergegebenen Gebrauchsnamen, Handelsnamen,
Warenbezeichnungen usw. können auch ohne besondere Kennzeichnung
Marken sein und als solche den gesetzlichen Bestimmungen unterliegen.

An diesem Buch haben viele mitgewirkt, insbesondere:
Lektorat Jan Watermann
Korrektorat Petra Biedermann, Reken
Herstellung Vera Brauner
Einbandgestaltung Eva Schmücker
Coverentwurf Marc Thoben, Köln
Coverfoto iStockphoto: 43064292©PeopleImages
Typografie und Layout Vera Brauner
Satz Isolde Kommer, Großerlach
Druck Media-Print Informationstechnologie GmbH, Paderborn

Gesetzt wurde dieses Buch aus der TheSans (9,5 pt/13 pt) in Adobe
InDesign CC 2015. Und gedruckt wurde es auf mattgestrichenem
Bilderdruckpapier (115 g/m²).

Hergestellt in Deutschland.

Bibliografische Information der Deutschen Nationalbibliothek
Die Deutsche Nationalbibliothek verzeichnet diese Publikation in der Deutschen
National-bibliografie; detaillierte bibliografische Daten sind im Internet über
http://dnb.d-nb.de abrufbar.

ISBN 978-3-8421-0178-4

1. Auflage 2015, 1., korrigierter Nachdruck 2016
© Vierfarben, Bonn 2015
Vierfarben ist eine Marke der Rheinwerk Verlag GmbH
Rheinwerkallee 4, 53227 Bonn
www.vierfarben.de

Der Verlagsname Vierfarben spielt an auf den Vierfarbdruck, eine Technik zur Erstellung farbiger Bücher. Der Name steht für die Kunst, die Dinge einfach zu machen, um
aus dem Einfachen das Ganze lebendig zur Anschauung zu bringen.

Inhalt

Vorwort 15

1 Crashkurs Windows 10 17

Windows auf einen Blick 18
Die verbesserte Fingerbedienung 20
Das Startmenü 21
Der Tablet-Modus 22
Gesten 23
Das Info-Center 24
Die Taskansicht 25
Für Umsteiger von Windows 7 26
Für Umsteiger von Windows 8 29
Wie finde ich was? 30
Die Suche 32
Die wichtigsten Einstellungen schnell erreichen 33
Ein Hoch den Tastenkombinationen 34
Windows beenden 35

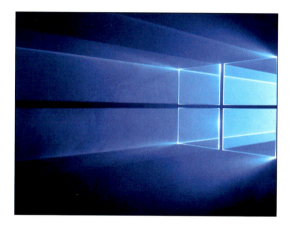

2 Windows geschickt bedienen ... 37

Mit PIN anmelden ... 38
Mit Bildcode anmelden ... 40
Die automatische Anmeldung aktivieren ... 42
Tablet oder Desktop – den Startmodus festlegen ... 43
Schneller starten ... 44
Ordnung auf dem Desktop schaffen ... 48
Apps per Tastenkombination aufrufen ... 52
Windows für Linkshänder einrichten ... 53
Das geheime Administratorkonto aktivieren ... 54
Schneller Benutzerwechsel ... 55
Automatischen Neustart bei Fehlern verhindern ... 56
Apps finden ... 57
Ordnung im Startmenü schaffen ... 58
Dialogfelder an die Taskleiste anheften ... 62
Dokumente anheften ... 63
Apps über die Taskansicht schließen ... 64
Abgestürzte Apps beenden ... 65
Im Tablet-Modus mehrere Apps anzeigen ... 66
App-Benachrichtigungen ausschalten ... 67
Von Apps aus drucken ... 68
Fenster durch Zeigen aktivieren ... 69

Sprunglisten ein- und ausschalten 70
Notizzettel auf den Desktop kleben 71
Die Lesbarkeit verbessern 72
Mit mehreren Desktops arbeiten 74
Die Sprachassistentin Cortana 76
Die Cortana-Sprachbefehle 80
Mit der Eingabeaufforderung arbeiten 82

Dateien und Ordner besser im Griff 83

Den Explorer mit Laufwerksübersicht starten 85
Die Dateinamenerweiterungen anzeigen 85
Einen Dateityp einem Programm zuordnen 86
Versteckte Dateien anzeigen 87
Dateien sofort endgültig löschen 88
Dateien immer sofort löschen 89
Navigationsbereich und Inhaltsfenster synchronisieren 89
Mehrere Dateien gleichzeitig umbenennen 90
Mehrere Dateien individuell umbenennen 92
Kopieren unterbrechen und fortsetzen 93
Explorer-Fenster durch eigenen Prozess absichern 94
Das erweiterte Kontextmenü aufrufen 95

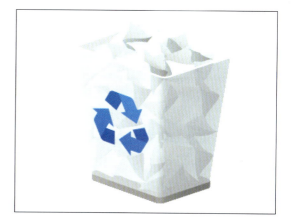

Im Dateidialogfenster kopieren ... 96
Schnell zu den Systemordnern wechseln ... 97
Kopieren und verschieben ... 98
Zugriffsrechte bei Dateien ... 99
ZIP-Dateien im Griff ... 104
ISO-Dateien verwenden ... 107
Tastenkombinationen für den Windows Explorer ... 109

4 Windows schneller machen ... 111

Die Startzeit kontrollieren ... 112
Den Sperrbildschirm deaktivieren ... 113
Mehrere Prozessoren beim Boot-Vorgang zulassen ... 114
Schneller starten mit Hybrid-Boot ... 115
Schneller weiterarbeiten dank Ruhezustand ... 116
Anzeige der Betriebssystemauswahl anpassen ... 117
Den automatischen Start von Programmen verhindern ... 118
Dienste deaktivieren ... 119
Visuelle Effekte abschalten ... 120
Automatische App-Updates abschalten ... 121
Schneller mit ReadyBoost ... 122
Programmen mehr Prozessorzeit zuteilen ... 123
Laufzeitintensive Programme aufspüren ... 124
Unerwünschte Updates verhindern ... 125
Windows schneller herunterfahren ... 126

Inhalt 9

Online mit Browser und Apps 127

Tipps zum neuen Browser Edge 130
Tipps zum Internet Explorer 138
Tastenkombinationen für Edge und Internet Explorer 149
Den Flugzeugmodus einschalten 150
Wetterdaten für einen bestimmten Ort anzeigen lassen 151
Die Börse beobachten 152
Pünktlich Schluss machen 154
Kalorienzählen leicht gemacht 155

E-Mail, OneDrive, Skype 157

Ein Microsoft-Konto anlegen 158
Ein lokales Konto in Microsoft-Konto umwandeln 160
Das Microsoft-Konto schließen 162
Weitere Mailkonten hinzufügen 163
Profi-Einstellungen für Mailkonten 164
Den Kontonamen ändern 165
Spam-Mails herausfiltern 166
Die Microsoft-Konto-Verbindung für Apps reparieren 167
Windows Live Mail installieren 168
Windows Live Mail – Konto einrichten 170
Videotelefonieren mit Skype 175

Fotos

7 Fotos, Musik, Videos und Karten 179

Bilder anschauen mit der Fotos-App	180
Bilder vergrößert und verkleinert anzeigen	181
Fotos bequem anzeigen, drehen und aussortieren	182
Fotos nicht automatisch korrigieren lassen	184
Aufnahmedatum und andere Bilddaten ändern	185
Musik von CD in den »Musik«-Ordner kopieren	186
Eine Audio-CD in MP3s umwandeln	187
Musik online kaufen	188
Musik auf das Smartphone übertragen	190
Eine MP3-CD brennen	191
CD-Cover finden und in Paint verarbeiten	192
CD-Cover drucken	193
DVDs am PC anschauen	194
Die Karten-App nutzen	195
Kartenmaterial offline verfügbar machen	196

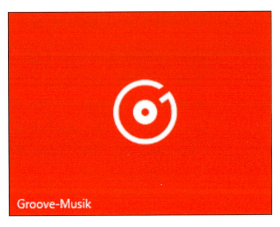

8 Ihr ganz persönliches Windows 197

Ein persönlicher Gruß auf dem Begrüßungsbildschirm	198
Tipps zum Sperrbildschirm	199
Die Fenstervorschau verzögern	202
Die Fenstervorschau vergrößern	203
Die Live-Vorschau in Kacheln ausschalten	204

Windows-Store-Updates abschalten	205
Die Gruppierung auf der Taskleiste ausschalten	206
Die Feststelltaste deaktivieren	207
Die Uhrzeiten mehrerer Orte immer im Blick	208
Die Position der Taskleiste ändern	209
Laufwerksbuchstaben oder -namen ändern	210
Besondere Ordner mit eigenem Symbol versehen	212
Das »Senden an«-Menü erweitern	213
Persönliche Spracheinstellungen	214
Schriftarten installieren	218
Eine Diashow Ihrer Lieblingsbilder als Hintergrund	220
Der Einsatz von mehreren Monitoren	222
Festlegen, welche Fenster auf welcher Taskleiste erscheinen	224
Ein Hintergrundbild für mehrere Monitore	225
Den »Godmode« aktivieren	226

Schützen Sie Ihren Computer — 227

Daten- und Systemsicherung	228
Den Datenschutz verbessern	229
Den Dateiversionsverlauf aktivieren	230
Auf frühere Dateiversion zugreifen	231
Einen Wiederherstellungspunkt erstellen	232
Eine Kennwortrücksetzdiskette erstellen	233
Dateien spionagesicher löschen	234

Die Liste der zuletzt verwendeten Dateien beim Abmelden löschen	235
Kamera und Mikrofon deaktivieren	236
Daten verschlüsseln	237
Software installieren ohne SmartScreen	240
Meldung zur Media-Player-Verwendung deaktivieren	241
Anonym surfen	242
Den Browserverlauf und Cookies löschen	243
Viren und andere Schädlinge im Griff	244

10 Windows mit mehreren Benutzern 249

Einen Benutzer anlegen	250
Das Benutzerpasswort ändern	252
Ein Konto mit Administratorrechten ausstatten	253
Programme als Administrator starten	254
Ein Programm immer als Administrator ausführen	255
Die Sicherheitsabfrage abschalten – ohne Netz und doppelten Boden	256
Konten für Kinder und Jugendliche einrichten	257
Die Benutzereinstellungen von Konten für Kinder ändern	258
Die Benutzereinstellungen synchronisieren	259

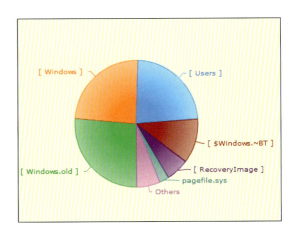

11 Auch Windows braucht Pflege — 261

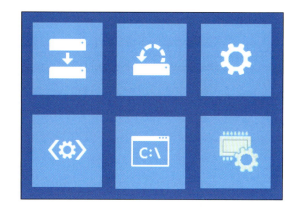

Temporäre Dateien löschen	262
Besonders große Ordner und Dateien identifizieren	264
Das Dateisystem überprüfen	265
Die Ruhezustandsdatei löschen	266
Die Festplatte defragmentieren	267
Die vorherige Windows-Version löschen	268
Die Registrierdatenbank	269
Die Registrierdatenbank sichern	270
Die Registrierdatenbank säubern	271
Die Papierkorbgröße sinnvoll einstellen	272
Die ClearType-Textdarstellung optimieren	273
Partition verkleinern oder vergrößern	274
Eine neue Partition erstellen	275
Stromfressende Apps und Programme aufspüren	276
Speicherintensive Apps ermitteln	277

12 Fehlersuche und Reparatur — 279

Harmlose Ereignisfehler, nervige Trickbetrüger	280
Probleme beim Start beheben	281
Kennwort vergessen?	284
Apps im Kompatibilitätsmodus starten	286
Welches Windows habe ich?	287

Die Ereignisanzeige prüfen	288
Grafikprobleme bei Spielen lösen	289
Installierte Treiber bestimmen	290
Das DVD-Laufwerk ist verschwunden	291
Die Registrierdatenbank wiederherstellen	292
Den Arbeitsspeicher überprüfen	293
Windows zurücksetzen	294
Die eigene IP-Adresse herausfinden	296
Internetprobleme	297
Probleme mit USB-Geräten	299
Probleme dokumentieren	301
Fernzugriff	303
Der Explorer reagiert nicht mehr	305
Glossar	307
Stichwortverzeichnis	313

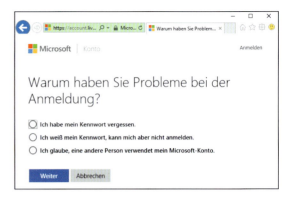

Vorwort

Die Fertigstellung dieses Buches hat uns viel Mühe und Schweiß gekostet. Dabei hatten wir uns alles so einfach vorgestellt, als uns im Frühjahr 2015 der Vierfarben Verlag Interesse signalisierte, unser Windows-Tipps-Buch, das zur Version 8.1 bei Microsoft Press erschienen war, für das im Sommer erwartete Windows 10 in der eigenen Reihe »Schritt für Schritt erklärt« herauszubringen. Wir waren schnell einverstanden. Leider hat uns Microsoft das Leben schwerer gemacht, als wir erwartet hatten.

Denn es hat sich in Windows 10 viel geändert – neue Apps, neue Funktionen, ganz neue Möglichkeiten wie z. B. die Sprachsteuerung mittels Cortana oder die Verwaltung mehrerer virtueller Desktops, und nicht zuletzt: ein neues Windows-Gefühl, das wie eine Verschmelzung von Windows 7 und Windows 8 anmutet. Und auch wenn uns dies als Autoren viel zusätzliche Arbeit gemacht hat, als Windows-Nutzer, zu denen wir ja auch gehören, können wir die Neuerungen nur begrüßen.

Kein Computerjargon!

Dies ist kein Tipps-und-Tricks-Buch für Computer-Freaks, sondern für ganz normale Anwender. Und für diese ist nichts frustrierender, als seitenlange Abhandlungen in Computersprech zu lesen, wenn sie nur herausfinden möchten, wie sie ein Problem in kürzester Zeit lösen oder eine neue nützliche Technik erlernen. Daher verzichtet dieses Buch weitgehend auf technische Ausdrücke und Computerchinesisch, und zu den Fachausdrücken, die unvermeidlich sind, gibt es am Ende des Buches ein Glossar.

Die meisten Tricks und Tipps werden auf einer Seite erläutert. Sehen Sie im Stichwort- oder Inhaltsverzeichnis nach, schlagen Sie die angegebene Seite auf, und Sie haben die illustrierte, in Einzelschritte zerlegte Anleitung vor Augen, ohne sich durch Grundsatzerklärungen hangeln zu müssen. Vollziehen Sie die Schritte einfach nach, und erledigen Sie Ihre Aufgabe mit einem Minimum an Aufwand. Ergänzende Informationen und zusätzliche Tipps finden Sie in den farbigen Kästen.

Die neue Windows-Benutzeroberfläche

Umsteiger von Windows 7 oder noch älteren Windows-Versionen werden feststellen, dass Windows 10 dem Anwender nicht nur zahlreiche neue Möglichkeiten bietet, sondern ihn auch vor etliche Herausforderungen stellt.

Umsteiger von Windows 8 oder 8.1 werden dagegen einige der Features vermissen, an die sie sich inzwischen gewöhnt haben. Aus diesem Grund schien es uns angebracht, das vorliegende Tipps-und-Tricks-Buch mit einem einleitenden Crashkurs für Umsteiger zu beginnen und auch diverse grundlegende Techniken aufzunehmen, wie z. B. das Einrichten eines Microsoft-Kontos oder die Arbeit mit Cortana, virtuellen Desktops, OneDrive und anderen vorinstallierten Apps.

Ein letztes Wort (oder zwei)

Beim Schreiben dieses Buches hatten wir drei Ziele vor Augen:

Wir möchten Ihnen viele praktische Tipps an die Hand geben, die Ihnen bei der täglichen Arbeit mit Windows 10 von Nutzen sind.

Wenn Sie im Laufe der Zeit in diesem Buch viele Tricks finden, die Sie richtig begeistert und die Ihnen Ihr Leben mit Windows deutlich erleichtert haben, ist unser zweites Ziel erreicht.

Wir möchten, dass Ihnen die Arbeit mit Windows 10 Spaß macht. Wir können uns nichts Besseres vorstellen, uns für Ihre Bereitschaft, dieses Buch zu kaufen, zu bedanken.

Wir möchten, dass Sie an diesem Buch genauso viel Freude haben wie wir beim Schreiben. Der beste Weg, etwas zu lernen, ist, es auszuprobieren. Wir hoffen, dass dieses Buch Sie dazu inspiriert.

Dirk Louis und *Peter Müller*

Crashkurs Windows 10

In diesem Kapitel

- Windows auf einen Blick
- Die verbesserte Fingerbedienung
- Das Startmenü
- Der Tablet-Modus
- Die Taskansicht
- Für Umsteiger von Windows 7
- Für Umsteiger von Windows 8
- Wie finde ich was?
- Die Suche
- Die wichtigsten Einstellungen schnell erreichen
- Windows beenden

Mit Windows 10 scheint endlich geglückt, was Microsoft schon mit Windows 8 anvisierte: die Vereinigung von App-Oberfläche und klassischem Desktop in einem einzigen, universellen Betriebssystem, das auf dem Tablet-PC, Smartphone und auf dem traditionellen Desktop-Rechner dasselbe ist und Ihnen hoffentlich auch überall genauso viel Spaß macht.

Wird Windows 10 aber in der Lage sein, auch die Windows-Gemeinde wieder zu vereinen? Immerhin haben sich bisher 60 % der Windows-Anwender dem Umstieg auf Windows 8 verweigert und sind bei Windows 7 geblieben. Ihnen gegenüber steht die Fraktion der Windows-8- bzw. -8.1-Anhänger, die sich gerade erst mühsam an die neue Oberfläche gewöhnt haben und nun – nicht ganz zu Unrecht – befürchten, sich erneut umstellen zu müssen.

Unabhängig davon, zu welcher Fraktion Sie gehören, möchten wir Ihnen mit diesem einführenden Kapitel den Einstieg oder Umstieg etwas erleichtern. Unsere ersten »Tipps« sind daher eher Übersichten und Zusammenfassungen grundlegender Neuerungen, Begriffe und Arbeitsschritte, die Lesern mit Windows-Erfahrung den Umstieg erleichtern sollen.

Falls Sie bereits mit Windows 10 vertraut sind, überspringen Sie dieses Kapitel bitte nicht ganz, sondern lesen Sie ab Seite 32 die Tipps zur Suche und den Schnellzugang zu den Befehlen und Einstellungen, da wir diese Techniken im Laufe des Buches viel verwenden werden.

18 Windows 10 – Tipps und Tricks

Windows auf einen Blick

Ein erster Blick auf die neue Windows-Oberfläche sagt uns, dass die Windows-Welt wieder heil ist und alle Bedienelemente, die Sie aus den Versionen vor Windows 8 vielleicht schon kennen, wieder an ihrem angestammten Platz sind. Darüber hinaus lassen diverse neu hinzugekommene Symbole spannende Neuerungen erahnen. Hier stellen wir Ihnen zunächst die wichtigsten Schaltflächen und Elemente der Windows-10-Oberfläche, die Sie im Alltag am häufigsten benötigen werden, auf einen Blick vor:

❶ **Papierkorb**-Symbol

❷ Die **Start-Schaltfläche** öffnet das Startmenü. Per Rechtsklick oder durch Drücken von ⊞ + X öffnet sich das Kontextmenü der Start-Schaltfläche mit weiterführenden Befehlen, die vor allem für Desktop-Anwender interessant sind.

❸ Das neue **Startmenü**. Wir stellen es Ihnen ab Seite 21 vor.

❹ Das **Suchfeld**, das unter Windows 7 noch Teil des Startmenüs war, ist nun in die Taskleiste integriert – was sehr zu begrüßen ist, da die Suche nun mit einem Klick aktiviert werden kann. Die Anleitungen zur Suche finden Sie ab Seite 32.

❺ Die **Taskansicht**. Arbeiten Sie mit mehreren Desktops. Siehe Seite 74.

❻ **Microsoft Edge**. Der neue Browser, der den alten Internet Explorer ersetzt. Zu **Edge** und wie Sie mit ihm im Internet surfen, lesen Sie ab Seite 131 mehr.

❼ **Explorer**. Den Explorer kennen Sie vielleicht schon. Ihn werden Sie häufig einsetzen. Mit ihm verwalten Sie Ihre Ordner und Dateien.

❽ **Windows Store**. Dort können Sie Tausende Apps herunterladen und auf Ihrem Rechner installieren.

❾ **Benachrichtigungen**. Über diese Schaltfläche zeigen Sie nicht nur Systemmeldungen an, sondern öffnen auch das **Info-Center** ⓫. Auf Touchscreens können Sie es durch Wischen vom rechten Rand aufrufen.

❿ Die **Bildschirmtastatur**. Hierzu lesen Sie mehr auf der nächsten Seite.

Beim Start erscheint zuerst der Sperrbildschirm

Beim Hochfahren von Windows 10 erscheint zuerst der Sperrbildschirm. Um von diesem zur Anmeldung zu gelangen, müssen Sie ihn mit dem Finger oder mit der Maus nach oben ziehen. Alternativ genügt das Drücken einer Taste oder ein Klick mit der Maustaste.

Die verbesserte Fingerbedienung

Ein zweiter Blick auf die neue Windows-Oberfläche offenbart auch, wie unter Windows 10 die Desktop-Welt mit der Tablet-Welt vereint wird. Statt wie unter Windows 8 zwei getrennte Oberflächen anzubieten – den klassischen Desktop und die per Finger bedienbare App-Oberfläche –, wurde für Windows 10 der klassische Windows-Desktop einfach durch einige wohldurchdachte Anpassungen so ausgelegt, dass er auch gut mit den Fingern zu bedienen ist.

++ Ein eigener Modus für Tablets

Und wenn Ihnen das alles noch nicht reicht, können Sie Windows 10 in nur zwei Schritten in ein echtes Tablet-System verwandeln: Klicken oder tippen Sie auf das Benachrichtigungssymbol und dann auf **Tablet-Modus.** Lesen Sie dazu auch den Abschnitt »Der Tablet-Modus« auf Seite 22.

❶ Zunächst einmal wurden viele Bedienelemente so ausgelegt, dass sie sich auch für die Fingerbedienung auf einem Tablet oder einem Desktop mit Touchscreen eignen. Sie sehen dies sofort, wenn Sie beispielsweise über die Start-Schaltfläche das Startmenü öffnen oder auf eines der Symbole im rechtsseitigen Infobereich der Taskleiste klicken.

❷ Apps – also Anwendungen, bei deren Entwicklung auf fingerfreundliche Bedienung geachtet wurde – können wie ganz normale Anwendungen auf dem Desktop ausgeführt werden.

Sie müssen also nicht wie unter Windows 8 auf die App-Oberfläche wechseln.

❸ Die unter Windows 8 eingeführten Kacheln wurden in das Startmenü integriert. Dafür wurden einige fortgeschrittene Befehle wie bereits erwähnt in das Kontextmenü der Start-Schaltfläche ausgelagert.

❹ Bei Bedarf rufen Sie über dieses Symbol die Bildschirmtastatur auf.

Das Startmenü

Das Startmenü ist die wichtigste Schaltzentrale. Von hier aus haben Sie Zugriff auf die installierten Apps (Programme) und die wichtigsten Einstellungen.

Links oben sehen Sie das Symbol und den Namen des aktuell angemeldeten Benutzers ❶. Über das zugehörige Kontextmenü wechseln Sie den Benutzer oder gelangen zu den Konto-Einstellungen.

Darunter folgen diverse App-Listen: eine Liste der meistverwendeten Apps ❷, gegebenenfalls der zuletzt installierten Apps ❸ sowie eine Liste fest ausgewählter Apps ❹. Die Zusammenstellung dieser Listen können Sie über **Einstellungen > Personalisierung > Start** frei konfigurieren.

Ganz unten gibt es die Schaltfläche **Alle Apps** ❺, die Sie zur alphabetisch geordneten App-Liste führt ❻.

Der rechte Bereich des Startmenüs bietet über die Kacheln Schnellzugriff auf die wichtigsten Apps ❼. Dieser Bereich ist frei konfigurierbar. Um eine Schnellzugriff-Kachel zu entfernen, wählen Sie einfach im Kontextmenü der Kachel den Befehl **Von „Start" lösen**. Um für eine App aus einer der linksseitigen App-Listen eine Schnellzugriff-Kachel anzulegen, ziehen Sie das App-Symbol einfach in den Kachelbereich oder wählen im Kontextmenü den Befehl **An „Start" anheften**.

Wo ist das Suchfeld geblieben?

Sie vermissen das Suchfeld, das früher immer unten im Startmenü zu sehen war? Sie finden es jetzt in der Taskleiste, direkt neben der Start-Schaltfläche.

Der Tablet-Modus

Wenn Sie ein Windows-Tablet besitzen oder über einen PC mit Touchscreen verfügen, sollten Sie den Tablet-Modus einstellen. Dabei liegen die App-Kacheln großformatig auf dem Desktop. Jede aufgerufene App nimmt den gesamten Bildschirm ein.

Die wichtigsten Bedienelemente und Schaltflächen im Tablet-Modus stellen wir Ihnen hier kurz vor:

❶ **App-Menü**. Ein Klick auf diese Schaltfläche vergrößert oder verkleinert die linksseitige Menüleiste. Das App-Menü der Startseite enthält den Rest des Startmenüs ❹, während die App-Menüs der einzelnen Apps aus allgemeinen und app-spezifischen Befehlen zusammengesetzt sind.

❷ Schaltfläche **Ein/Aus** zum Herunterfahren von Windows

❸ Mit der Schaltfläche **Alle Apps** blenden Sie die alphabetisch sortierte App-Liste ein.

Ein Kosename für das App-Menü

Das App-Menü ❶ wird in der Windows-Szene übrigens auch liebevoll »Hamburger-Menü« genannt, vermutlich weil die drei waagerechten Linien der Schaltfläche an eine Bulette zwischen zwei Brötchenhälften erinnern.

Mit zwei Klicks zum Tablet-Modus

Um schnell vom Desktop-Modus in den Tablet-Modus zu wechseln, klicken Sie in der Taskleiste rechts auf das Symbol **Neue Benachrichtigungen** und im aufklappenden **Info-Center** unten auf die **Tablet-Modus**-Kachel. Siehe auch den Tipp »Tablet oder Desktop – den Startmodus festlegen« auf Seite 43.

Gesten

Falls Sie noch nie mit einem Tablet oder Touchscreen gearbeitet haben, hier eine Gegenüberstellung der wichtigsten Maus- und Fingeraktionen.

Aktion	Maus	Geste
Kontextmenü aufrufen	Klicken Sie das Objekt ❶ mit der rechten Maustaste an.	Drücken Sie mit dem Finger etwas länger auf das Objekt. Wenn Sie eine Kachel der Startseite etwas länger gedrückt halten, wechselt die Kachel in den Bearbeitungsmodus. Das Kontextmenü öffnen Sie dann durch Tippen auf das eingeblendete Menüsymbol ❷. Durch Tippen auf die Pinnnadel können Sie die Kachel aus dem Startmenü entfernen ❸.
Ausführen	Klicken Sie das Objekt mit der linken Maustaste an, um die Standardaktion für das Objekt auszuführen.	Tippen Sie mit dem Finger auf das Objekt, um die Standardaktion für das Objekt auszuführen.
Verschieben	Ziehen Sie das Objekt bei gedrückt gehaltener linker Maustaste mit der Maus.	Ziehen Sie das Objekt mit dem Finger.
Bildlauf	Drehen Sie das Mausrad.	Wischen Sie mit dem Finger.
Zoomen	–	Bewegen Sie zwei Finger aufeinander zu oder auseinander.

Die wichtigsten Finger- und Mausgesten

Das Info-Center

Im Gegensatz zu Windows 8 und Windows 8.1 sind die Ecken und Ränder bei Windows 10 nicht ganz so überfrachtet. Trotzdem kommt dem linken und rechten Rand Ihres Bildschirms ganz besondere Bedeutung zu, denn hier verbergen sich interessante zusätzliche Bedienelemente – und das gleichermaßen im Tablet- wie im Desktop-Modus.

❶ Ein Klick auf dieses Symbol blendet das **Info-Center** ein. Wenn Sie mit einem Touchscreen oder einem Tablet arbeiten, können Sie auch einfach mit dem Finger vom rechten Rand nach links wischen.

❷ Auflistung aktueller Benachrichtigungen, Mails etc.

❸ Ein-/Ausschalten von WLAN, Bluetooth, VPN, Tablet-Modus etc.

❹ Hier rufen Sie alle Einstellungen auf.

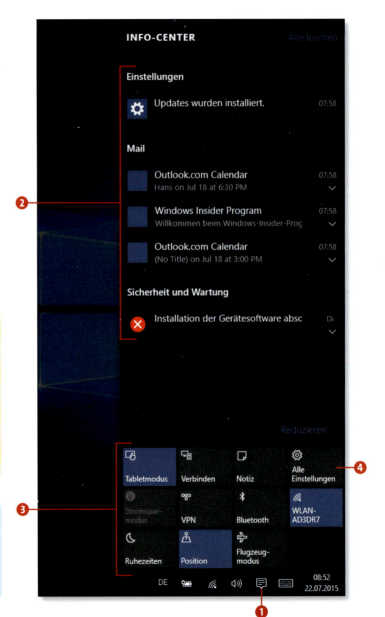

Wenn der Rand nicht reagiert

Auf Touchscreen-Bildschirmen für Desktop-PCs sind die Ränder nicht immer gut mit den Fingern erreichbar. Manchmal hilft es dann, den Fingernagel oder einen Eingabestift zu verwenden, um den Rand zu erreichen. Oder Sie weichen auf die Mausbedienung oder die zugehörigen Tastenkombinationen aus. Lesen Sie dazu auch den Abschnitt »Ein Hoch den Tastenkombinationen« auf Seite 34.

Es gibt noch mehr einblendbare Randleisten

Neben dem **Info-Center** können Sie weitere Funktionsleisten am linken Rand einblenden: die Teilen-Leiste (Aufruf mit ⊞ + H) und die Verbinden-Leiste (Aufruf mit ⊞ + K).

Die Taskansicht

Wie Sie vermutlich wissen, gibt es in Windows diverse Möglichkeiten, eine App, deren Fenster verdeckt oder minimiert ist, wieder in den Vordergrund zu holen: beispielsweise durch Klick auf das zugehörige App-Symbol in der Taskleiste oder durch Einblenden der Fensterübersicht mit Alt + ⇆.

Unter Windows 10 gibt es nun noch eine weitere Übersicht: die *Taskansicht*. Die Taskansicht bietet zwei wesentliche Vorteile: Sie ist für die Fingerbedienung optimiert, und sie unterstützt virtuelle Desktops (siehe Tipps ab Seite 74).

1. Um die Taskansicht einzublenden, tippen oder klicken Sie auf das Symbol **Taskansicht** ❶ in der Taskleiste. Oder wischen Sie mit dem Finger vom rechten Rand nach links.

2. Wenn Sie mehrere virtuelle Desktops eingerichtet haben, wählen Sie in der unteren Leiste den Desktop aus ❷, dessen Apps gezeigt werden sollen.

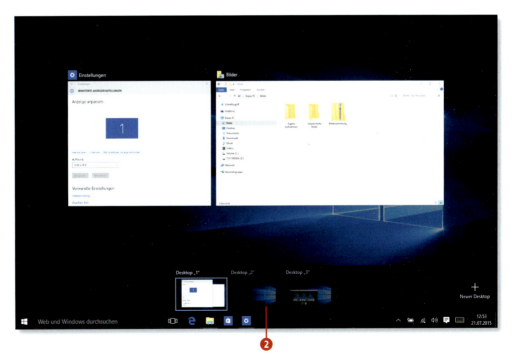

Die Taskansicht verlassen

Um die Taskansicht wieder zu verlassen, tippen oder klicken Sie einfach irgendwo in den Hintergrund.

Für Umsteiger von Windows 7

Apps starten

Ob Sie nun Windows auf einem Tablet- oder einem normalen Desktop-PC betreiben, Apps – also Programme, die für die Fingerbedienung optimiert sind – werden fortan bei Ihrem Windows-Erlebnis eine immer größere Rolle spielen.

1. Klicken oder tippen Sie auf die Start-Schaltfläche, um das Startmenü einzublenden ❶.

2. Wenn die gewünschte App nicht im rechtsseitigen Kachelbereich zu finden ist, wählen Sie die Option **Alle Apps** ❷ aus, um sich die alphabetisch sortierte App-Liste anzeigen zu lassen ❸.

3. Tippen oder klicken Sie auf die Kachel der App, die Sie starten möchten ❹ (hier: **Cortana**).

Was sind Apps?

Seit Windows 8 unterscheidet Microsoft nicht mehr zwischen klassischen Desktop-Programmen und Anwendungen, die für Tablets optimiert sind, sondern spricht ganz allgemein von *Apps*. In diesem Buch verwenden wir den Begriff App als Oberbegriff und sprechen von *Desktop-Apps* oder *Programmen*, wenn es speziell um die traditionellen Programme geht, und von *Apps*, wenn es um Apps geht, die für die Fingerbedienung optimiert sind und die in der Regel über den Windows Store bezogen werden.

Einstellungen in Apps vornehmen

In den meisten Windows-Store-Apps befindet sich links eine Befehlsleiste mit Symbolen, die sich durch Anklicken oder Antippen der App-Menü-Schaltfläche nach rechts erweitern lässt. Hier finden Sie Befehle, die nur für diese spezifische App gültig sind, und Sie können verschiedene Konfigurationseinstellungen vornehmen.

1. Klicken oder tippen Sie auf das App-Menü ❶. Sie erkennen es an den drei horizontalen Balken. Es wird übrigens gerne auch als »Hamburger-Menü« bezeichnet.

2. Klicken oder tippen Sie in der Befehlsleiste auf das Symbol für **Einstellungen**, um sich die app-spezifischen Einstellungsmöglichkeiten anzeigen zu lassen ❷.

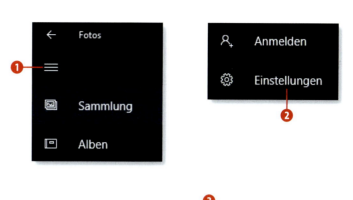

Apps beenden

Alle Apps – normale Programme wie auch Apps – können Sie über die altbekannte Schließen-Schaltfläche (das Kreuz) rechts oben in der Titelleiste beenden. Im Tablet-Modus funktioniert das so allerdings nicht. Hier gibt es zwei Alternativen, um Apps zu beenden:

1. Wischen Sie mit dem Finger vom oberen Rand nach unten, um die Titelleiste ❸ anzeigen zu lassen, und tippen Sie anschließend auf die Schließen-Schaltfläche ❹.

2. Wischen Sie mit dem Finger vom oberen Rand nach unten zur Bildmitte (die Windows App wird verkleinert) und dann weiter ganz nach unten, bis die App beendet wird und verschwindet.

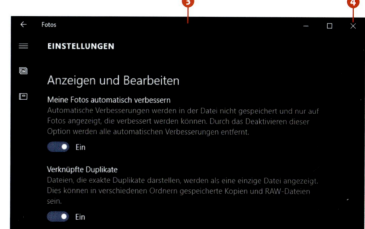

> **Apps benötigen meist eine Internetverbindung**
> Viele Apps sind auf eine bestehende Internetverbindung angewiesen. Das sollten Sie vor allem dann beachten, wenn Sie mit Ihrem Laptop oder Tablet unterwegs sind und übers Mobilfunknetz ins Internet gehen.

> **Schließen mit Alt + F4**
> Wenn Sie die Schließen-Schaltfläche nicht nutzen wollen oder können, gibt es eine weitere Möglichkeit zum Schließen: Unabhängig davon, in welchem Modus Sie arbeiten, können Sie die gerade aktive App immer auch mit Hilfe der Tastenkombination Alt + F4 beenden.

Apps installieren

Apps finden Sie am besten im Windows Store. Oft sehen Sie auch auf Webseiten Links, die in den Store und direkt zur App führen. Wir zeigen Ihnen hier, wie Sie eine App im Store finden und installieren.

1. Starten Sie die App ❶. Sie ist in der Taskleiste und im Startmenü zu finden, wenn Sie sie nicht dort entfernt haben. Sie können auch »Store« ins Suchfeld eingeben und dann ⏎ drücken.

2. Wählen Sie im Windows App Store die gewünschte Windows-App aus (beispielsweise **ZDFmediathek** aus der Kategorie **Top kostenlos**), und klicken Sie sie an ❷. Es erscheint eine Seite mit ausführlichen Produktinformationen und dem Preis der App.

3. Überzeugen Sie sich gegebenenfalls, dass die Windows-App nicht zu teuer ist, und klicken Sie auf **Kostenlos** ❸ oder auf den stattdessen an dieser Stelle angezeigten Preis der App. Nach erfolgreicher Installation finden Sie die Windows-App unter **Zuletzt hinzugefügt** im Startmenü. Von dort aus können Sie sie als Kachel einrichten, indem Sie den Text einfach in den Kachelbereich hineinziehen.

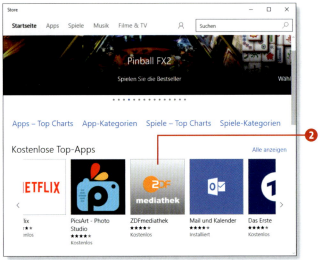

Kostenpflichtige Apps

Um kostenpflichtige Apps aus dem Windows Store herunterladen zu können, müssen Sie sich mit einem Microsoft-Konto anmelden. Wie das geht, lesen Sie auf Seite 158.

Apps deinstallieren

Zum Deinstallieren einer App öffnen Sie das Kontextmenü der App-Kachel (siehe die Tabelle auf Seite 23) und wählen den Befehl **Deinstallieren** oder **Weitere Optionen > Deinstallieren**.

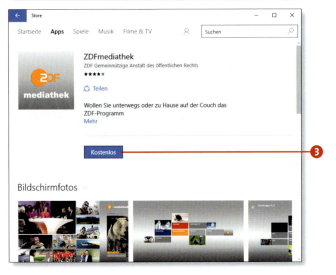

Für Umsteiger von Windows 8

Die gute Nachricht vorweg: Wie Sie sicherlich schon bemerkt haben, gibt es in Windows 10 wieder ein vernünftiges Startmenü, wie sie es vielleicht aus den Versionen vor Windows 8 schon kennen. Wenn Sie vorher mit Windows 8 gearbeitet und sich daran schon gewöhnt haben, dürften Sie es womöglich weniger erfreulich finden, dass zentrale Bedienelemente aus Windows 8, wie z. B. die Charms-Leiste, in Windows 10 verschwunden sind oder an andere Stellen verschoben wurden. Damit Sie nicht lange suchen müssen, haben wir in der folgenden Tabelle die wichtigsten Verschiebungen aufgelistet.

Aktion	Windows 8	Windows 10
Suche	Startseite oder Charms-Leiste	Taskleiste
Startseite	Charms-Leiste	Startmenü
Einstellungen	Charms-Leiste	Startmenü
Geräte und Drucker	Charms-Leiste	Startmenü > Einstellungen
App-Befehlsleiste	unterer Rand	integriert in die linke Seite der Apps
Liste der geöffneten Apps	linker Rand	Taskansicht-Symbol in der Taskleiste

Von Windows 8 zu Windows 10

Die Taskansicht in Windows 10

Wie finde ich was?

Wegweiser

Man kennt das ja! Bei jedem neuen Windows-System stellt sich die Frage: Wo ist diese Funktion hin? Gibt es eigentlich noch diesen oder jenen Befehl? Hier ein kleiner Wegweiser für alle, die auf der Suche sind.

- Zentrale Schaltstelle ist natürlich das Startmenü (siehe Seite 21).
- Fortgeschrittenere Befehle und Einstellungen erreichen Sie über das Kontextmenü der Start-Schaltfläche ❶. Klicken Sie mit der rechten Maustaste auf die Start-Schaltfläche, um es zu erreichen.
- Im Tablet-Modus erreichen Sie die Apps und Programme über die Kacheln, die Sie frei auf der Startseite ablegen können, und über die Einträge im App-Menü.
- Wenn Sie den ungefähren Namen eines Programms oder einer gesuchten Einstellung oder Datei kennen, nutzen Sie die Suchfunktion. Tippen Sie einfach den Suchbegriff in das Suchfeld der Taskleiste.

Die Suche ist oft die beste Wahl
Tatsächlich hat Microsoft die Suche diesmal gut programmiert. Wenn Sie in etwa wissen, wie das Programm oder die Funktion heißt, die Sie suchen, werden Sie mit großer Sicherheit in der Windows-Suche fündig. Blättern Sie dazu ruhig einmal zwei Seiten weiter, dort stellen wir Ihnen die Suche etwas ausführlicher vor.

Die Versionen im Vergleich

Hier die wichtigsten Menüs und Bereiche und die Stellen, wo Sie sie finden, im Vergleich zwischen den Vorgängerversionen und Windows 10.

Windows 7	Windows 8.1	Windows 10 – Tablet	Windows 10 – Desktop-PC
Startmenü	Startseite und ⊞ + X	Startseite, App-Menü und ⊞ + X	Startmenü und ⊞ + X
Alle Programme im Startmenü	Apps-Ansicht	Alle Apps im App-Menü	Alle Apps im Startmenü
Suchfeld im Startmenü	Suchen-Charm in der Charms-Leiste ⊞ + Q – allgemeine Suche ⊞ + F – Suche nach Dateien ⊞ + W – Suche nach Einstellungen	Suchfeld in der Taskleiste	
Benutzerverwaltung im Startmenü	Auf der Startseite das Benutzersymbol rechts oben	Im App-Menü das Benutzersymbol links oben	Im Startmenü das Benutzersymbol links oben
Leeren Desktop anzeigen durch Klick auf das Symbol ganz rechts in der Taskleiste	Wie unter Windows 7: auf dem klassischen Desktop Klick auf das rechte Ende der Taskleiste oder ⊞ + M	Nicht vorhanden	Wie unter Windows 7: auf dem klassischen Desktop Klick auf das rechte Ende der Taskleiste oder ⊞ + M. Mit ⊞ + D schalten Sie zwischen leerem Desktop und geöffneten Apps hin und her.
Systemsteuerung im Startmenü	⊞ + X und dann im Menü die Option **Systemsteuerung** auswählen. Viele Optionen zur Konfiguration des Systems sind mittlerweile aber auch über die PC-Einstellungen möglich (Aufruf über ⊞ + I und dann unten auf **PC-Einstellungen ändern** klicken).	⊞ + X und dann im Menü die Option **Systemsteuerung** auswählen. Viele Optionen zur Konfiguration des Systems sind mittlerweile aber auch über die PC-Einstellungen möglich (Aufruf über ⊞ + I oder **Startmenü > Einstellungen** und dann auf die gewünschte Kategorie klicken).	

Funktionen und wo Sie sie finden im Vergleich

Die Suche

Mit der Suchfunktion von Windows spüren Sie nicht nur lokale Dateien, sondern auch Apps, Windows-Dialoge und natürlich Webseiten auf.

1. Tippen Sie einfach – egal, ob im Tablet- oder im Desktop-Modus – den Suchbegriff in das Suchfeld unten links ein ❶, beispielsweise den Namen der gesuchten Windows-App, eines Desktop-Programms oder eines Windows-Dialogs. (Im Tablet-Modus müssen Sie zuerst auf das Lupensymbol ❷ in der Taskleiste tippen bzw. auf das **Cortana**-Symbol, falls Sie **Cortana** aktiviert haben.) Windows blendet sofort mögliche Treffer ein ❸. Mehr über Cortana lesen Sie übrigens ab Seite 76.

2. Fahren Sie mit dem Eintippen des Suchbegriffs fort, um die Trefferauswahl einzugrenzen.

3. Klicken Sie in der über dem Suchfeld eingeblendeten Trefferliste auf das gesuchte Element ❹.

4. Mit Hilfe der Kategorien ❺ können Sie die Suche auf bestimmte Elemente eingrenzen.

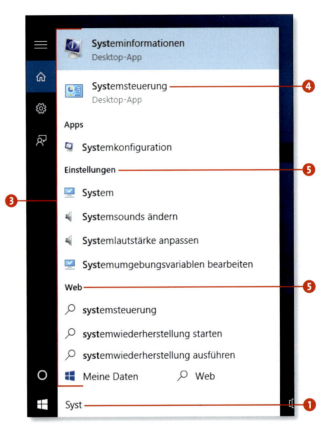

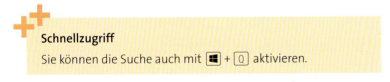

Schnellzugriff

Sie können die Suche auch mit ⊞ + Q aktivieren.

Bitte gut merken!

Die hier und auf der nächsten Seite beschriebenen Techniken der Suche und des Zugangs über das Dialogfeld **Ausführen** werden wir auch häufig in unseren Tipps und Tricks verwenden.

Die wichtigsten Einstellungen schnell erreichen

Viele Systemdialoge und Systemprogramme können Sie über das Dialogfeld **Ausführen** aufrufen. Gerade für fortgeschrittene Anwender ist dieser Zugang daher sehr nützlich.

1. Drücken Sie die Tastenkombination ⊞ + R, um das Dialogfeld **Ausführen** aufzurufen. Alternativ können Sie im Kontextmenü der Start-Schaltfläche die Option **Ausführen** auswählen.
2. Tippen Sie den Namen der gewünschten Funktion ❶ ein, und wählen Sie **OK**.

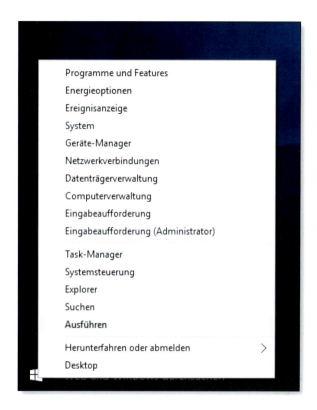

Funktion	Aufrufname
Editor	notepad
Registrierungs-Editor	regedit
Bildschirmauflösung	desk.cpl
Hardware-Assistent	hdwwiz.cpl
Interneteinstellungen	inetcpl.cpl
Energieoptionen	powercfg.cpl
Systemeigenschaften	sysdm.cpl
Ereignisanzeige	eventvwr
Datenträgerverwaltung	diskmgmt.msc
Funktion (erst ab Pro-Edition)	Aufrufname
Lokale Benutzer und Gruppen	lusrmgr.msc
Lokale Sicherheitsrichtlinien	secpol.msc
Lokale Gruppenrichtlinien	gpedit.msc

Einige nützliche Funktionen in der Übersicht

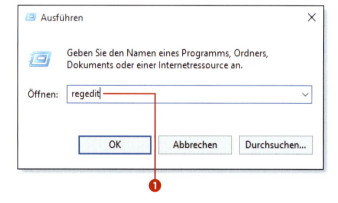

34 Windows 10 – Tipps und Tricks

Ein Hoch den Tastenkombinationen

Wenn Sie Windows 10 auf einem normalen PC im Desktop-Modus betreiben, sollten Sie sich unbedingt die hier aufgelisteten Tastenkombinationen einprägen. Tastenkombinationen erschließen Ihnen nicht nur Elemente, die sonst verborgen bleiben; sie sind auch oft viel schneller als Gesten oder Mausbewegungen. Nutzen Sie Tastenkombinationen zum Beispiel zum Wechseln zwischen Startmenü und Desktop oder als Abkürzungen zu vielen weiteren Elementen und Aktionen.

Tastenkombination	Aktion
⊞	Aufruf des Startmenüs (Desktop) oder Wechsel zwischen Apps und Startseite (Tablet)
⊞ + X	Öffnet das Kontextmenü der Start-Schaltfläche – ein etwas anderes, reduziertes Startmenü.
⊞ + Q	Startet die Suche (bzw. Cortana).
⊞ + D	Minimiert alle Fenster oder öffnet sie wieder.
⊞ + M	klassischer Desktop (alle Fenster minimiert)
⊞ + H	Teilen-Leiste
⊞ + I	Einstellungen
⊞ + K	Verbinden-Leiste

Die wichtigsten Tastenkombinationen

Tastenkombination	Aktion
⇆	zwischen Bedienelement-Gruppen wechseln
↑ → ↓ ←	Liste von Bedienelementen einer Gruppe durchgehen
↵	Bedienelement ausführen
Esc	ausgewähltes Objekt verlassen (wird meist benötigt, wenn kein Zurück-Pfeil angeboten wird)

Nützliche Tasten für Apps

Tastenkombination	Aktion
⊞ + A	Benachrichtigungs- und Aktionscenter
⊞ + L	Benutzer abmelden (»lock«)
⊞ + E	Explorer
⊞ + R	Ausführen-Dialog (»run«)
⊞ + 1, 2, 3, 4 ...	Startet angepinnte Programme von der Taskleiste (nur im Desktop-Modus verfügbar).
⇧ + Strg + Esc	Task-Manager
⊞ + U	Center für erleichterte Bedienung-Dialog
⊞ + ↵	Sprachausgabe (jetzt mit deutscher Stimme) ein und ausschalten
⊞ + Pause	System-Dialog
⊞ + + ⊞ + -	Bildschirmlupe
Alt + Druck	Fenster-Screenshot in Zwischenablage
⊞ + Druck	Legt einen Screenshot direkt als PNG-Bild im Bilder-Ordner ab.
⊞ + ⇆	App-Übersicht mit der Möglichkeit zum Anlegen eines neuen Desktops bzw. zum Wechseln des Desktops (nur im Desktop-Modus verfügbar)

Nützliche Tastenkombinationen für Tablet- und Desktop-Modus

Windows beenden

Unter Windows 8 war der Befehl zum Herunterfahren des Systems gut versteckt – so gut, dass etliche Windows-Anwender ihn nicht fanden und ihren PC vermutlich über den Netzschalter ausschalteten. Das ist allerdings gefährlich, denn dabei kann immer ein Schaden entstehen. Unter Windows 10 ist der Befehl jetzt wieder da, wo er hingehört: im Startmenü (Startseite im Tablet-Modus).

Das Herunterfahren ist damit eigentlich wieder recht trivial und verläuft für Tablet- wie Desktop-Modus grundsätzlich gleich, aber wir möchten es zumindest kurz erwähnt haben.

1. Klicken Sie auf die Start-Schaltfläche ❶, um das Startmenü einzublenden.
2. Klicken Sie auf die Schaltfläche **Ein/Aus** ❷.
3. Wählen Sie den Befehl **Herunterfahren** ❸.

Herunterfahren über den Netzschalter

Sie können Windows auch durch Drücken des Netzschalters beenden. Was dann genau passiert, ob Windows z. B. komplett heruntergefahren oder nur in den Energiesparmodus versetzt wird, hängt allerdings vom Rechnertyp und von Ihrer Systemkonfiguration ab. Wie Sie diese kontrollieren bzw. einstellen, erfahren Sie im Tipp »Den Netzschalter belegen« auf Seite 116.

Windows geschickt bedienen

In diesem Kapitel

- Mit PIN oder Bildcode anmelden
- Die automatische Anmeldung aktivieren
- Tablet oder Desktop – den Startmodus festlegen
- Schneller starten
- Ordnung auf dem Desktop schaffen
- Apps per Tastenkombination aufrufen
- Windows für Linkshänder einrichten
- Das geheime Administratorkonto
- Schneller Benutzerwechsel
- Automatischen Neustart verhindern
- Apps finden
- Ordnung im Startmenü schaffen
- Apps über die Taskansicht schließen
- Abgestürzte Apps beenden
- App-Benachrichtigungen ausschalten
- Von Apps aus drucken
- Fenster durch Zeigen aktivieren
- Mehr Einträge in den Sprunglisten zulassen
- Notizzettel auf den Desktop kleben
- Windows besser erkennen
- Mit mehreren Desktops arbeiten
- Die Sprachassistentin Cortana

Sind Sie ganz neu in der Windows-Welt, oder arbeiten Sie schon lange mit Windows und kennen sich entsprechend gut aus? Für Einsteiger sind die Tipps in diesem Kapitel ohnehin Gold wert, aber auch eine langjährige Beziehung führt schnell zur Gewöhnung. Nutzen Sie wirklich alle Stärken und Kniffe des Systems? Haben Sie sich schon mit den letzten Neuerungen bekanntgemacht?

Nehmen wir zum Beispiel das Starten des Rechners – vom Drücken des An-Schalters über die Anmeldung bis zum Erscheinen der Windows-Oberfläche. Eigentlich reine Routineangelegenheit, aber haben Sie schon einmal die neuen Anmeldeformen von Windows getestet? Vielleicht möchten Sie ja auch die Anmeldung lieber ganz überspringen? Oder wie wäre es, wenn Sie nur noch den An-Schalter drücken, sich dann erst einmal eine Tasse Kaffee machen, und wenn Sie zurückkommen, sehen Sie bereits den gewohnten Desktop, womöglich sogar schon mit geöffneten Dokumenten und Programmen? Interessiert? Dann haben wir in diesem Kapitel einige praktische Tipps für Sie.

Nach der Anmeldung wenden wir uns diversen weiteren Aspekten des Windows-Betriebssystems zu – beispielsweise der Arbeit mit den Apps, den virtuellen Desktops und **Cortana**. Sie wissen nicht, was Sie sich unter »virtuellen Desktops« vorstellen sollen, und von »Cortana« haben Sie auch noch nie gehört? Dann sollten Sie unbedingt in die entsprechenden Tipps im hinteren Teil des Kapitels schauen.

Mit PIN anmelden

PIN einrichten

Anstelle eines Kennworts können Sie sich auch mit einer kurzen PIN anmelden. PIN steht für *Persönliche Identifikationsnummer* und ist eine kurze Ziffernfolge. Die erstellte PIN ersetzt nicht das normale Kennwort, sondern ist eine Alternative.

1. Klicken Sie im Startmenü auf das Symbol für den angemeldeten Benutzer ❶ Im Tablet-Modus gelangen Sie über die Schaltfläche oben links in das App-Menü.

2. Wählen Sie den Befehl **Kontoeinstellungen ändern** ❷.

3. Wählen Sie links die Kategorie **Anmeldeoptionen** ❸, und tippen oder klicken Sie danach rechts in der Rubrik **PIN** auf die Schaltfläche **Hinzufügen** ❹.

4. Autorisieren Sie sich mit dem alten Kennwort.

5. Denken Sie sich eine mindestens vierstellige PIN aus, und geben Sie sie zweimal ein; dann klicken Sie auf **OK** ❺.

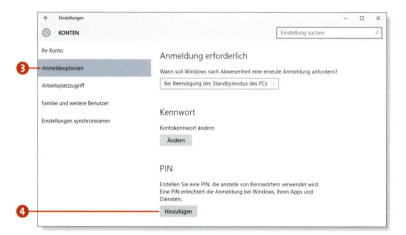

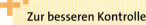

Zur besseren Kontrolle

Wenn Ihnen bei der Anmeldung niemand über die Schultern linst, können Sie sich die PIN auch unverschlüsselt anzeigen lassen. Klicken Sie dazu in das Eingabefeld und dann auf das Augensymbol.

Mit PIN anmelden

Nachdem Sie die PIN eingerichtet haben, können Sie sich direkt beim nächsten Mal mit der PIN anmelden:

1. Fahren Sie den Rechner hoch, und gehen Sie zum Anmeldebildschirm.
2. Wenn in dem Anmeldebildschirm das Wort **PIN** zu lesen ist, können Sie sich direkt durch Eingabe Ihrer PIN anmelden ❶.
3. Ist eine andere Anmeldemethode angegeben, klicken Sie auf **Anmeldeoptionen** ❷.
4. Klicken Sie auf das eingeblendete Nummernfeld für die Anmeldung via PIN ❸.
5. Tippen Sie die PIN ein.

++ Wie sicher ist eine PIN?

Die Sicherheit der Anmelde-PIN erwächst daraus, dass die PIN mit dem aktuellen Rechner verknüpft wird. Benutzer mit einem Microsoft-Konto können daher so vorgehen, dass Sie das Microsoft-Konto mit einem langen, schwer zu knackenden Kennwort schützen, auf ihrem Heim-PC aber zum bequemeren Zugang eine leicht zu merkende PIN einrichten.

Mit Bildcode anmelden

Bildcode definieren

Sie sind es leid, sich immer neue Passwörter oder Zahlenkombinationen ausdenken zu müssen? Dann ist das Bildkennwort genau das Richtige für Sie. Und nebenbei ist es auch noch besonders tablet- und touchscreen-freundlich.

1. Klicken Sie auf der Startseite in der rechten oberen Ecke auf das Symbol für den angemeldeten Benutzer, und wählen Sie im Menü den Eintrag **Kontoeinstellungen ändern**. Lesen Sie dazu auch den vorherigen Tipp.

2. Wählen Sie links die Kategorie **Anmeldeoptionen** ❶, und tippen oder klicken Sie dann rechts unter der Rubrik **Bildcode** auf die Schaltfläche **Hinzufügen** ❷.

3. Autorisieren Sie sich mit dem alten Kennwort.

4. Klicken Sie im anschließenden Dialogfeld auf **Bild auswählen**, und suchen Sie ein passendes Bild aus. Durch Anklicken von **Dieses Bild verwenden** bestätigen Sie Ihre Auswahl. Andernfalls suchen Sie nach einem besseren Bild.

5. Definieren Sie nun die gewünschte Geste, die aus drei Einzelgesten (Kreise, Linien, Antippen) in beliebiger Kombination bestehen muss ❸.

6. Sie müssen die Gesten durch Wiederholen bestätigen, bevor Sie durch Klicken auf **Fertig stellen** die Bildcodedefinition beenden.

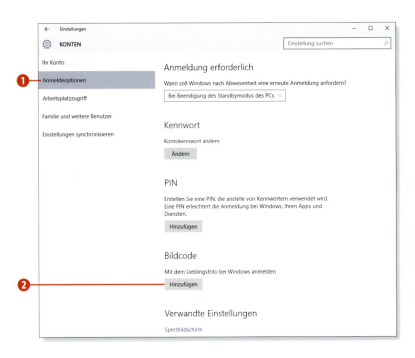

> **Bildcodes vergisst man leicht**
>
> Auf den ersten Blick wirken Bildcodes leichter zu merken. Wir haben die Erfahrung gemacht, dass es oft nicht ganz so einfach ist, sich den Code zu merken. Aber lesen Sie dazu den Kasten rechts.

Mit Bildcode anmelden

Nun ist der Bildcode eingerichtet, und Sie können ihn beim nächsten Start ausprobieren. So melden Sie sich mit Ihrem Bildcode an:

1. Fahren Sie den Rechner hoch, und gehen Sie zum Anmeldebildschirm. Wenn Sie den Rechner zum Ausprobieren nicht herunterfahren und neu starten wollen, können Sie auch direkt über ⊞ + L den Sperrbildschirm einblenden.

2. Wenn das von Ihnen ausgewählte Bild erscheint ❶, können Sie direkt mit den Gesten anfangen (Schritt 4).

3. Ist eine andere Anmeldemethode angegeben, klicken Sie zuerst auf **Anmeldeoptionen** ❷ und dann auf das eingeblendete Bildsymbol für die Anmeldung via Bildcode ❸.

4. Fahren Sie die Gesten (Kreis beschreiben, Linie ziehen, Antippen) in der festgelegten Reihenfolge und an der von Ihnen vorgegebenen Position nach ❹.

Ist Ihnen der Bildcode entfallen?

Ein solcher Bildcode kann leichter zu merken sein als ein Kennwort oder eine PIN, aber wenn Sie ihn nicht zu offensichtlich einrichten möchten, kann auch das Gegenteil passieren, und dann erinnern Sie sich vielleicht nicht mehr daran. Aber keine Sorge: Sollte Ihnen Ihr Bildcode entfallen sein, melden Sie sich mit Ihrem Kennwort an, und gehen Sie vor wie im vorangehenden Tipp zu den Kontoeinstellungen, in denen Sie den Bildcode ändern oder entfernen können.

Die automatische Anmeldung aktivieren

Wenn Sie beim Hochfahren eines Rechners gleich loslegen und nicht noch die Anmeldung manuell durchführen möchten, dann sollten Sie die automatische Benutzeranmeldung aktivieren.

1. Rufen Sie das Dialogfeld **Ausführen** auf. Drücken Sie dazu die Tastenkombination ⊞ + R. Alternativ können Sie aus dem Kontextmenü der Start-Schaltfläche die gleichnamige Option **Ausführen** auswählen, um dieses Dialogfeld aufzurufen.

2. Geben Sie den Befehl »netplwiz« ❶ ein, und klicken Sie anschließend auf **OK** ❷. Sind Sie nicht als Administrator angemeldet, erscheint noch ein Dialog zur Autorisierung dieser Aktion durch das Administratorkennwort. Lesen Sie dazu auch den Tipp auf Seite 255.

3. Wählen Sie in der angebotenen Liste den automatisch anzumeldenden Benutzer aus ❸.

4. Deaktivieren Sie dann das Kontrollkästchen **Benutzer müssen Benutzernamen und Kennwort eingeben** ❹.

5. Klicken Sie auf **OK** ❺.

6. Geben Sie zweimal das Kennwort für den ausgewählten Benutzer ein, und klicken Sie auf **OK**.

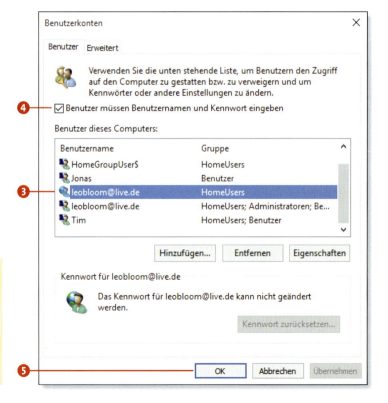

> **Nichts für allgemein zugängliche PCs**
>
> Bitte beachten Sie, dass Sie die automatische Anmeldung nur für Ihren privaten PC aktivieren sollten, der nur von Ihnen genutzt wird und nicht allgemein zugänglich ist. Sonst wäre es für Unbefugte viel zu leicht, sich Zugang zu Ihrem PC zu verschaffen.

Tablet oder Desktop – den Startmodus festlegen

Windows 10 erkennt automatisch, ob es auf einem Desktop-PC oder einem mobilen Gerät installiert wird, und präsentiert sich dem Nutzer je nachdem im klassischen Desktop- oder im Tablet-Modus. Sie können aber natürlich auch selbst festlegen, in welchem Modus Windows starten soll.

1. Rufen Sie mit der Tastenkombination ⊞ + I den **Einstellungen**-Dialog auf. Sie finden den dazugehörigen Befehl aber auch im Startmenü ❶ (Desktop-Modus) oder nach Öffnen des App-Menüs auf der Startseite unten links (Tablet-Modus).
2. Klicken Sie im **Einstellungen**-Dialog oben links auf **System** ❷.
3. Klicken Sie in der linken Leiste auf **Tablet-Modus** ❸.
4. Schalten Sie den Tablet-Modus ein oder aus ❹.
5. Achten Sie darauf, dass im darunter gelegenen Listenfeld die Option **Zuletzt verwendetes Element merken** ausgewählt ist ❺.

Kein Tablet-Modus angeboten?

Sollte die Option zum Ein- und Ausschalten des Tablet-Modus bei Ihnen deaktiviert sein, könnte dies daran liegen, dass Sie mehrere Monitore angeschlossen haben. Bei Verwendung mehrerer Monitore kann nämlich nicht in den Tablet-Modus gewechselt werden.

Schneller starten

Start mit der letzten Sitzung

Windows 10 unterstützt neben dem normalen Herunterfahren auch das Versenken in den Ruhezustand. Dabei wird im Zuge des Herunterfahrens der aktuelle Systemzustand auf Festplatte gespeichert. Beim nächsten Start wird diese Information dann geladen, und Sie können weitermachen, wo Sie aufgehört haben. Seltsamerweise ist diese praktische Option jedoch standardmäßig deaktiviert.

1. Rufen Sie die **Energieoptionen** auf. Drücken Sie die Tastenkombination ⊞ + X , und wählen Sie im Kontextmenü den Befehl **Energieoptionen**.

2. Klicken Sie links auf **Auswählen, was beim Drücken von Netzschaltern geschehen soll** ❶.

3. Klicken Sie auf **Einige Einstellungen sind momentan nicht verfügbar** ❷. Falls Sie keine Administratorrechte haben, erscheint eine Abfrage, und Sie müssen noch das entsprechende Kennwort eingeben.

4. Wählen Sie für das Drücken des Netzschalters die Option **Ruhezustand** ❸ aus.

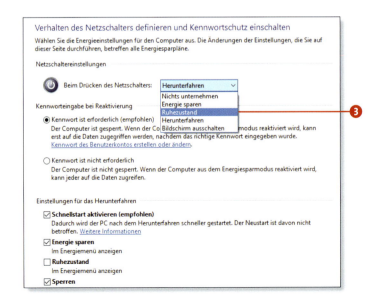

Im Ruhezustand ist der Rechner aus

Auch im Ruhezustand wird der Rechner wirklich heruntergefahren und verbraucht dann keinen Strom mehr.

Apps schneller starten

Wenn Sie mit einer bestimmten App häufiger arbeiten, ist es sehr lästig, diese jedes Mal über das Startmenü – oder schlimmer noch: über die App-Liste – aufrufen zu müssen. Daher gibt es unter Windows diverse Techniken, die Apps schneller zu starten. Wir empfehlen Ihnen, eine dieser Möglichkeiten zu nutzen, die wir an anderer Stelle im Buch im Einzelnen beschreiben.

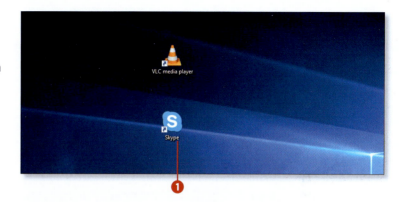

1. Legen Sie auf dem Desktop, im Startmenü oder in der Taskleiste eine Verknüpfung ❶ zu der App an, um sie bei Bedarf schnell aufrufen zu können. Siehe die Tipps »Desktop-Verknüpfungen erstellen« auf Seite 40, »Wichtige Apps als Kacheln im Startmenü anzeigen« auf Seite 58 und »Apps an die Taskleiste anheften« auf Seite 61.

2. Verbinden Sie die App mit einer Tastenkombination, über die Sie die App aufrufen können. Siehe den Tipp »Programme per Tastenkombination aufrufen« auf Seite 52.

3. Wenn Sie immer wieder mit einer bestimmten Gruppe von Apps arbeiten, schließen Sie diese am besten erst gar nicht und fahren den Rechner nicht herunter, sondern versetzen ihn in den Ruhezustand ❷. Siehe den Tipp »Start mit der letzten Sitzung« auf Seite 44.

4. Aktivieren Sie für das Programm den Autostart, damit Windows das Programm automatisch beim Hochfahren für Sie startet. Siehe den folgenden Tipp »Apps beim Hochfahren automatisch starten«.

Apps beim Hochfahren automatisch starten

Sie möchten, dass eine bestimmte App bei jedem Hochfahren von Windows automatisch für Sie gestartet wird? Kein Problem!

1. Rufen Sie das Dialogfeld **Ausführen** auf. Drücken Sie die Tastenkombination ⊞ + R, oder wählen Sie im Kontextmenü der Start-Schaltfläche die Option **Ausführen**.

2. Geben Sie den Befehl »shell:startup« ❶ ein, und klicken Sie auf **OK**. Windows öffnet daraufhin für Sie den *Autostart*-Ordner ❷.

3. Starten Sie den Explorer. Drücken Sie dazu die Tastenkombination ⊞ + E, oder wählen Sie im Kontextmenü der Start-Schaltfläche die Option **Explorer**.

4. Wechseln Sie in den Ordner mit der *.exe*-Datei des Programms. Nehmen wir an, Sie arbeiten regelmäßig mit dem Windows-Taschenrechner. Dessen exe-Datei heißt *calc.exe* ❸ und liegt im Ordner *c:\Windows\System32* ❹.

5. Klicken Sie mit der linken Maustaste auf die **.exe**-Datei, halten Sie die Maustaste gedrückt, und drücken und halten Sie zusätzlich die Tastenkombination Strg + ⇧.

6. Ziehen Sie die Datei in den **Autostart**-Ordner. Unter dem Dateisymbol sollte der Hinweis zu lesen sein, dass eine Verknüpfung erstellt wird ❺.

7. Lassen Sie die Maustaste los. Bei der nächsten Anmeldung wird die App automatisch gestartet.

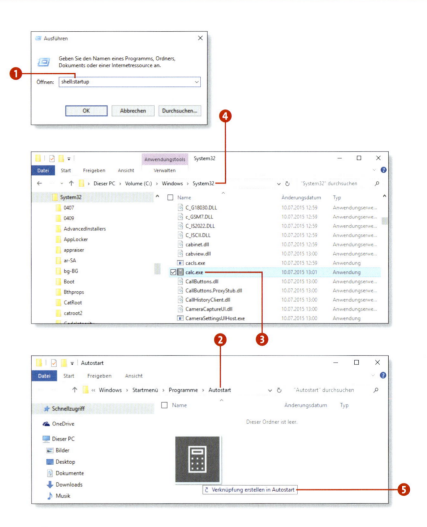

Verschoben statt verknüpft
Achten Sie darauf, dass Sie zuerst die Maustaste loslassen und dann erst die Tastenkombination aufheben. Sonst haben Sie die Datei nicht verknüpft, sondern verschoben und von ihrem Originalort entfernt.

Vorgang abbrechen
Wenn Sie sich anders entschieden haben und die Erstellung der Verknüpfung abbrechen möchten, drücken Sie einfach Esc.

Dateien beim Hochfahren automatisch öffnen

Über den *Autostart*-Ordner können Sie Programme und auch Dateien automatisch beim Start von Windows öffnen lassen. Das Prinzip ist das gleiche wie beim automatischen Starten von Apps. Geöffnet wird die Datei in ihrem Standardbearbeitungsprogramm. Folgen Sie einfach der Anleitung.

1. Öffnen Sie den **Autostart**-Ordner und den Explorer. (Siehe die Anleitung auf der vorherigen Seite.)
2. Wechseln Sie im Explorer in den Ordner mit der Datei ❶.
3. Klicken Sie mit der linken Maustaste auf die Datei, halten Sie die Maustaste gedrückt, und drücken Sie zusätzlich die Tastenkombination [Strg] + [⇧].
4. Ziehen Sie die Datei in den **Autostart**-Ordner ❷. Unter dem Dateisymbol sollte der Hinweis zu lesen sein, dass eine Verknüpfung erstellt wird ❸.
5. Lassen Sie die Maustaste los.
6. Bei der nächsten Anmeldung wird die Datei automatisch in ein passendes Programm geladen.

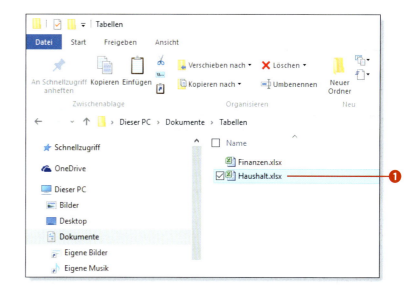

> **Verschoben statt verknüpft**
>
> Achten Sie darauf, dass Sie zuerst die Maustaste loslassen und dann erst die Tastenkombination aufheben. Sonst haben Sie die Datei nicht verknüpft, sondern verschoben.

> **Wenn es mit dem Öffnen nicht klappt**
>
> Falls die Datei im falschen Programm geöffnet wird oder die Meldung »Windows kann diesen Dateityp nicht öffnen« erscheint, müssen Sie das Standardbearbeitungsprogramm für die Datei ändern. Lesen Sie dazu Seite 86.

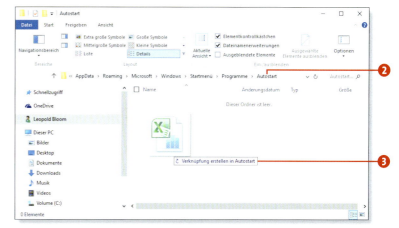

> **Vorgang abbrechen**
>
> Um die Erstellung der Verknüpfung abzubrechen, drücken Sie [Esc].

Ordnung auf dem Desktop schaffen

Desktop-Verknüpfungen erstellen

Einer der schnellsten Wege, zu einem häufig benötigten Programm, einem Ordner oder einer beliebigen Datei zu gelangen, ist die Desktop-Verknüpfung. Vielleicht kennen Sie den Weg dorthin bereits. Falls nicht, hier eine kleine Wiederholung der grundsätzlichen Technik.

1. Starten Sie den Explorer. Drücken Sie die Tastenkombination ⊞ + E, oder wählen Sie im Kontextmenü der Start-Schaltfläche die Option **Explorer**.

2. Gehen Sie zu dem Verzeichnis mit der Datei, die Sie als Symbol auf dem Desktop ablegen wollen.

3. Klicken Sie mit der linken Maustaste auf die Datei ❶, halten Sie die Maustaste gedrückt, und drücken und halten Sie zusätzlich die Tastenkombination Strg + ⇧.

4. Sollte das Explorer-Fenster den Desktop-Hintergrund verdecken, verkleinern Sie es so weit, dass Sie den Desktop im Hintergrund sehen können.

5. Ziehen Sie die Datei auf den Desktop-Hintergrund. Unter dem Dateisymbol sollte der Hinweis zu lesen sein, dass eine Verknüpfung erstellt wird ❷.

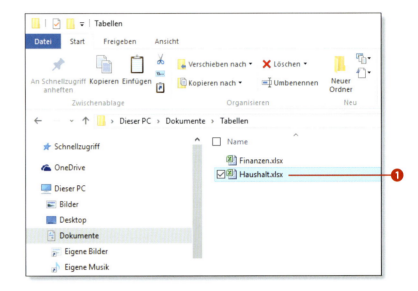

Verschoben statt verknüpft

Achten Sie darauf, dass Sie zuerst die Maustaste und dann erst die Tasten Strg + ⇧ loslassen. Sonst haben Sie die Datei nicht verknüpft, sondern verschoben und von ihrem Originalort entfernt.

Vorgang abbrechen

Um den Vorgang der Verknüpfungserstellung abzubrechen, drücken Sie einfach die Taste Esc.

Desktop-Symbole anordnen

Weil Verknüpfungen so praktisch sind, sammeln sie sich auf vielen PCs schnell an und kehren damit den eigentlichen Zweck, die Übersichtlichkeit, ins Gegenteil. Jetzt können Sie natürlich erst einmal aufräumen und überlegen, ob Sie wirklich alle Verknüpfungen brauchen. Wenn Sie sie aber behalten wollen, sollten Sie sich von Windows beim sauberen Anordnen der Symbole helfen lassen.

1. Klicken Sie mit der rechten Maustaste in den Hintergrund des Desktops, um das Kontextmenü aufzurufen.
2. Öffnen Sie das Untermenü **Ansicht** ❶.
3. Wählen Sie eine Größe für die anzuzeigenden Symbole ❷.
4. Öffnen Sie das Untermenü **Sortieren nach** ❸.
5. Lassen Sie die Symbole nach dem Namen ❹ oder einem der anderen angebotenen Kriterien anordnen.

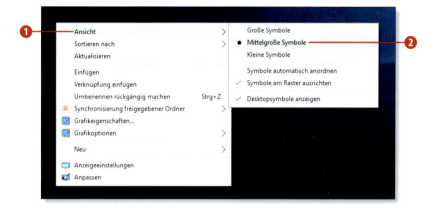

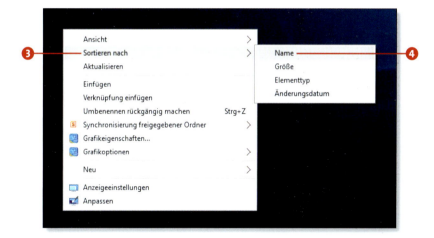

Desktop-Symbole frei platzieren

Gefällt Ihnen die neue Anordnung noch nicht so ganz? Kein Problem, selbstverständlich können Sie die Desktop-Symbole anschließend immer noch mit gedrückter Maustaste verschieben.

Desktop-Symbole nicht auf dem Desktop, sondern in Symbolleiste darstellen

Viele Anwender nutzen Desktop-Verknüpfungen als bequemen und fantastisch schnellen Zugang zu den wichtigsten Programmen und Dokumenten. Mit der Zeit kann der Desktop dadurch aber sehr unübersichtlich werden. Zudem werden die Symbole ständig von den Anwendungsfenstern überdeckt. Und wenn Sie als Hintergrund eine Diashow Ihrer letzten Urlaubsbilder anzeigen lassen, stören Sie womöglich auch die vielen Symbole. Dann kann die Umwandlung der Desktop-Symbole in eine Symbolleiste, die über die Taskleiste zu öffnen ist, eine willkommene Alternative sein.

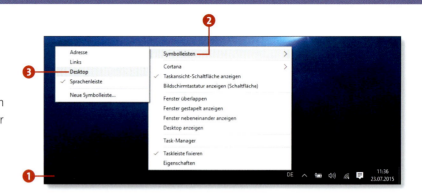

1. Klicken Sie mit der rechten Maustaste in den Hintergrund der Taskleiste ❶.

2. Öffnen Sie das Untermenü **Symbolleisten** ❷.

3. Wählen Sie den Eintrag **Desktop** ❸ aus.

4. Die Desktop-Symbolleiste können Sie nun über eine Schaltfläche ❹ rechts in der Taskleiste aufrufen. In ihr werden auch alle Desktop-Verknüpfungen aufgelistet. Die Desktop-Symbole sind aber noch nicht verschwunden.

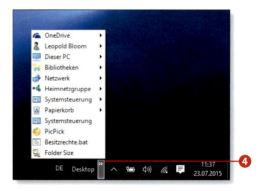

5. Klicken Sie mit der rechten Maustaste in den Hintergrund des Desktops.

6. Öffnen Sie das Untermenü **Ansicht** ❺.

7. Deaktivieren Sie den Eintrag **Desktopsymbole anzeigen** ❻.

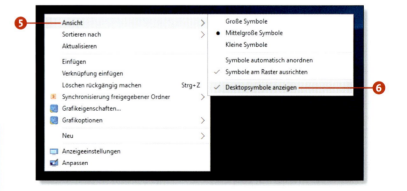

Urlaubsbilder Hintergrund

Wenn Ihr Desktop nun wieder frei ist und Sie sich Ihre Urlaubsbilder im Hintergrund anzeigen lassen wollen, lesen Sie doch den Tipp »Diashow Ihrer Lieblingsbilder als Hintergrund« auf Seite 220.

Größe und Abstand der Desktop-Symbole ändern

Falls Sie gerne Dateien und Verknüpfungen zu Programmen auf Ihrem Desktop ablegen, dann kann es im Laufe der Zeit etwas eng auf dem Desktop werden: Die Standardwerte für Symbolgröße und Abstand voneinander sind recht großzügig und es wird viel Platz verschwendet. Glücklicherweise lässt sich das anpassen.

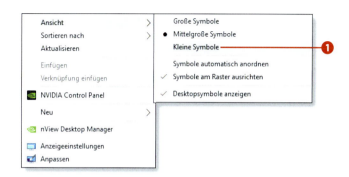

1. Klicken Sie auf eine freie Stelle auf dem Desktop, um sicherzustellen, dass kein geöffnetes Fenster den Eingabefokus hat.

2. Falls Sie die Symbolgröße anpassen möchten: Öffnen Sie mit einem Rechtsklick das Kontextmenü und wählen Sie unter **Ansicht** die gewünschte Größe aus ❶. Machen Sie eine feinkörnige Anpassung, indem Sie die Taste [Strg] gedrückt halten und gleichzeitig am Mausrad drehen.

3. Für die Anpassung der Zwischenabstände müssen interne Windows-Einstellungen geändert werden. Rufen Sie hierzu den Registrierungseditor auf [⊞] + [R] drücken und im Dialogfeld **Ausführen** den Befehl »regedit« eingeben oder über das Suchfeld nach **regedit** suchen.

4. Selektieren Sie links im Navigationsbaum den Eintrag **HKEY_CURRENT_USER\Control Panel\Desktop\WindowMetrics** ❷.

5. Doppelklicken Sie auf **IconSpacing** ❸. Ändern Sie den Wert im zulässigen Bereich von –480 bis –2730. Klicken Sie auf **OK** ❹.

6. Ändern Sie analog auch den Wert für **VerticalIconSpacing** ❺.

7. Damit die Änderung wirksam wird, müssen Sie den Rechner neu starten.

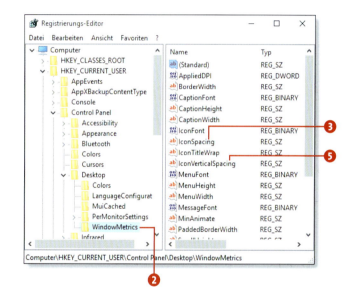

> **Ein kleiner Haken**
> Die neuen Abstandswerte ❻ greifen nur beim Platzieren von weiteren Symbolen bzw. wenn Sie ein vorhandenes Desktop-Symbol bewegen.

Apps per Tastenkombination aufrufen

Arbeiten Sie gerne mit der Tastatur, weil das noch schneller geht? Dann freuen Sie sich bestimmt über diese Möglichkeit: Alle Programme, für die Sie Desktop-Verknüpfungen eingerichtet haben, können Sie auch bequem per Tastenkombination aufrufen.

1. Klicken Sie mit der rechten Maustaste auf das Symbol der Desktop-Verknüpfung ❶.
2. Rufen Sie im Kontextmenü den Befehl **Eigenschaften** auf ❷.
3. Wechseln Sie im **Eigenschaften**-Dialogfeld auf die Registerseite **Verknüpfung** ❸.
4. Klicken Sie auf dieser Registerseite in das Eingabefeld **Tastenkombination** ❹.
5. Drücken Sie auf der Tastatur die Taste, die zukünftig in Kombination mit [Strg] + [Alt] das Programm starten soll. Die Tasten [Strg] + [Alt] ergänzt Windows automatisch. Auch [Strg] + [⇧] + eine Taste ist als Kombination möglich.

Kann ich Standard-Tastenkombinationen überschreiben?
Durch die Vorgabe [Strg] + [Alt] oder [Strg] + [⇧] stellt Windows bereits sicher, dass Sie keine wichtigen Windows-Tastenkombinationen, wie [Strg] + [C] zum Kopieren von Dateien und anderen Elementen, überschreiben, da diese alle mit [Strg] oder [⊞] beginnen. Sie können allerdings leider für zwei Verknüpfungen dieselbe Kombination festlegen, ohne dass Windows Sie warnt, was natürlich nicht besonders sinnvoll ist. Gültig ist dann immer die zuletzt eingestellte Kombination.

Windows für Linkshänder einrichten

Minderheiten haben es immer etwas schwerer. Leider betrifft das auch Linkshänder bei der Bedienung von Computern. Es wäre doch schön und praktisch, als Linkshänder die rechte Maustaste als Haupttaste für Klickoperationen zu benutzen und die linke Maustaste für den Aufruf des Kontextmenüs zu verwenden. Man kann zwar bei einigen (teuren) Computermäusen die Tasten über deren Treiber umprogrammieren, aber mit Windows 10 geht es sogar noch einfacher, denn Sie können dies in den Geräteeinstellungen bequem festlegen.

1. Wählen Sie im Startmenü den Befehl **Einstellungen** aus oder drücken Sie ⊞ + I.
2. Wählen Sie die Rubrik **Geräte** ❶, dann **Maus und Touchpad** ❷.
3. Klicken Sie – zum letzten Mal mit der linken Maustaste! – auf das Dropdown-Listenfeld zur Auswahl der Primärtaste ❸ und wählen Sie **Rechts**. Ab sofort sind die Maustasten in ihrer Funktionalität vertauscht.

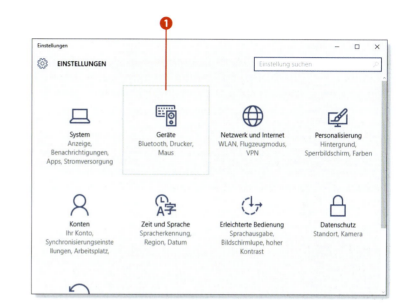

Stifteingabe für Linkshänder

Wenn Sie einen Eingabestift benutzen, möchten Sie Windows vielleicht auch so einstellen, dass die Kontextmenüs nicht rechts, sondern links vom Klickpunkt angezeigt werden. Geben Sie dazu im Suchfeld »Tablet PC« ein und wählen Sie den Eintrag **Tablet PC-Einstellungen**. Auf der Registerkarte **Andere** können Sie dann die Händigkeit einstellen.

Das geheime Administratorkonto aktivieren

Bei der Installation von Windows wird immer auch ein spezielles Administratorkonto mit besonderen Rechten erstellt, die über die Rechte anderer Administratorenkonten hinausgehen. Aus Sicherheitsgründen ist dieses Konto standardmäßig deaktiviert. Sie können es aber über die **Computerverwaltung** aktivieren – vorausgesetzt, Sie haben Administratorrechte.

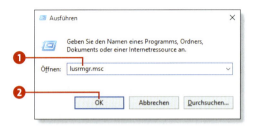

1. Rufen Sie das Dialogfeld **Ausführen** auf. Drücken Sie die Tastenkombination ⊞ + R, oder wählen Sie im Kontextmenü der Start-Schaltfläche die Option **Ausführen**.

2. Geben Sie den Befehl »lusrmgr.msc« ❶ ein, und klicken Sie auf **OK** ❷.

3. Klicken Sie links im Dialogfeld auf **Benutzer** ❸.

4. Doppelklicken Sie auf den Eintrag **Administrator** ❹.

5. Deaktivieren Sie das Kontrollkästchen **Konto ist deaktiviert** ❺, und klicken Sie dann auf **OK** ❻.

> **Achtung, Sicherheitslücke**
>
> Das Administratorkonto ist nicht kennwortgeschützt. Um keine Sicherheitslücke zu reißen, sollten Sie es daher nach Gebrauch sofort wieder deaktivieren oder mit einem Kennwort versehen. Das tun Sie über **Systemsteuerung > Benutzerkonten > Kontotyp ändern**.

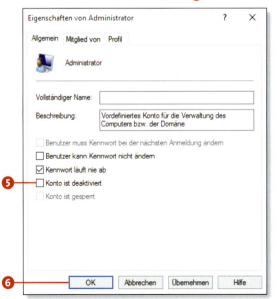

> **Das Gastkonto aktivieren**
>
> Um das Gastkonto zu aktivieren, müssen Sie die **Systemsteuerung** aufrufen und den Links zu den Benutzerkonten und zum Ändern des Kontotyps folgen.

Schneller Benutzerwechsel

Sie teilen sich Ihren PC mit mehreren Benutzern, beispielsweise Ihren Kindern, und nun möchte eines dieser Kinder kurz etwas im Internet recherchieren. Was tun Sie? Bevor Sie jetzt das Kind einfach an Ihren Rechner lassen und damit Ihr eigenes Benutzerprofil in Gefahr bringen (bedenken Sie, dass ein falscher Klick genügt, um Benutzerdaten preiszugeben oder einen Virus zu installieren), denken Sie daran, wie einfach es unter Windows 10 ist, sich bei einem anderen Benutzerkonto anzumelden.

1. Klicken Sie links oben im Startmenü oder nach Antippen des App-Menüs auf das Symbol für den aktuellen Benutzer ❶ (hier im Beispiel **Leopold Bloom**).

2. Wählen Sie in der eingeblendeten Liste das gewünschte Konto ❷ aus (hier **Dirk Louis**).

Weitere Konten einrichten

Falls Sie weitere Konten einrichten wollen, klicken Sie auf das Benutzersymbol, dann auf den Befehl **Kontoeinstellungen ändern**. Wählen Sie in dem aufspringenden Bildschirm die Kategorie **Familie und weitere Benutzer**, und klicken Sie dann rechts auf **Diesem PC eine andere Person hinzufügen**. Lesen Sie dazu auch die Anleitungen in Kapitel 10.

Automatischen Neustart bei Fehlern verhindern

Wer es nicht schon einmal erlebt hat, der mag es kaum glauben: Windows stellt beim Hochfahren einen Fehler fest und startet sich daraufhin automatisch neu, nur um den gleichen Fehler noch einmal festzustellen. Die Folge ist ein fruchtloses ständiges Neustarten. Mit diesen Schritten beugen Sie dem vor.

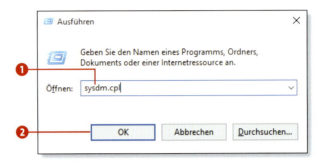

1. Rufen Sie das Dialogfeld **Ausführen** auf. Drücken Sie die Tastenkombination ⊞ + R, oder wählen Sie im Kontextmenü der Start-Schaltfläche die Option **Ausführen**.

2. Geben Sie den Befehl »sysdm.cpl« ❶ ein, und klicken Sie auf **OK** ❷.

   Alternativ können Sie auch in das Suchfeld der Startseite »Erweiterte Sy« eintippen und in der Ergebnisliste auf den Link **Erweiterte Systemeinstellungen anzeigen** klicken.

3. Wechseln Sie zur Registerkarte **Erweitert** ❸.

4. Klicken Sie in der Kategorie **Starten und Wiederherstellen** auf **Einstellungen** ❹.

5. Entfernen Sie das Häkchen vor der Option **Automatisch Neustart durchführen**.

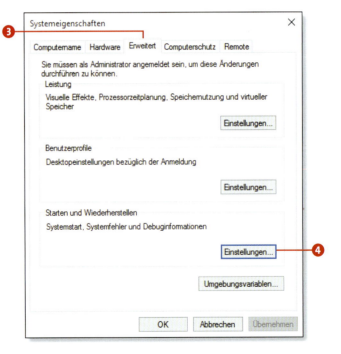

> **i** **Fehler finden und beheben**
> Wenn ein solcher Fehler bei Ihnen auftritt, empfehlen wir Ihnen, in Kapitel 12 »Die Windows-Werkstatt« reinzuschauen, wo wir Hilfe und Tipps zu etlichen Problemen zusammengetragen haben.

Apps finden

Sie vermissen eine App? Sie wissen, dass die App installiert sein müsste, aber Sie finden im Startmenü keine Kachel für die App? Nun, vielleicht haben Sie die Kachel versehentlich gelöscht, oder es gibt im Startmenü gar keine Kachel für die App. Ein Weg, die App dann zu finden und zu starten, ist die **Alle Apps**-Liste, auf die wir bereits im Abschnitt »Das Startmenü« auf Seite 21 hingewiesen haben.

Vor allem wenn es viele installierte Apps gibt, ist das Aufspüren und Aufrufen von Apps über die Suche schneller als der Weg über die **Alle Apps**-Liste. Vorausgesetzt natürlich, Sie erinnern sich an den App-Namen oder zumindest einen Teil davon.

1. Beginnen Sie, unten links im Suchfeld der Taskleiste ❶ den Namen der App einzugeben. Windows öffnet sofort eine Suchleiste und zeigt mögliche Treffer an ❷. (Im Tablet-Modus müssen Sie zuerst auf das Suchen-Symbol klicken, um das Suchfeld einblenden zu lassen.)

2. Fahren Sie gegebenenfalls mit dem Eintippen des Namens fort, um die Trefferauswahl einzugrenzen.

3. Klicken Sie in der Suchergebnisliste auf den Eintrag für die App, um diese aufzurufen.

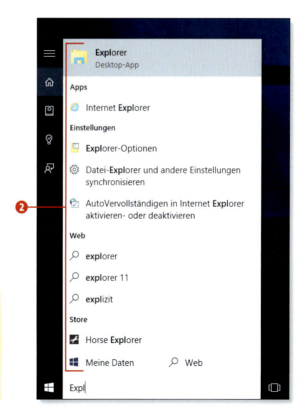

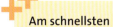

Am schnellsten

Sollten Sie feststellen, dass Sie nach einer bestimmten App öfter suchen, wäre es zu empfehlen, diese an die Startseite oder die Taskleiste anzuheften, siehe den Tipp »Wichtige Apps als Kacheln im Startmenü anzeigen« auf Seite 58.

Ordnung im Startmenü schaffen

Wichtige Apps als Kacheln im Startmenü anzeigen

Kacheln für neu installierte Apps werden grundsätzlich in der App-Liste angelegt. Wenn Sie öfter mit einer App arbeiten, ist es aber meist effizienter, für die App eine große Kachel im Kachelbereich des Startmenüs zu erstellen. Wie dies geht und wie Sie im Kachelbereich Ordnung halten, erfahren Sie in diesem und dem folgenden Tipp.

1. Suchen Sie in der App-Liste nach der App, für die Sie eine Kachel anlegen möchten, z. B. die App **Erste Schritte**.

2. Ziehen Sie die gesuchte App direkt mit dem Finger oder der Maus an die gewünschte Stelle im Kachelbereich, oder klicken Sie mit der rechten Maustaste auf die gewünschte App ❶, um das Kontextmenü aufzurufen, und wählen Sie im Kontextmenü den Befehl **An »Start« anheften** ❷.

Desktop-Apps anheften

Sie möchten eine Desktop-App anheften, werden bei der Suche aber nicht fündig (oder der Befehl zum Anheften wird nicht angeboten)? Dann wechseln Sie auf den Desktop, machen im Explorer die *.exe*-Datei der App ausfindig, klicken mit der rechten Maustaste darauf und wählen den Befehl **An „Start" anheften**.

Kacheln aus dem Startmenü entfernen

Zum Entfernen von Kacheln können Sie sich wahlweise des entsprechenden Befehls im Kontextmenü bedienen oder die für die Fingerbedienung vorgesehenen Symbole verwenden.

1. Klicken Sie mit der rechten Maustaste auf die App-Kachel ❶. Wenn Sie vor einem Tablet oder einem Touchscreen sitzen, tippen Sie auf die zu entfernende App-Kachel und halten sie einen Moment gedrückt.
2. Wählen Sie im Kontextmenü den Befehl **Von „Start" lösen** ❷, bzw. tippen Sie auf die Pinnnadel ❸, die rechts oben neben der Kachel angezeigt wird.

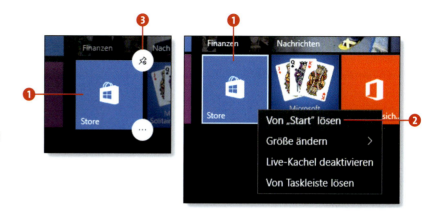

Live-Kacheln aktivieren oder deaktivieren

Sie möchten sich über den aktuellen Status einiger Apps informieren, ohne diese jedes Mal umständlich aufrufen zu müssen? Dann nutzen Sie die Live-Kachen. Und werden die zu unübersichtlich, können Sie sie schnell wieder ausschalten.

1. Klicken Sie mit der rechten Maustaste auf die App-Kachel ❶. Wenn Sie vor einem Tablet oder einem Touchscreen sitzen, tippen Sie auf die App-Kachel, und halten Sie sie einen Moment gedrückt.
2. Wählen Sie den Befehl **Live-Kachel aktivieren** ❷ bzw. **Live-Kachel deaktivieren**.

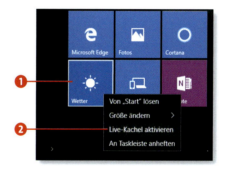 

Es geht nichts verloren
Apps, deren Kachel Sie von der Startseite verbannt haben, können Sie über die Suche oder die **Alle Apps**-Liste starten, siehe den Tipp »Apps finden« auf Seite 57.

Kachelgröße ändern
Wenn es Ihnen vor allem darum geht, im Kachelbereich Platz zu schaffen, genügt es vielleicht schon, einfach die Kachelgrößen anzupassen. Für Kacheln gibt es vier Größen: klein, mittel, breit, groß. Um die Größe einer Kachel zu ändern, Klicken Sie mit Rechts an und entscheiden sich für eine der Optionen im Untermenü **Größe ändern**.

Ordnung durch App-Gruppen

Per Voreinstellung finden Sie im Startmenü bereits zwei vordefinierte Gruppen. Durch Ziehen mit dem Finger oder der Maus können Sie Apps zwischen den Gruppen verschieben. Sie können aber auch neue Gruppen anlegen.

1. Wechseln Sie zum Startmenü.

2. Klicken Sie auf die erste App für die neue Gruppe, und ziehen Sie sie an den gewünschten Bereich (zwischen zwei Gruppen oder links/rechts bzw. über/unter einer Gruppe), bis ein schmaler vertikaler bzw. horizontaler Balken erscheint. Dabei ist es egal, ob die App bereits Teil des Startmenüs ist oder aus der App-Liste stammt.

3. Legen Sie die App auf dem Balken ab ❶. Das war's.

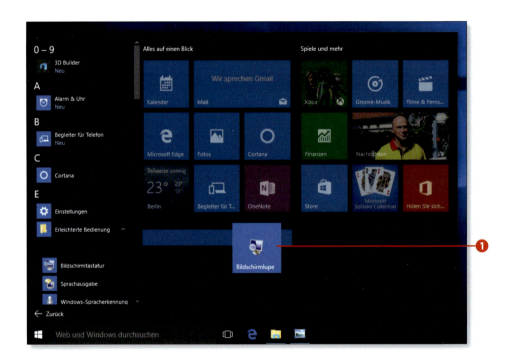

Im Tablet-Modus

Im Tablet-Modus müssen Sie, um das Kontextmenü aufzurufen, erst auf das unten rechts neben der Kachel eingeblendete Symbol mit den drei Punkten klicken.

Gruppe löschen

Um eine Gruppe zu löschen, entfernen Sie einfach alle Apps aus der Gruppe (durch Verschieben in andere Gruppen, Lösen von der Startseite oder gegebenenfalls Deinstallieren).

Gruppennamen ändern

Sie können durch Anklicken des Gruppennamens diesen jederzeit ändern oder durch Klick auf das Kreuz rechts im Eingabefeld löschen.

App-Gruppen benennen

Wenn Sie App-Gruppen anlegen, sollten Sie sie auch benennen. Der Name wird dann als Titel über der Gruppe angezeigt und hilft Ihnen, sich schneller auf der Startseite zu orientieren.

1. Wechseln Sie zum Startmenü.
2. Klicken Sie direkt über die neue Gruppe, um das Eingabefeld für den Gruppennamen einzublenden.
3. Geben Sie in das Eingabefeld den gewünschten Namen ein ❶.
4. Zum Verlassen des Eingabefeldes betätigen Sie ⏎ oder tippen in den Hintergrund.

Apps an die Taskleiste anheften

Apps können nicht nur ans Startmenü, sondern auch an die Taskleiste angeheftet werden. Der Vorteil ist, dass Sie die Apps dann bei Bedarf mit einem Klick aufrufen können. Schade nur, dass der Platz in der Taskleiste so begrenzt ist.

1. Starten Sie das anzuheftende Programm, damit sein Symbol in der Taskleiste angezeigt wird.
2. Klicken Sie in der Taskleiste mit der rechten Maustaste auf das Symbol des Programms ❷.
3. Wählen Sie den Befehl **Programm an Taskleiste anheften** ❸.
4. Um das Programm später aufzurufen, genügt ein Klick auf sein Symbol in der Taskleiste.

> **Apps von der Taskleiste entfernen**
> Öffnen Sie das Kontextmenü zu dem angehefteten App-Symbol, und wählen Sie den Befehl **Programm von Taskleiste lösen**.

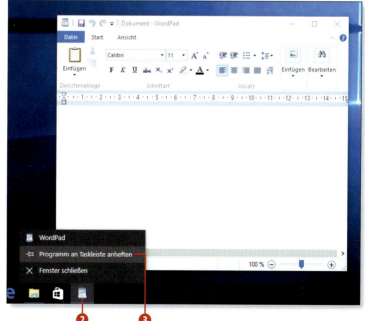

Dialogfelder an die Taskleiste anheften

Bereits seit Windows 7 gibt es die Möglichkeit, häufig benötigte Programme und Dokumente nicht nur als Verknüpfung auf dem Desktop abzulegen, sondern sie auch direkt an die Taskleiste anzuheften. Diese Methode eignet sich übrigens auch für Dialoge.

1. Öffnen Sie das anzuheftende Dialogfeld.
2. Klicken Sie in der Taskleiste mit der rechten Maustaste auf das Symbol des Dialogfelds ❶.
3. Wählen Sie den Befehl **Programm an Taskleiste anheften** aus ❷.

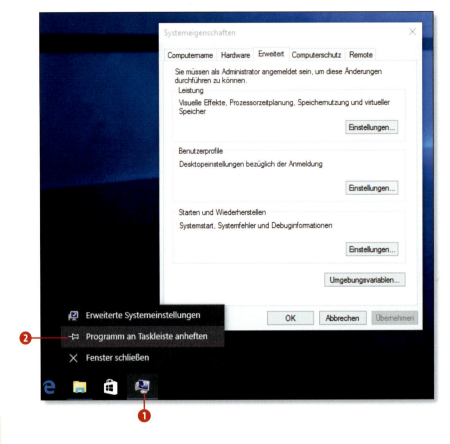

Die Taskleiste verwalten

Übrigens: Über die Befehle im Kontextmenü der Taskleiste können Sie diese auf vielfältige Weise konfigurieren und festlegen, welche Elemente wie angezeigt werden sollen. Um das Kontextmenü aufzurufen, klicken Sie am besten mit der rechten Maustaste in den Bereich zwischen den angehefteten Apps und dem Beginn des rechts gelegenen Info-Bereichs.

Nicht übertreiben

Um den Platz in der Taskleiste nicht unnötig zu verschwenden, sollten Sie nur solche Dialoge anheften, die ansonsten nur schwer zu erreichen sind und die Sie mehr oder weniger regelmäßig aufrufen.

Dokumente anheften

Bereits seit Windows 7 gibt es die Möglichkeit, häufig benötigte Programme und Dokumente nicht nur als Verknüpfung auf dem Desktop abzulegen, sondern sie auch direkt an die Taskleiste anzuheften. Der besondere Vorteil dieser Technik ist, dass Sie damit nicht nur das Dokument, sondern auch gleich das gewünschte Bearbeitungsprogramm speichern. Das ist sehr hilfreich, wenn Sie regelmäßig ein Dokument in einem anderen Programm als seinem Standardprogramm öffnen.

1. Öffnen Sie das Dokument in dem Programm, in dem es später auch bei Aufruf über die Taskleiste geöffnet werden soll. Falls noch nicht geschehen, heften Sie das Programm an die Taskleiste an.

2. Klicken Sie in der Taskleiste mit der rechten Maustaste auf das Symbol des Programms ❶.

3. Klicken Sie auf die Pinnnadel neben dem anzuheftenden Dokument ❷.

4. Um das Dokument später aufzurufen, klicken Sie zuerst mit der rechten Maustaste auf das Programmsymbol in der Taskleiste und dann in der **Angeheftet**-Liste auf den Namen des Dokuments.

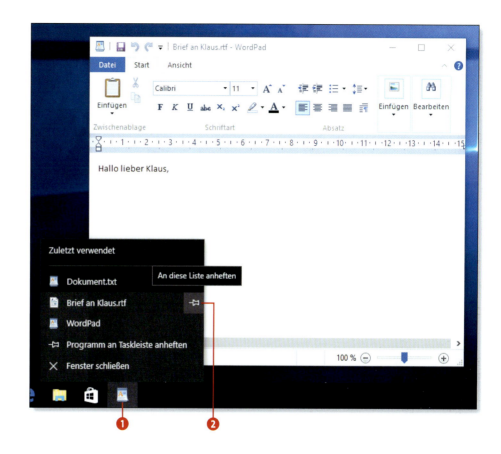

Ein Dokument – mehrere Programme

Sie können mit dieser Technik auch ein und dasselbe Dokument mit verschiedenen Bearbeitungsprogrammen anheften.

Apps über die Taskansicht schließen

Wenn Sie einmal zwischenzeitlich schnell und effizient auf Ihrem Desktop Ordnung schaffen und dazu alle nicht mehr benötigten Apps beenden möchten, wechseln Sie doch einfach einmal vorher in die Taskansicht. Die Apps werden dann sauber nebeneinander aufgereiht, und Sie können sie sehr schnell schließen.

1. Öffnen Sie die Taskansicht über den gleichnamigen Schalter in der Taskleiste ❶. Sie sehen alle derzeit geöffneten Apps in der Mitte des Bildschirms.

2. Klicken Sie nacheinander auf die Schließen-Schaltflächen der Apps, die Sie beenden wollen ❷.

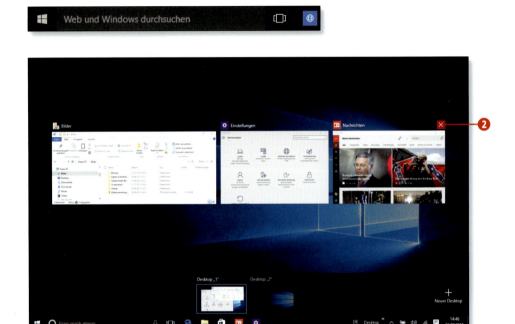

Mehrere Instanzen einer App schließen

Wenn Sie von *einer* App mehrere Fenster geöffnet haben – also z. B. mehrere Word-Dokumente oder mehrere Explorer-Fenster –, die Sie alle schließen möchten, denken Sie an die Taskleiste! Wenn diese so konfiguriert ist, dass die Symbole nach Apps gruppiert werden (Option **Schaltflächen der Taskleiste** in dem über das Kontextmenü aufrufbaren **Eigenschaften**-Dialog der Taskleiste), können Sie alle Fenster gleichzeitig über das Kontextmenü der App in der Taskleiste schließen.

Alle Apps auf dem Desktop schließen

Um alle Apps auf dem Desktop zu schließen, drücken Sie einfach so lange nacheinander [Alt] + [F4], bis keine Apps mehr geöffnet sind.

Abgestürzte Apps beenden

Apps, die abgestürzt sind und nicht mehr reagieren, können Sie meist nur noch über den **Task-Manager** beenden. Warten Sie allerdings ruhig ein paar Minuten ab, ob die App vielleicht nach einiger Zeit doch noch reagiert. Sollten Sie sicher sein, dass die App abgestürzt ist, folgen Sie diesen Schritten:

1. Rufen Sie den **Task-Manager** auf. Drücken Sie die Tastenkombination ⊞ + ⇧ + Esc, oder wählen Sie im Kontextmenü der Start-Schaltfläche die Option **Task-Manager**.
2. Klicken Sie gegebenenfalls auf **Mehr Details** ❶, um in die erweiterte Ansicht zu wechseln.
3. Wechseln Sie falls nötig zur Registerseite **Prozesse** ❷.
4. Klicken Sie mit der rechten Maustaste auf die App, und wählen Sie anschließend den Befehl **Task beenden** ❸.

Den Stromverbrauch im Auge behalten

Apps beanspruchen nur so lange Strom und Systemleistung, wie sie im Vordergrund sind. Sollte es Sie also nicht stören, dass die App-Liste langsam immer länger und unübersichtlicher wird, können Sie ruhig beliebig viele Apps geöffnet lassen. Dies gilt jedoch nicht für die Desktop-Apps. Diese sollten Sie, wenn Sie sie nicht mehr benötigen, korrekt beenden.

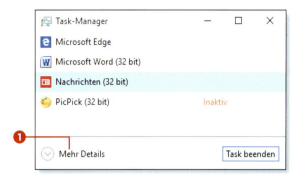

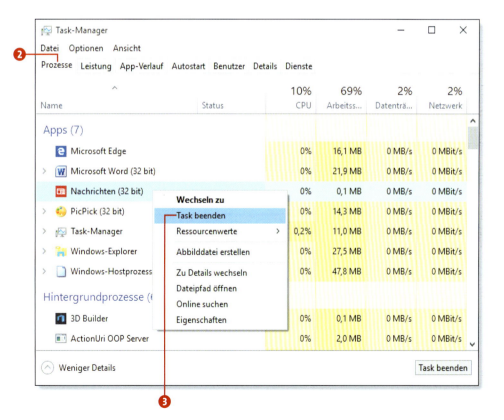

Im Tablet-Modus mehrere Apps anzeigen

Im Tablet-Modus nehmen Apps standardmäßig immer den ganzen Bildschirm ein. Auf einem Smartphone wäre eine gleichzeitige Darstellung mehrerer Apps wohl auch gar nicht möglich. Auf Tablet-PCs ist der Ausschließlichkeitsanspruch der Apps aber manchmal nervig. Windows 10 bietet daher die Möglichkeit, auch im Tablet-Modus zwei, drei oder vier Apps nebeneinander anzuzeigen.

1. Öffnen Sie die anzuzeigenden Apps. Anschließend haben Sie über die Taskansicht Zugriff auf die Apps, doch nur die zuletzt geöffnete App wird auf dem Bildschirm angezeigt.

2. Tippen oder klicken Sie auf den oberen Rand der App, um die Titelleiste einzublenden, und ziehen Sie die App daran an den rechten oder linken Bildschirmrand. Der Bereich, an dem Sie die App ablegen, wird durch einen transparenten dunklen Hintergrund angezeigt. Dadurch nimmt Ihre App plötzlich nur noch die Hälfte des Bildschirms ein.

3. Wählen Sie aus der Taskansicht, die danach in der zweiten Hälfte des Bildschirms angezeigt wird ❶, die andere anzuzeigende App. Sie können die App auch der Startseite entnehmen. Zwischen den beiden Apps wird ein Teilungsbalken eingefügt ❷.

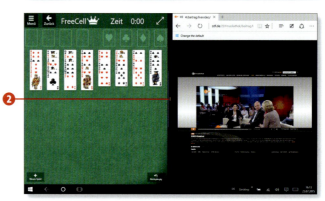

Bildschirmauflösung beachten

Mehr als zwei Apps können nur angezeigt werden, wenn die Bildschirmauflösung ausreichend groß ist (mindestens 1.900 × 1.200 Pixel).

Der Teilungsbalken ist verschiebbar

Durch Verschieben des Teilungsbalkens können Sie den Bildschirm beliebig aufteilen oder die Aufteilung beenden, indem Sie ihn ganz an den Rand schieben.

App-Benachrichtigungen ausschalten

Windows ist standardmäßig so konfiguriert, dass es Sie mittels Benachrichtigungen nicht nur über wichtige Vorgänge, sondern auch über Statusänderungen an Apps informiert, soweit die Apps dafür ausgelegt sind. Sie können diese Benachrichtigungen im **Info-Center** einsehen. Sie können aber auch lästige oder nicht interessierende Benachrichtigungen unterdrücken.

1. Rufen Sie mit der Tastenkombination ⊞ + I den **Einstellungen**-Dialog auf. Sie finden den Aufrufbefehl **Einstellungen** aber auch im Startmenü oder im App-Menü unten links.

2. Klicken Sie im **Einstellungen**-Dialog oben links auf **System**.

3. Wählen Sie links den Eintrag **Benachrichtigungen und Aktionen** ❶. Auf der dazugehörigen Seite können Sie bestimmte Benachrichtigungen ❷ und Benachrichtigungen für bestimmte Apps ❸ ein- und ausschalten.

> **Das Info-Center**
>
> Wenn Sie mehr über das Info-Center und seine Meldungen und Möglichkeiten erfahren wollen, schlagen Sie doch noch einmal auf Seite 24 auf.

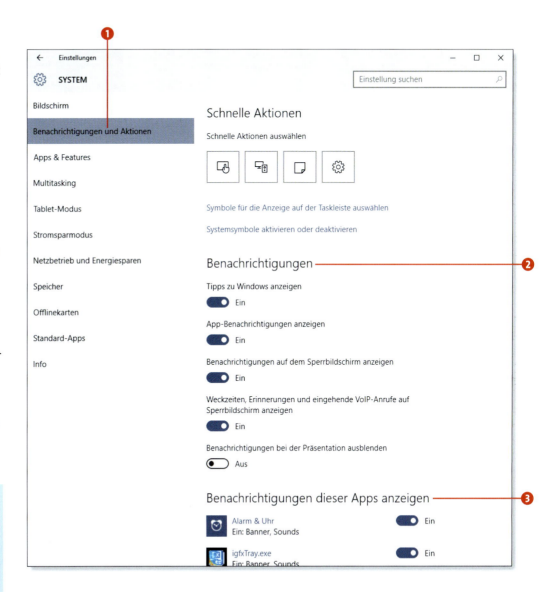

Von Apps aus drucken

Im Grunde ist das Drucken aus einer App heraus ganz einfach, denn anders als unter Windows 8 finden Sie den Druckbefehl in den Apps, die das Drucken unterstützen, wieder direkt in der App.

1. Starten Sie die App. Beispielsweise könnten Sie die App **Fotos** starten, um eines Ihrer Fotos auszudrucken.

2. Laden Sie den auszudruckenden Inhalt. Öffnen Sie also z. B. die Bildbibliothek, und wechseln Sie zu dem auszudruckenden Foto. Dadurch wird in der **Fotos**-App oben eine Menüleiste eingeblendet.

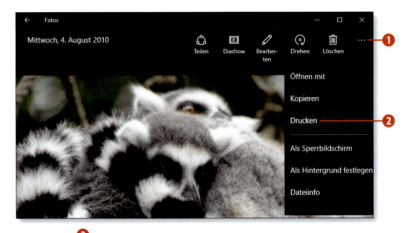

3. Klicken Sie in der Menüleiste oben rechts auf das Symbol mit den drei Punkten, wodurch Sie ein Menü ❶ öffnen.

4. Tippen oder klicken Sie auf **Drucken** ❷.

5. Wählen Sie den zu verwendenden Drucker aus ❸.

6. Stellen Sie die gewünschten Druckeroptionen ein.

7. Tippen oder klicken Sie auf **Drucken** ❹.

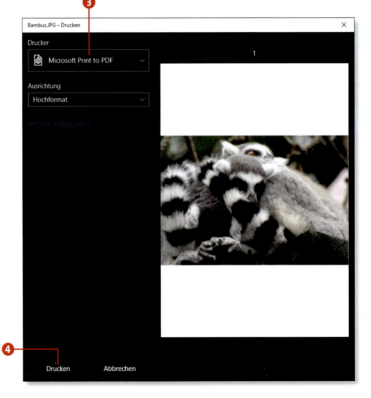

Den Drucker einrichten

Ihr Drucker erscheint nicht in der Liste? Dann sollten Sie ihn neu einrichten. Geben Sie dazu im Suchfeld »Drucker« ein und wählen Sie Geräte und Drucker, um zur gleichnamigen Seite der Systemsteuerung zu wechseln.

Fenster durch Zeigen aktivieren

Um ein Fenster in den Vordergrund zu holen, müssen Sie normalerweise darauf klicken oder tippen. Sie können Windows aber auch so einstellen, dass ein einfaches Zeigen mit der Maus auf ein Fenster dieses aktiviert.

1. Rufen Sie die **Systemsteuerung** auf. Sie finden den gleichnamigen Befehl im Kontextmenü der Start-Schaltfläche, das sie über die Tastenkombination ⊞ + X, durch Rechtsklick mit der Maustaste oder längeres Drücken der Start-Schaltfläche erreichen.

2. Klicken Sie in der Ansicht **Kategorie** auf **Erleichterte Bedienung**.

3. Klicken Sie in der Kategorie **Center für erleichterte Bedienung** auf **Funktionsweise der Maus ändern** ❶.

4. Aktivieren Sie die Option **Ein Fenster durch Zeigen mit der Maus aktivieren** ❷.

5. Bestätigen Sie die Änderung mit **OK**.

> **Schneller geht es in der Ansicht »Kleine Symbole«**
>
> Befindet sich die **Systemsteuerung** in der Ansicht **Kleine Symbole**, können Sie gleich das **Center für erleichterte Bedienung** aufrufen. Die Ansicht können Sie rechts oben in der **Systemsteuerung** ändern.

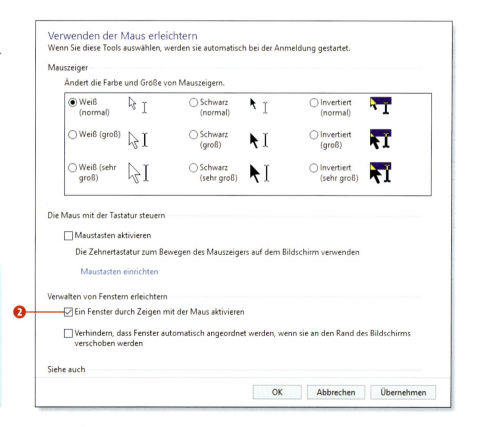

Sprunglisten ein- und ausschalten

Als *Sprungliste* bezeichnet Microsoft die Liste der zuletzt verwendeten Dateien, die angezeigt wird, wenn Sie in der Taskleiste mit der rechten Maustaste auf ein Programmsymbol klicken. Diese Liste speichert bis zu 10 Dateien (siehe das obere Bild). Diese Funktion ist vor allem dann sehr praktisch, wenn Sie oft mit denselben Dateien arbeiten. Sie sparen die Zeit, das Programm und die Datei einzeln zu öffnen. Arbeiten Sie ständig mit unterschiedlichen Dateien, ist die Sprungliste aber vielleicht eher störend. Was immer Ihren Wünschen eher entspricht, Sie können die Sprunglisten länger oder kürzer machen.

1. Rufen Sie mit der Tastenkombination ⊞ + I den **Einstellungen**-Dialog auf. Sie finden den dazugehörigen Befehl auch im Startmenü (Desktop-Modus) oder im App-Menü unten links (Tablet-Modus).
2. Klicken Sie auf **Personalisierung**.
3. Klicken Sie links auf **Start** ❶.
4. Mit der letzten Option schalten Sie die Sprunglisten-Funktion ein und aus ❷.

Sprunglisten löschen

Die Deaktivierung der Sprunglisten-Funktion führt automatisch dazu, dass sämtliche Sprunglisten gelöscht werden.

Notizzettel auf den Desktop kleben

In Windows brauchen Sie kein Zusatzprogramm, um sich mit elektronischen gelben Zettelchen an wichtige Dinge zu erinnern.

1. Tippen Sie unten in das Suchfeld der Startseite »Kurz« ❶ ein, und wählen Sie in der Ergebnisliste den Link **Kurznotizen** ❷. Alternativ finden Sie die **Kurznotizen** auch in der alphabetischen App-Liste unter der Kategorie **Windows-Zubehör**.
2. Ein gelbes Fensterchen wird angezeigt; geben Sie dort Ihren Text ein.
3. Weitere Notizzettel können Sie durch Klicken auf das Pluszeichen links in der Titelleiste erstellen ❸.
4. Wenn die Titelleiste nicht zu sehen ist, klicken oder tippen Sie einfach in die Notiz.
5. Zum Löschen einer Notiz klicken Sie auf das Löschen-Symbol rechts in der Titelleiste ❹.
6. Über das Kontextmenü (Rechtsklick) können Sie den Zetteln unterschiedliche Farben zuweisen ❺.

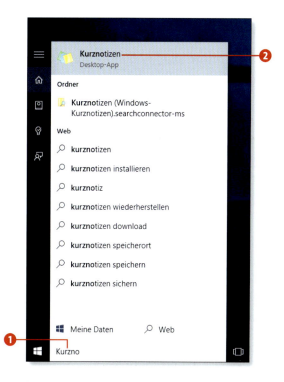

Nutzen Sie die Farbsymbolik
Nutzen Sie die Farben, um die Zettel thematisch zu kategorisieren, beispielsweise Grün für Wunschlisten und Rot für dringend zu erledigende Aufgaben.

Die Notizzettel ausblenden
Um alle Notizzettel aus- und einzublenden, klicken Sie in der Taskleiste auf die Schaltfläche **Kurznotizen**.

Die Lesbarkeit verbessern

Die Bildschirmlupe verwenden

Oft erscheint die Schrift in Dialogen sehr klein, und wenn dann auch noch viel Text zu lesen ist, ist es oft schwer, zu erkennen, was auf dem Bildschirm steht. Wenn Sie am Bildschirm Probleme haben, etwas zu lesen oder genauer zu betrachten, können Sie die integrierte Bildschirmlupe verwenden.

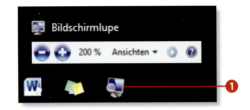

1. Tippen Sie unten in das Suchfeld der Startseite »Lupe« ein, und wählen Sie in der Ergebnisliste den Link **Bildschirmlupe**.

   Standardmäßig arbeitet die Lupe im Vollbildmodus und zeigt den kompletten Bildschirm vergrößert. Empfehlenswert ist meistens aber die Vergrößerung eines Bereichs, den Sie über die Option **Lupe** einstellen können.

2. Bewegen Sie daher die Maus nach unten zur Taskleiste, und fahren Sie mit der Maus über den Eintrag für die Bildschirmlupe ❶.

3. Wenn die Vorschau eingeblendet wird, klicken Sie auf den Pfeil neben **Ansichten** ❷.

4. Wählen Sie die Option **Lupe** ❸.

Bildschirmlupe beenden

Zum Beenden der Lupe drücken Sie die Tastenkombination ⊞ + Esc, für Vergrößern ⊞ + + und für Verkleinern ⊞ + -.

Bildschirmlupe andocken

In Schritt 4 können Sie sich auch für die Option **Angedockt** entscheiden. Dann wird im oberen Bildschirmbereich eine Vergrößerung gezeigt, während Sie darunter den Bildschirm in normaler Größe sehen.

Kapitel 2: Windows geschickt bedienen

Kontrastreiche Anzeige aktivieren

Falls Sie Ihr Notebook oder Tablet gerne im Freien verwenden, dann haben Sie unter Umständen bei ungünstigen Lichtverhältnissen das Problem, dass Sie kaum etwas auf dem Bildschirm erkennen können. Hierfür bietet Windows die Möglichkeit, auf eine besonders kontrastreiche Anzeige umzuschalten.

1. Geben Sie im Suchfeld »Kontrast« ein und wählen Sie in der Ergebnisliste **Einstellungen für hohen Kontrast** ❶.

2. Wählen Sie dann über das Listenfeld ein Design aus, beispielsweise **Kontrast Weiß** ❷.

3. Scrollen Sie im Fenster nach unten und klicken Sie auf **Anwenden** ❸. Nach einigen Sekunden Umstellungszeit läuft Windows im Kontrastmodus.

Und wie schaltet man den Kontrast wieder aus?

Für den normalen Anzeigemodus wählen Sie später einfach wieder das Kontrast-Design **Kein** ❹ aus.

Mit mehreren Desktops arbeiten

Mehrere Desktops einrichten

Was unter Linux schon lange möglich ist, können nun endlich auch Windows-Anwender nutzen: mit mehreren Desktops arbeiten. Sinnvoll ist dies zum Beispiel, wenn Sie an mehreren Aufgaben gleichzeitig arbeiten. Wer also zum Beispiel bei der Arbeit zur Entspannung gern ein Spielchen spielen möchte, kann auf einem Desktop die Programme und Dateien verwalten, die er zum Arbeiten braucht, und auf dem anderen Desktop seine Spiele. Und kommt der Chef, wechseln Sie schnell den Desktop. Pech nur, wenn der Chef auch schon von den neuen Möglichkeiten gehört hat.

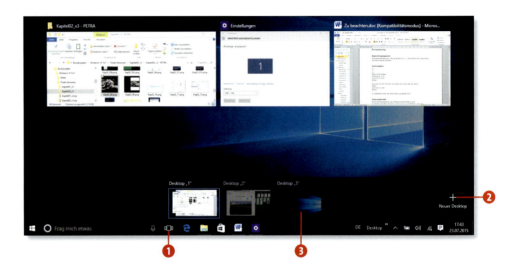

1. Öffnen Sie im Desktop-Modus alle Apps, mit denen Sie auf diesem Desktop arbeiten wollen.

2. Drücken Sie auf die **Taskansicht**-Schaltfläche ❶ in der Taskleiste, und verschaffen Sie sich einen Überblick über die geöffneten Apps und Dateien.

3. Drücken Sie rechts über der Datumsanzeige auf das Plussymbol für den neuen Desktop ❷.

4. Bestücken Sie diesen zweiten Desktop mit den gewünschten Apps, indem Sie sie öffnen.

5. Über die Taskansicht können Sie nun schnell zwischen den beiden Desktops wechseln ❸.

Verknüpfungen

Die Verknüpfungen im Hintergrund bleiben auf den Desktops gleich. Sie können leider nicht mehrere Desktops einrichten, die unterschiedliche Verknüpfungen im Hintergrund zeigen.

Nicht für Tablet-Besitzer

Im Tablet-Modus werden virtuelle Desktops nicht unterstützt.

Desktops schließen

Sie können einen Desktop, den Sie neu angelegt haben, natürlich auch wieder löschen. Sie sollten dabei allerdings darauf achten, was Sie mit den Apps tun, die auf dem Desktop geöffnet sind. Das Löschen funktioniert ansonsten mit wenigen Klicks.

1. Öffnen Sie die Taskansicht ❶.

2. Wählen Sie den Desktop, den Sie schließen wollen, und beenden Sie alle darauf geöffneten Apps. Sie können dies direkt in der Taskansicht tun oder indem Sie auf den virtuellen Desktop wechseln.

3. Falls nötig, öffnen Sie erneut die Taskansicht.

4. Schließen Sie unten in der Desktop-Übersicht den leeren Desktop, indem Sie auf den Schließen-Schalter ❷ klicken, der eingeblendet wird, wenn Sie mit der Maus darüberfahren.

Schneller Desktop-Wechsel

Wenn Sie gerade mit der Tastatur arbeiten und schnell den Desktop wechseln möchten, verwenden Sie dafür die Tasten ⊞ + Strg + → bzw. ⊞ + Strg + ←.

Und was passiert mit den Apps?

Die Apps werden nicht automatisch geschlossen. Haben Sie die Apps auf dem beendeten Desktop vorher nicht geschlossen, werden sie einfach auf den links davon liegenden Desktop verschoben.

Die Sprachassistentin Cortana

Cortana aktivieren

Seit Windows 8.1 gibt es für das Windows Phone eine Sprachassistentin namens **Cortana**. Sie erwies sich als so erfolgreich und populär, dass sie in Windows 10 übernommen wurde. **Cortanas** Aufgabe ist es, den Nutzer – vorzugsweise sprachgesteuert – bei diversen Aufgaben zu unterstützen. So können Sie **Cortana** anweisen, Termine in Ihren Kalender einzutragen, Notizen aufzunehmen oder über Skype eine Verbindung zu einer Person aus Ihren Kontakten herzustellen. Voraussetzung ist, dass Sie **Cortana** zuvor aktivieren und ihr Zugriff auf Ihre privaten Daten, wie Kontakte, Position, Browser- und Suchverläufe, einräumen.

1. Klicken Sie in der Taskleiste in das Suchfeld ❶ (bzw. auf das Symbol der Suche). Falls **Cortana** sich daraufhin nicht meldet, klicken Sie auf das **Cortana**-Symbol im Menü der Suche ❷. Wenn Sie dieses Symbol nicht sehen, ist **Cortana** vermutlich schon aktiviert.

Kein Microsoft-Konto, kein Cortana

Um **Cortana** nutzen zu können, müssen Sie mit einem Microsoft-Konto angemeldet sein, damit Microsoft Ihre persönlichen Einstellungen auch mit Ihrem Konto verbinden kann.

Cortana ist noch nicht perfekt

Man muss klar sagen, dass **Cortana** zum Start von Windows 10 noch nicht perfekt und fehlerfrei funktionierte. Microsoft wird hier sicherlich noch nachbessern. Momentan ist sie eher etwas für Experimentierfreudige.

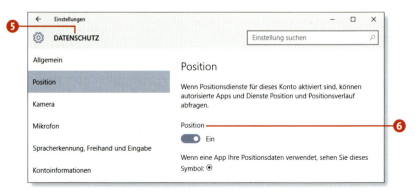

2. Klicken Sie auf **Ich stimme zu** ❸, um **Cortana** Zugriff auf die benötigten privaten Daten zu geben, zu denen im Übrigen auch die Information über Ihren aktuellen Standort gehört.
Für Letztere muss der Positionsdienst eingeschaltet sein. Ist dies nicht der Fall, bietet Ihnen **Cortana** den Schalter **Einstellungen** ❹ an, über den Sie zur **Datenschutz**-Seite ❺ der **Einstellungen** gelangen, wo Sie den **Position**-Schalter auf **Ein** ❻ stellen können. Anschließend klicken Sie erneut in das Suchfeld, um die **Cortana**-Aktivierung wiederaufzunehmen.

3. Geben Sie auf der vorletzten Seite an, wie **Cortana** Sie anreden soll ❼, und klicken Sie dann auf **Weiter** ❽.

4. **Cortana** hat nun diverse Interessengebiete für Sie zusammengestellt, zu denen Ihnen fortan aktuelle Informationen angezeigt werden, wenn Sie in das Suchfeld klicken. Sie können diese Zusammenstellung über die ...-Schaltflächen ❾ bearbeiten oder gleich auf **Verstanden** ❿ klicken, um die aktuelle Konfiguration ins **Cortana**-Notizbuch zu übernehmen.

i Cortana konfigurieren

Cortana wird größtenteils über das **Cortana**-Notizbuch konfiguriert. Um in das Notizbuch zu gelangen, klicken Sie einfach im **Cortana**-Menü auf das **Notizbuch**-Symbol ⓫.

Die Cortana-Sprachsteuerung einrichten

Am meisten Spaß macht es, wenn Sie **Cortana** über Sprachbefehle steuern – sofern Sie keine Perfektion erwarten. Die Spracherkennung ist zwar recht gut, kommt aber schnell ins Stolpern, wenn die Eingabe mehrsprachig ist. Und ob die eingegebenen Befehle korrekt interpretiert und ausgeführt werden, scheint manchmal reine Glückssache.

1. Stellen Sie Ihr Mikrofon vor sich, oder setzen Sie Ihr Headset auf.
2. Klicken Sie im Startmenü auf **Einstellungen**, und wählen Sie die Kategorie **Zeit und Sprache**.
3. Wählen Sie links die Kategorie **Sprachein-/ausgabe** ❶, und klicken Sie in der Rubrik **Mikrofon** auf **Los geht's** ❷.
4. Im nächsten Dialog zeigt Windows Ihnen das Standardmikrofon an. Klicken Sie hier auf **Weiter**.
5. Sprechen Sie jetzt in das Mikrofon, und beobachten Sie, wie in der oberen Zeile der Pegel schwankt ❸. Falls Sie keinen Pegel sehen, stimmt etwas mit dem Anschluss des Mikrofons nicht. Klicken Sie danach auf **Weiter** ❹ und im abschließenden Dialog auf **Fertig stellen**.

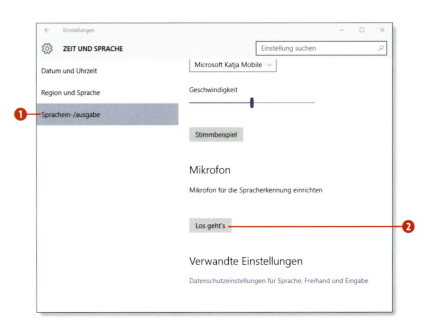

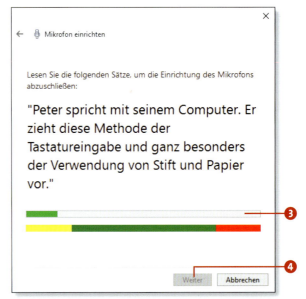

Probleme mit dem Mikrofon

Wenn Sie keinen Pegel sehen, kontrollieren Sie zuerst, ob das Mikrofon nicht vielleicht ausgeschaltet oder auf ganz leise gestellt ist. Ansonsten klicken Sie mit der rechten Maustaste auf das Lautsprechersymbol in der Taskleiste und probieren einen der Befehle **Soundprobleme behandeln** oder **Aufnahmegeräte**.

Mit Cortana den PC steuern

Wenn Sie Ihr Mikrofon erfolgreich für die Verwendung mit **Cortana** eingerichtet haben (siehe vorangehenden Tipp), sind Sie nun bereit, Ihren PC mit gesprochenen Befehlen zu steuern. Wie wäre es z. B. mit dem Aufruf der **Fotos**-App?

1. Um **Cortana** in den Zuhörmodus zu versetzen, klicken Sie auf das Mikrofonsymbol im Suchfeld ❶. Wenn in der Taskleiste statt des Suchfelds das **Cortana**-Symbol angezeigt wird, müssen Sie zuerst auf dieses Symbol klicken, um das Suchfeld einzublenden.

2. Sprechen Sie jetzt rasch den Befehl »Starte die Fotos-App« ins Mikrofon. Achten Sie darauf, den korrekten App-Namen zu verwenden, in unserem Fall also »Fotos« und nicht einfach »Foto«.

   Der Zuhörmodus ist nur wenige Sekunden aktiv. Wenn er zwischenzeitlich ausgeschaltet wurde, müssen Sie erneut auf das Mikrofonsymbol klicken.

3. Der gesprochene Befehl wird im Suchfeld angezeigt ❷; dann informiert **Cortana** darüber, wie der Befehl interpretiert wurde ❸, und wenn alles gutgeht, öffnet sich kurz darauf die **Fotos**-App.

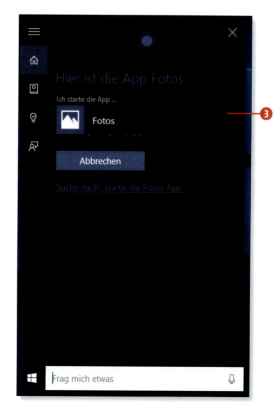

Cortana per Stimme aktivieren

Eine Sprachsteuerung, die ständig per Mausklick aktiviert werden muss, ist ein zweifelhaftes Vergnügen. Sie haben daher natürlich auch die Möglichkeit, **Cortana** mit einem Sprachbefehl zu starten. Setzen Sie dazu einfach in den **Cortana-Einstellungen** (zu erreichen über den **Notizbuch**-Eintrag im **Cortana**-Menü) den Schalter **Hey Cortana** auf **Ein**. Fortan können Sie **Cortana** mit dem Befehl »Hey Cortana« in den Zuhörmodus versetzen. Wenn Sie möchten, dass sich **Cortana** nur von Ihrer Stimme auf diese Weise aktivieren lässt, müssen Sie zuerst das angebotene Sprachtraining durchführen.

Die Cortana-Sprachbefehle

Cortana versteht vor allem Befehle, die mit den vorinstallierten Apps in Verbindung stehen. Mit anderen Apps geht das nicht ganz so gut, aber wir gehen davon aus, dass Microsoft daran weiter arbeiten wird. Damit Sie Cortana direkt einmal ausprobieren können, haben wir hier einige Beispiele zusammengestellt:

Befehl	Beschreibung
»Starte die Fotos-App.«	Startet die App Fotos.
»Starte den Editor.«	Starten den Windows-Editor.
»Starte Systemsteuerung.«	Startet die Systemsteuerung.
»Spiele meine Musik.«	Spielt die Songs aus der Musikbibliothek.
»Spiele den Song ›Scarborough Fair‹.« »Ich möchte den Titel ›Scarborough Fair‹ hören.«	Spielt den Titel »Scarborough Fair« aus der Musikbibliothek. Dieser Befehl wird allerdings recht unzuverlässig ausgeführt.
»Trage einen Termin ein.«	Trägt einen Termin in den Kalender ein. Die weiteren Daten zu dem Termin werden von Cortana abgefragt.
»Welche Termine habe ich am Montag?«	Zeigt die im Kalender notierten Termine für Montag an.
»Wie wird das Wetter?«	Das Wetter für den aktuellen Standort wird angezeigt.
»Wie ist das Wetter in Berlin?«	Das Wetter für Berlin wird angezeigt.

Auswahl funktionierender Sprachbefehle

Was macht Cortana mit nicht verstandenen Befehlen?

Wenn **Cortana** einen Befehl nicht versteht, reicht sie ihn an den Browser und dessen Standardsuchmaschine weiter. Mit anderen Worten: Sie können **Cortana** auch für Recherchen im Internet nutzen, beispielsweise mit Befehlen wie »Was kostet die Playstation 4?« oder »Was ist ein Palindrom?«.

Sich von Cortana erinnern lassen

Waren Sie auch schon einmal so in die Arbeit vertieft, dass Sie Termine verschlafen haben? Dank **Cortana** sollte Ihnen das nun nicht mehr passieren. Lassen Sie **Cortana** eine Erinnerung schicken.

1. Klicken Sie auf das Mikrofonsymbol im Suchfeld, um **Cortana** in den Zuhörmodus zu versetzen. (Alternativ drücken Sie ⊞ + Q .)
2. Sprechen Sie jetzt rasch den Befehl »Erinnere mich« ins Mikrofon.
3. Teilen Sie **Cortana** mit, woran Sie erinnert werden möchten ❶.
4. Teilen Sie **Cortana** mit, wann Sie erinnert werden möchten ❷.
5. Bestätigen Sie alle Eingaben mit »Okay« oder »Korrekt«.
6. Pünktlich zum angegebenen Zeitpunkt erscheint eine Erinnerung.

Cortana ausschalten

Cortana sammelt zahlreiche Daten über Sie und Ihre Arbeit am PC. Wenn Sie **Cortana** nicht mehr nutzen wollen, sollten Sie diese Daten wieder löschen.

1. Starten Sie **Cortana** per Klick ins Suchfeld oder per ⊞ + Q .
2. Klicken Sie im **Cortana**-Menü auf das **Notizbuch**-Symbol ❸, und wählen Sie **Einstellungen** ❹.
3. Stellen Sie den **Cortana**-Schalter auf **Aus** ❺.
4. Klicken Sie auf den Link **Alles, was Cortana über mich weiß, in der Cloud verwalten** ❻.
5. Löschen Sie auf der daraufhin geöffneten Website alle Daten, die nicht mehr genutzt werden sollen. (Achtung: Die Daten zu den Interessen teilt sich **Cortana** mit anderen Diensten.)

➕ Erinnerungen verwalten

Wenn Sie laufende Erinnerungen einsehen, verändern oder löschen möchten, öffnen Sie **Cortana** und klicken in der Menüleiste auf den **Erinnerungen**-Befehl (Glühlampensymbol).

Mit der Eingabeaufforderung arbeiten

Ganz früher, als es Windows noch nicht gab und auf Rechner das Betriebssystem MS-DOS lief, sah der Bildschirm immer so aus wie die Eingabeaufforderung. Das Fenster der Eingabeaufforderung ist also so etwas wie eine Rückschau in die Frühzeit des PCs, als man diesen noch über eine *Konsole* und eine kleine Auswahl von Systembefehlen bediente. Heute benutzt niemand mehr die Eingabeaufforderung um z. B. Dateien zu kopieren, aber sie kann immer noch sehr hilfreich sein. Beispielsweise um Programme wie **ipconfig** zu starten, die über keine Fensteroberfläche verfügen.

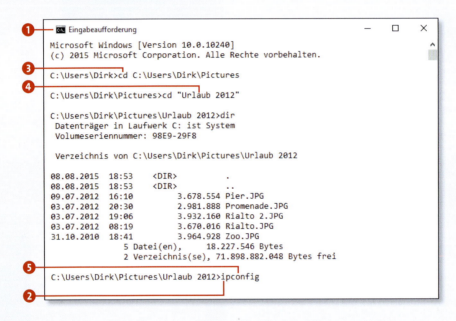

❶ Ein Klick hier öffnet das Menü der Eingabeaufforderung. Über den Menübefehl **Eigenschaften** können Sie z. B. den üblicherweise schwarzen Hintergrund auf Weiß umstellen, wie in der Abbildung zu sehen.

❷ Das Ende der letzten Zeile ist der sogenannte Prompt. Hier geben Sie Ihre Befehle ein und schicken diese mit ⏎ ab. Bereits abgeschickte Befehle können Sie mit ↑ neu laden.

❸ Mit dem Befehl »cd« können Sie in ein anderes Verzeichnis wechseln. Mit »d:« oder »c:« wechseln Sie das Laufwerk.

❹ Enthält ein Verzeichnisname Leerzeichen, müssen Sie den gesamten Pfad in Anführungszeichen setzen.

❺ Außer den vordefinierten Systembefehlen, können Sie vom Prompt aus auch Programme starten – ggf. müssen Sie allerdings den Pfad zur exe-Datei voranstellen. Oder Sie lassen sich mit »help« die unterstützen Befehle bzw. mit »help befehl« detaillierte Hilfe zu einem bestimmten Befehl anzeigen.

3 Dateien und Ordner besser im Griff

In diesem Kapitel

- Die Dateinamenerweiterungen anzeigen
- Einen Dateityp einem Programm zuordnen
- Versteckte Dateien anzeigen
- Dateien sofort endgültig löschen
- Dateien immer sofort löschen
- Navigationsbereich und Inhaltsfenster synchronisieren
- Kopieren unterbrechen und fortsetzen
- Explorer-Fenster durch eigenen Prozess absichern
- Mehrere Dateien zusammen umbenennen
- Mehrere Dateien individuell umbenennen
- Das erweiterte Kontextmenü aufrufen
- Im Dateidialogfenster kopieren
- Schnell zu den Systemordnern wechseln
- Zugriffsrechte bei Dateien

Der Explorer ist das Sichtfenster zu Ihrer Festplatte und das wichtigste Werkzeug zur Verwaltung und Organisation Ihrer Dokumente, Bilder und sonstigen Dateien.

Umso erstaunlicher ist es, dass gerade junge Leute oft gar nicht wissen, dass es den Explorer gibt und wofür man ihn verwendet. Andererseits muss man zugestehen, dass der Explorer eher ein Tool für die klassische Datenverarbeitung ist (Stichwort EDV) und nicht unbedingt benötigt wird, solange man den PC vor allem zum Internetsurfen und zum multimedialen Konsum nutzt. Sobald Sie aber beginnen, mit dem PC zu arbeiten und Dateien anzulegen, finden Sie kaum einen besseren Freund als den Explorer.

Apropos Internetsurfen und Multimedia-Konsum: Bereits Mitte der Neunziger versuchte ein Konsortium aus Sun, Apple und Netscape, den sogenannten Netzcomputer zu etablieren – ein abgespeckter PC, der knapp halb so viel wie ein damaliger Billigcomputer kosten und seinem Besitzer vor allem Zugang zum Internet und dessen Diensten bieten sollte. Der Netzcomputer war ein Flop – offenbar konnten sich die Kunden damals nicht vorstellen, dass man mit einem PC, der auf Internetdienste angewiesen war, sinnvoll arbeiten könnte. The Times, they are a-changin'.

Der Explorer

Angesichts der Bedeutung, die der Explorer für die folgenden Tipps hat, möchten wir Ihnen das Explorer-Fenster kurz vorstellen und Sie auf einige Besonderheiten und natürlich die wichtigsten Neuerungen aufmerksam machen.

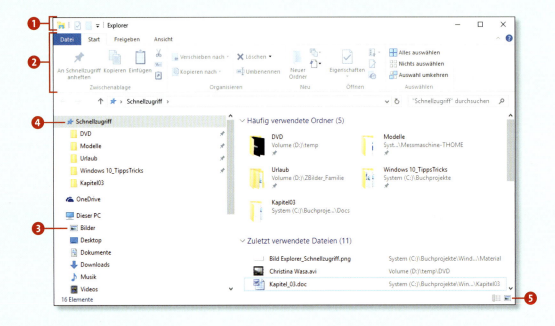

❶ Ganz oben befindet sich die **Schnellzugriffleiste** mit bis zu sechs vordefinierten Befehlen, die Sie über das Pfeilsymbol auswählen können.

❷ Das **Menüband** besteht aus den allgemeinen Menüs **Datei** und **Ansicht** und dazwischen kontextabhängigen Menüs, die sich auf das Element beziehen, das im Explorer ausgewählt ist. Über den Pfeilschalter rechts neben dem Fragezeichen blenden Sie das Menüband ein und aus.
Übrigens: Wenn Sie im Navigationsbereich auf **Dieser PC** klicken, wird Ihnen im Menüband das Menü **Computer** angeboten, das Zugriff auf wichtige Systembefehle bietet.

❸ Im **Navigationsbereich** können Sie im Ordnersystem Ihres PCs navigieren und auswählen, der Inhalt welchen Ordners im rechten Bereich angezeigt werden soll. Wie der Explorer in Bereiche aufgeteilt wird, legen Sie im Menü **Ansicht** fest.

❹ Der **Schnellzugriff**-Bereich (nicht zu verwechseln mit der Schnellzugriff-Leiste ❶) ersetzt in Windows 10 die alten Favoriten und ergänzt sie um Listen der am häufigsten verwendeten Ordner und Dateien.

❺ Zum schnelleren Wechsel zwischen den beiden wichtigsten Ansichten für den Inhaltsbereich gibt es seit Windows 10 diese beiden Schaltflächen.

Den Explorer mit Laufwerksübersicht starten

Der Explorer ist zunächst so eingestellt, dass er mit der Schnellzugriff-Übersicht startet. Falls Sie, wie wir, lieber mit der Laufwerksansicht starten, gehen Sie wie folgt vor:

1. Starten Sie den Explorer. Klicken Sie in der Taskleiste auf das Symbol des Explorers, oder drücken Sie ⊞ + E.

2. Öffnen Sie das Menü **Datei** ❶, und wählen Sie den Befehl **Ordner- und Suchoptionen ändern** ❷.

3. Wählen Sie in der Liste **Datei-Explorer öffnen für** den Eintrag **Dieser PC** ❸, und bestätigen Sie mit **OK** ❹.

4. Beim nächsten Start erscheint der Explorer mit der Laufwerksübersicht.

Die Dateinamenerweiterungen anzeigen

Standardmäßig blendet Windows die Dateiendung aus, wenn dafür ein Standardprogramm zur Verarbeitung installiert ist. Wenn Sie aber mehr Durchblick wünschen, lässt sich dies ändern:

1. Starten Sie den Explorer. Klicken Sie dazu in der Taskleiste auf das Symbol des Explorers, oder drücken Sie ⊞ + E.

2. Wechseln Sie zur Registerkarte **Ansicht** ❺.

3. Setzen Sie das Häkchen bei **Dateinamenerweiterungen** ❻.

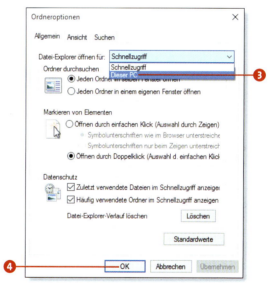

> **i** **Schnellzugriff konfigurieren**
>
> Würden Sie die Schnellzugriff-Übersicht gerne auf die Anzeige der häufig benutzten Ordner beschränken? Dann behalten Sie in Schritt 3 den Listeneintrag **Schnellzugriff** bei, und deaktivieren Sie stattdessen weiter unten die Option **Zuletzt verwendete Dateien im Schnellzugriff anzeigen**.

Einen Dateityp einem Programm zuordnen

Viele Programme registrieren sich bei ihrer Installation für Dateien mit bestimmten Programmendungen, so dass ein Doppelklick auf eine Datei mit der jeweiligen Endung automatisch dieses Programm startet. Falls Sie diese Zuordnung ändern möchten, gehen Sie folgendermaßen vor:

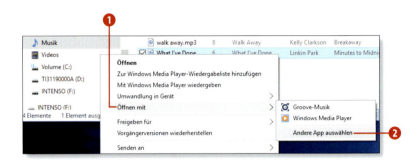

1. Starten Sie den Explorer. Klicken Sie dazu in der Taskleiste auf das Symbol des Explorers, oder drücken Sie die Tastenkombination ⊞ + E .

2. Wählen Sie eine Datei des Typs aus, für den Sie das assoziierte Standardprogramm ändern möchten. In unserem Beispiel ist es eine Musikdatei mit der Endung *.mp3*.

3. Klicken Sie mit der rechten Maustaste auf die Datei, und wählen Sie im Kontextmenü den Befehl **Öffnen mit** ❶.

4. Im erscheinenden Untermenü klicken Sie dann auf **Andere App auswählen** ❷.

5. Wählen Sie das gewünschte Programm (App) zur Wiedergabe aus.

6. Über **Weitere Apps** ❸ können Sie die Auswahl der Programme noch vergrößern, um aus mehr Programmen auszuwählen.

7. Setzen Sie einen Haken bei **Immer diese App zum Öffnen von ... verwenden** ❹.

Wie werde ich das Menüband los?

Wenn Ihr Menüband minimiert ist, klicken Sie mit der rechten Maustaste auf die Leiste mit den Registerkartennamen und deaktivieren die Option **Menüband minimieren**. Alternativ können Sie auf die nach unten bzw. oben weisende Pfeilspitze rechts in der Menüleiste klicken ❷.

Versteckte Dateien anzeigen

Standardmäßig blendet Windows bestimmte Systemdateien und als geschützt markierte Dateien aus, so dass sie für den Benutzer unsichtbar sind. Falls Sie alles sehen wollen, können Sie dies aber ändern.

1. Starten Sie den Explorer: Klicken Sie in der Taskleiste auf das Symbol des Explorers, oder drücken Sie die Tastenkombination ⊞ + E.
2. Wechseln Sie zur Registerkarte **Ansicht** ❶.
3. Wählen Sie im Menü **Optionen** den Befehl **Ordner- und Suchoptionen ändern** ❷ aus.
4. Wechseln Sie im Dialogfeld **Ordneroptionen** zur Registerkarte **Ansicht** ❸.
5. Deaktivieren Sie die Option **Geschützte Systemdateien ausblenden** ❹.
6. Aktivieren Sie unter **Versteckte Dateien und Ordner** die Option **Ausgeblendete Dateien, Ordner und Laufwerke anzeigen** ❺.

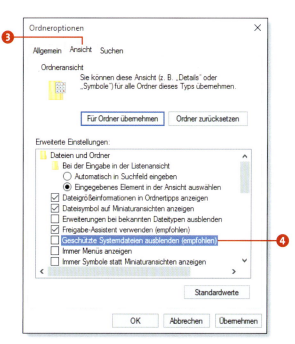

Spielen Sie nicht an versteckten Dateien herum!

Sie sollten an versteckten Dateien keine Änderungen vornehmen oder versteckte Dateien gar verschieben oder löschen. Ansonsten gefährden Sie die Stabilität von Windows!

88   Windows 10 – Tipps und Tricks

Dateien sofort endgültig löschen

Windows verschiebt gelöschte Dateien erst einmal in den Papierkorb. Richtig gelöscht werden die Dateien dann erst, wenn der Papierkorb so voll ist, dass für hinzukommende Dateien Platz geschaffen werden muss, oder wenn Sie den Papierkorb explizit leeren. Dieses Verhalten ist durchaus sinnvoll, da es Ihnen erlaubt, versehentlich gelöschte Dateien wiederherzustellen. Andererseits kostet es Zeit und Festplattenspeicher.

1. Starten Sie den Explorer. Klicken Sie in der Taskleiste auf das Symbol des Explorers, oder drücken Sie die Tastenkombination ⊞ + E.

2. Wählen Sie die zu löschende Datei (oder den Ordner) aus ❶, indem Sie darauf klicken. Wollen Sie mehrere Elemente auswählen, halten Sie beim Klicken die Taste Strg gedrückt.

3. Drücken Sie die Tastenkombination ⇧ + Entf. Windows fragt noch einmal nach, ob Sie die Dateien wirklich unwiderruflich löschen wollen. Bestätigen Sie mit **Ja**.

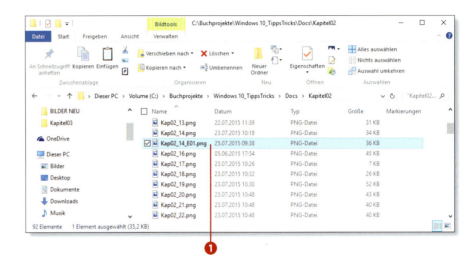

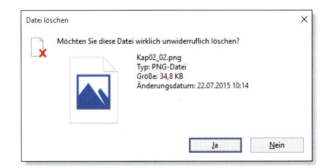

➕➕ Was Sie sofort und endgültig löschen sollten!

Löschen Sie kostenlos wiederbeschaffbare Dateien – wie z. B. heruntergeladene Setupdateien – immer endgültig. Dies spart nicht nur Festplattenspeicher, sondern verhindert auch, dass andere Dateien – wie beispielsweise von Ihnen selbst erstellte Textdokumente oder Bilder – aus dem Papierkorb verdrängt werden.

ℹ️ Optimale Papierkorbgröße

Wie Sie die Papierkorbgröße ändern, erfahren Sie im Tipp »Papierkorbgröße sinnvoll einstellen« auf Seite 272.

Dateien immer sofort löschen

Sie können Windows auch so einstellen, dass Dateien und Ordner automatisch sofort gelöscht werden. Allerdings sollten Sie mit dieser Einstellung vorsichtig sein. Es gibt dann keinen Weg zurück, wenn Sie einmal etwas versehentlich löschen.

1. Klicken Sie im Desktop mit der rechten Maustaste auf das Symbol des Papierkorbs.
2. Wählen Sie den Befehl **Eigenschaften**.
3. Aktivieren Sie im Dialogfeld **Eigenschaften von Papierkorb** die Option **Dateien sofort löschen** ❶.
4. Als kleine Sicherheitsschranke können Sie zusätzlich die Option **Dialog zur Bestätigung des Löschvorgangs anzeigen** setzen ❷.
5. Beenden Sie den Dialog mit **OK**.

Navigationsbereich und Inhaltsfenster synchronisieren

Ärgert es Sie auch, dass im Explorer die linke Ordnerhierarchie nicht automatisch widerspiegelt, welcher Ordner in der rechten Inhaltsansicht zu sehen ist? Wenn ja, und falls Sie die Einstellung nicht schon selbst entdeckt haben, können Sie mit zwei Klicks Abhilfe schaffen.

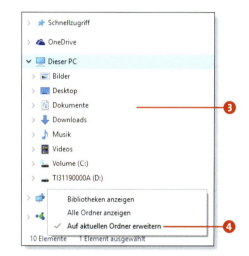

1. Starten Sie den Explorer: Klicken Sie in der Taskleiste auf das Symbol des Explorers, oder drücken Sie ⊞ + E.
2. Klicken Sie mit der rechten Maustaste in den Hintergrund des Navigationsbereichs ❸.
3. Wählen Sie im Kontextmenü den Befehl **Auf aktuellen Ordner erweitern** ❹ aus.

Falsches Löschen vermeiden

Sie können im Explorer sowohl Elemente im Navigationsbereich als auch im Inhaltsbereich löschen. Dies kann zu verheerenden Fehlern führen, wenn Sie der Ansicht sind, Sie würden das im Inhaltsbereich markierte Element löschen, während der Explorer meint, der Löschbefehl bezöge sich auf den Navigationsbereich. Klicken Sie daher vor dem Löschen zur Sicherheit immer auf das zu löschende Element im Inhaltsbereich.

Mehrere Dateien gleichzeitig umbenennen

Hin und wieder steht man vor dem Problem, dass man mehrere Dateien zusammen umbenennen möchte – und zwar so, dass ihre Namen gleichlautend anfangen. Je nach Anzahl der beteiligten Dateien kann dies viel Arbeit bedeuten. Vielleicht kennen Sie ja ein Programm, das Sie bei dieser Arbeit unterstützt. Falls nicht, geht es Ihnen wie uns. Aber nicht verzweifeln! Mit den Bordmitteln von Windows können Sie sich die Arbeit auch etwas erleichtern.

1. Wechseln Sie in den Ordner mit den umzubenennenden Dateien, und schalten Sie gegebenenfalls die Ansicht **Details** ein.

2. Bringen Sie die Dateien in die Reihenfolge, in der Windows Sie durchnummerieren soll. Wenn Sie Bilddateien umbenennen, könnte es z. B. sinnvoll sein, die Dateien nach dem Datum anzuordnen – klicken Sie also einfach auf die Überschrift **Datum** ❶.

3. Klicken Sie auf die erste Datei, die umbenannt werden soll ❷.

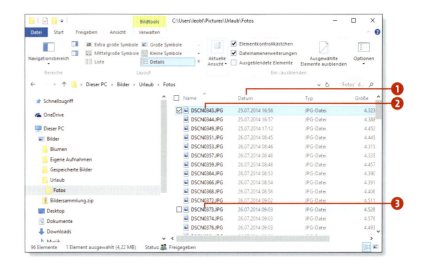

Sortiermöglichkeiten der Dateien im Explorer

Wenn Sie die Dateien nach einer Eigenschaft anordnen möchten, für die keine Spalte angezeigt wird, klicken Sie mit der rechten Maustaste auf eine Spaltenüberschrift und wählen im Kontextmenü den Befehl **Weitere**.

Mehrere Dateien auswählen, die nicht direkt untereinanderstehen

Wenn die umzubenennenden Dateien nicht in einem zusammenhängenden Block liegen, drücken und halten Sie [Strg] und wählen die Dateien per Klick einzeln aus.

4. Halten Sie ⇧ gedrückt, und klicken Sie auf die letzte Datei, die umbenannt werden soll ❸. Danach lassen Sie ⇧ los. Die ausgewählten Dateien sind jetzt markiert ❹.

5. Klicken Sie nun mit der rechten Maustaste auf die Datei ❺, die die erste Nummer tragen soll, und wählen Sie im Kontextmenü den Befehl **Umbenennen** ❻. Der Dateiname wird nun in ein Eingabefeld geladen.

6. Ändern Sie den Dateinamen.

7. Drücken Sie ↵, und kontrollieren Sie das Ergebnis ❼.

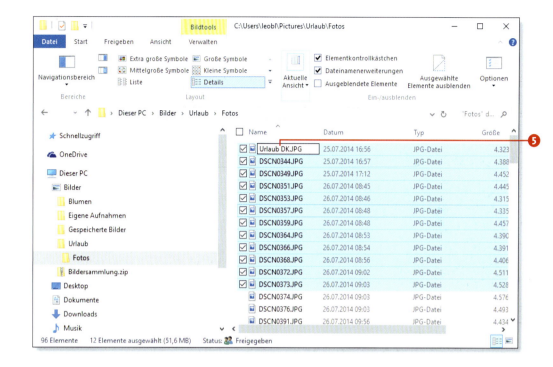

Umbenennung rückgängig machen

Mit der Tastenkombination Strg + Z können Sie die Umbenennung rückgängig machen – allerdings nur unmittelbar danach.

Finessen der Dateinamenvergabe

Gibt es Dateien, die unterschiedlichen Dateitypen angehören, können sie den gleichen Dateinamen tragen.

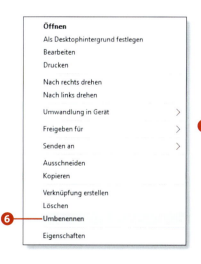

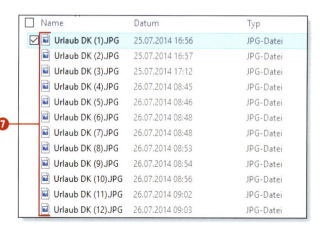

Mehrere Dateien individuell umbenennen

Im vorangehenden Tipp haben Sie gelesen, wie Sie in einem Zug mehreren Dateien den gleichen Namen (plus automatisch vergebener Nummerierung) zuweisen. Hier erfahren Sie, wie Sie mehreren Dateien effizient individuelle Namen zuweisen.

1. Starten Sie den Explorer – klicken Sie in der Taskleiste auf das Symbol des Explorers, oder drücken Sie die Tastenkombination ⊞ + E.

2. Wechseln Sie in den Ordner ❶, in dem sich die Dateien befinden, die Sie umbenennen möchten.

3. Bringen Sie die Dateien möglichst in die Reihenfolge, in der Sie sie umbenennen möchten. Klicken Sie dazu auf eine der Spaltenüberschriften, um die Dateien entsprechend zu sortieren.

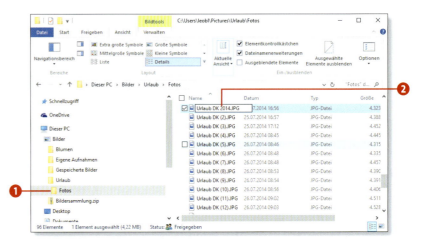

4. Klicken Sie mit der rechten Maustaste auf die erste Datei, die Sie umbenennen möchten ❷, und wählen Sie im Kontextmenü den Befehl **Umbenennen** aus ❸.

5. Geben Sie den gewünschten Namen ein, aber drücken Sie nicht ↵.

6. Drücken Sie ⇥, um zur nächsten Datei zu springen. Der Vorteil: Sie bleiben im Editiermodus. Wenn Sie noch einmal zu einer früheren Datei zurückspringen möchten, drücken Sie die Tastenkombination ⇧ + ⇥.

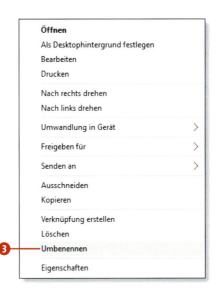

+ +

Sortiermöglichkeiten der Dateien im Explorer

Wenn Sie die Dateien nach einer Eigenschaft anordnen möchten, für die keine Spalte angezeigt wird, klicken Sie mit der rechten Maustaste auf eine Spaltenüberschrift und wählen im Kontextmenü den Befehl **Weitere**.

Kopieren unterbrechen und fortsetzen

Sie können Kopiervorgänge bei Bedarf abbrechen oder unterbrechen. Wenn Sie also einmal mehrere Kopiervorgänge gestartet haben, von denen einer besonders zeitkritisch ist – etwa weil Sie erst weiterarbeiten können, nachdem dieser Vorgang abgeschlossen ist –, unterbrechen Sie doch einfach die anderen Kopiervorgänge, bis der zeitkritische abgeschlossen ist.

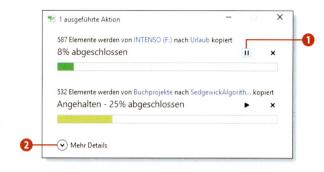

1. Möchten Sie erreichen, dass eine der Kopieraktionen vorrangig abgearbeitet wird, klicken Sie einfach im Kopierfenster für die anderen Kopieraktionen auf den **Pause**-Schalter ❶.

2. Wenn Sie die Kopiervorgänge genauer mitverfolgen möchten, klicken Sie auf **Mehr Details** ❷.

3. Um eine angehaltene Kopieraktion wieder aufzunehmen, klicken Sie auf die **Play**-Schaltfläche ❸.

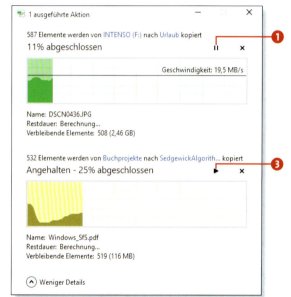

ℹ Nachteile bei mehreren Kopiervorgängen

Mehrere Kopiervorgänge auf gleichen Laufwerken können sich gegenseitig ausbremsen. Dies gilt selbst für besonders leistungsstarke Rechner.

➕ Explorer zeigt den linken Navigationsbereich nicht an – was tun?

Sollte Ihr Explorer so eingestellt sein, dass der linke Navigationsbereich nicht zu sehen ist, klicken Sie auf die Registerkarte **Ansicht**, dann auf das Menü **Navigationsbereich**, und wählen Sie den Befehl **Navigationsbereich**.

➕ Kopiervorgänge lassen sich auch nach Abmeldung wieder fortsetzen

Wenn Sie den Ruhezustand aktiviert haben, können Sie unterbrochene Kopiervorgänge bei der nächsten Anmeldung fortsetzen.

Explorer-Fenster durch eigenen Prozess absichern

Grundsätzlich laufen alle Explorer-Fenster, die Sie öffnen in einem gemeinsamen Prozess. Dies spart zwar Ressourcen (beispielsweise ca. 50 MB Arbeitsspeicher), erhöht aber das Risiko, dass abstürzende Aktionen die Explorer-Fenster in Mitleidenschaft ziehen und umgekehrt. Sie können aber die möglichen Folgen eines Absturzes abmildern, indem Sie dafür sorgen, dass die Aktionen und die Explorer-Fenster in zwei getrennten Prozessen verwaltet werden.

1. Starten Sie den Explorer: Klicken Sie in der Taskleiste auf das Symbol des Explorers, oder drücken Sie die Tastenkombination ⊞ + E.

2. Wechseln Sie zur Registerkarte **Ansicht** ❶.

3. Rufen Sie im Menü **Optionen** den Befehl **Ordner- und Suchoptionen ändern** auf ❷.

4. Wechseln Sie im Dialogfeld **Ordneroptionen** zur Registerkarte **Ansicht** ❸.

5. Aktivieren Sie die Option **Ordnerfenster in einem eigenen Prozess starten** ❹.

6. Wenn Sie nun eine Kopieraktion starten, wird sie in einem anderen Prozess ausgeführt als die Fenster, die Sie öffnen. Sie können dies im **Task-Manager** ❺ kontrollieren. Sie starten ihn mit Strg + ⇧ + Esc.

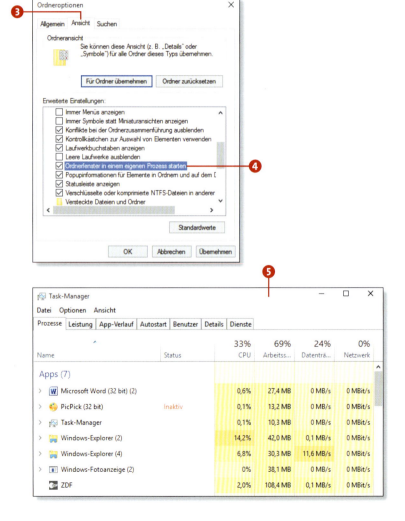

> **Was genau sind eigentlich Prozesse?**
>
> *Prozesse* sind – vereinfacht ausgedrückt – Windows-interne »Karteikarten« zur Verwaltung laufender Programme. Wenn Sie ein Programm starten, legt Windows für dieses Programm einen Prozess an. Wird das Programm beendet, schließt Windows die »Karteikarte«, sprich den Prozess.

Das erweiterte Kontextmenü aufrufen

Vermutlich jeder Windows-Anwender kennt das Kontextmenü. Doch nur relativ wenige Anwender wissen, dass sie das Kontextmenü des Explorers und der Desktop-Symbole mit einem einfachen Trick erweitern können.

1. Klicken Sie zur Probe einmal wie gehabt mit der rechten Maustaste auf einen Ordner im Explorer. Es erscheint das reguläre Kontextmenü (Bild oben).

2. Drücken Sie nun die ⇧-Taste, halten Sie sie gedrückt, und klicken Sie erneut mit der rechten Maustaste. Es erscheint das erweiterte Kontextmenü (Bild unten).

Beachten Sie den Befehl **Als Pfad kopieren** ❶. Er legt den vollständigen Pfad zu einem Ordner oder einer Datei in Anführungszeichen in der Zwischenablage ab, z. B.: *C:\Users\leobl\Documents\Dokument.txt*.

Öffnen Sie auch einmal das **Senden an**-Untermenü. Sie werden feststellen, dass es viel mehr potentielle Ziele anbietet.

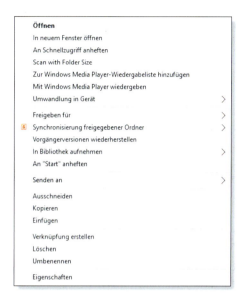

Für Fortgeschrittene – die Eingabeaufforderung

Beachten Sie im erweiterten Kontextmenü den Befehl **Eingabeaufforderung hier öffnen** ❷. Wenn Sie öfter mit der **Eingabeaufforderung** arbeiten, wird es Sie freuen zu hören, dass Sie mit diesem Befehl die **Eingabeaufforderung** direkt für den ausgewählten Ordner öffnen können.

Das Kontextmenü ist immer abhängig von den installierten Anwendungen

Beachten Sie, dass der Aufbau des Kontextmenüs auch davon abhängt, welche Anwendungen Sie installiert haben und ob diese Befehle in das Kontextmenü eingetragen wurden.

Im Dateidialogfenster kopieren

Ein Dateidialogfeld öffnet sich immer dann, wenn Sie in irgendeinem Programm eine Datei öffnen oder speichern wollen, zum Beispiel wenn Sie in Word eine Word-Datei öffnen möchten. Dieses Fenster kennen Sie also bereits. Aber haben Sie gewusst, dass Sie im Dateidialogfeld auch kopieren können? Interessant ist dies vor allem, wenn das Dateidialogfeld einen Ordner öffnet, der sonst nur schwer auf der Festplatte zu finden ist. Nehmen Sie beispielsweise den Ordner, in dem Microsoft Word Dokumentvorlagen speichert. Wenn Ihnen jemand Dokumentvorlagen zur Verfügung stellt, müssen Sie diese in besagtem Vorlagenordner abspeichern, doch der ist tief in der Benutzer-Ordnerhierarchie vergraben. Statt nun nach dem Ordner zu suchen, können Sie wie nachfolgend beschrieben vorgehen.

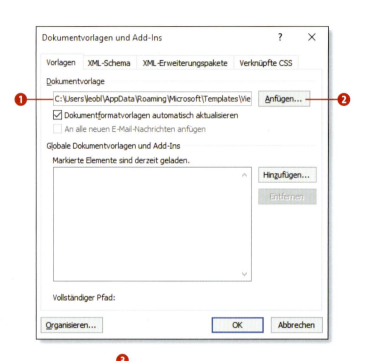

1. Kopieren Sie die Datei (z. B. eine Dokumentvorlage) zuerst in die Zwischenablage. Wählen Sie die Datei dazu im Explorer aus, und drücken Sie die Tastenkombination [Strg] + [C].

2. Öffnen Sie den Dateidialog, z. B. das Dialogfeld zum Hinzufügen/Anfügen einer anderen Dokumentvorlage in Word, und kontrollieren Sie, ob dort der gewünschte Zielordner geöffnet ist ❶.

3. Öffnen Sie über die Schaltfläche **Anfügen …** ❷ das Dialogfeld, über das Sie Ihre Vorlage hinzufügen können ❸.

4. Klicken Sie in das Ordnerfenster des Dialogfelds, und drücken Sie [Strg] + [V], um die Datei in den Ordner zu kopieren ❹.

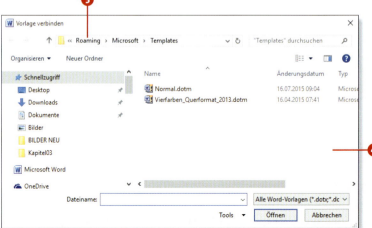

Das gilt nur für den Standard-Dateidialog in Windows

Dieser Tipp gilt für den Standard-Dateidialog von Windows, aber nicht notwendigerweise für Dateidialoge, die von den Software-Entwicklern selbst geschrieben wurden. Die meisten Anwendungen nutzen aber den Standard-Dateidialog.

Schnell zu den Systemordnern wechseln

Unter Windows gibt es eine ganze Reihe von vorgegebenen Systemordnern. Die Inhalte der meisten dieser Ordner werden üblicherweise nur indirekt bearbeitet, über entsprechende Dialogfelder oder Hilfsprogramme. Manchmal ist es aber einfacher, direkt auf diese Ordner zuzugreifen. Doch da gibt es ein Problem: Nicht wenige dieser Ordner sind tief in der Ordnerhierarchie des Systems versteckt. Der folgende Trick zeigt Ihnen deshalb, wie Sie mit Hilfe von Shell-Befehlen, ohne viel zu klicken und ohne sich ellenlange Pfade merken zu müssen, zu den wichtigsten Systemordnern gelangen. Das klingt kompliziert? Ist es aber gar nicht.

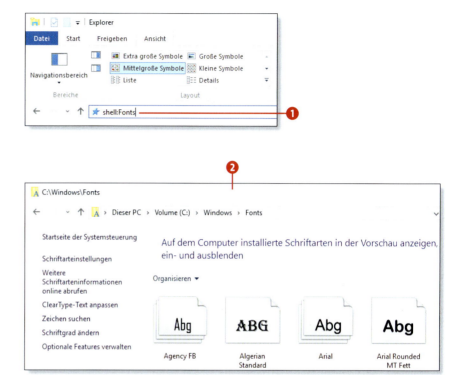

1. Starten Sie den Explorer. Klicken Sie dafür in der Taskleiste auf das Symbol des Explorers, oder drücken Sie die Tastenkombination ⊞ + E .

2. Klicken Sie in die Adressleiste, geben Sie den gewünschten Shell-Befehl ein – z. B. »shell:Fonts« ❶ –, und drücken Sie ↵ .

3. Der betreffende Ordner oder das betreffende Systemsteuerungsfenster wird angezeigt ❷.

---

i **Wo finde ich Shell-Befehle?**

Es gibt natürlich noch viel mehr Shell-Befehle, mit denen Sie in Spezialordnern landen. Versuchen Sie es einmal bei Google oder Bing mit der Suche nach »Shell-Befehle Windows« und »Spezialordner«. Dann dürften Sie bereits einige Treffer erzielen.

Kopieren und verschieben

Bereits zur Vorgängerversion hat Microsoft den Kopiervorgang gründlich überarbeitet. Mit Erfolg! Die Detailansicht macht jetzt dank grafischer Aufarbeitung richtig Spaß, und mit der neuen Pause-Funktion lassen sich nun endlich mehrere gleichzeitig laufende Kopieraktionen optimal steuern.

Starten Sie dazu zwei Explorer-Fenster. Sie können natürlich auch mit nur einem Explorer-Fenster kopieren, aber wir empfehlen Ihnen, zwei Explorer-Fenster zu verwenden. Lassen Sie im ersten Explorer-Fenster den zu kopierenden Ordner oder die zu kopierenden Dateien anzeigen, und öffnen Sie im zweiten Explorer-Fenster den Zielordner. Gewöhnen Sie sich an, die beiden Fenster immer gleich zueinander zu positionieren, also z. B. den Explorer mit dem Quellordner links und den Explorer mit dem Zielordner rechts.

Nun können Sie per Drag & Drop, also durch Ziehen mit der Maus, mehrere Kopieraktionen starten. Halten Sie dabei Strg gedrückt, wenn Quell- und Zielordner auf dem gleichen Laufwerk liegen.

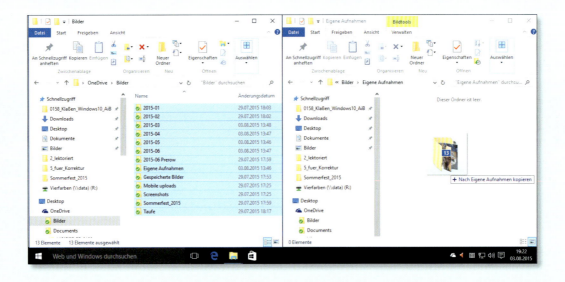

	Quell- und Zielordner auf gleichem Laufwerk	Quell- und Zielordner auf verschiedenen Laufwerken
Kopieren	Drag & Drop plus Strg	Drag & Drop
Verschieben	Drag & Drop	Drag & Drop plus Umschalt
Verknüpfung erstellen	Drag & Drop plus Strg + Umschalt	Drag & Drop plus Strg + Umschalt
Abbrechen	Esc	Esc

Zugriffsrechte bei Dateien

Wer benutzt gerade die Datei, die ich löschen möchte?

Manche Programme sperren die Dokumente, die sie bearbeiten – mit dem Effekt, dass die betreffenden Dateien, solange sie gesperrt sind, nicht aus Versehen im Windows Explorer gelöscht, umbenannt oder verschoben werden können. Versuchen Sie es doch, erhalten Sie eine Fehlermeldung. Sie müssen dann meist erst das bearbeitende Programm schließen, anschließend können Sie die Datei bearbeiten. Dumm nur, wenn Sie nicht feststellen können, welches das Programm ist, das die Datei sperrt. Windows zeigt die Ursache zwar manchmal in seiner Meldung an oder man hat selbst noch einen Verdacht, manchmal ist man aber auch komplett hilflos, weil unsichtbare Prozesse dahinterstecken. Hier hilft das Tool LockHunter, das Sie als Freeware-Version von der Website *http://lockhunter.com/download.htm* herunterladen können. Ist das Programm installiert und Sie erhalten das nächste Mal die Windows-Meldung, dass eine Aktion nicht abgeschlossen werden kann ❶, gehen Sie wie folgt vor:

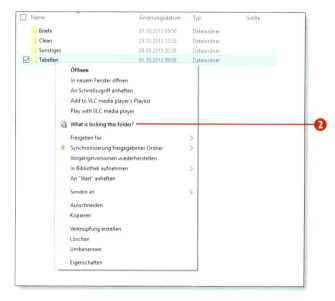

1. Klicken Sie im Explorer mit rechts auf die Datei oder den Ordner und wählen Sie den Befehl **What is locking this file?** aus ❷.

   Aha, in diesem Fall ist der Ordner, der umbenannt werden sollte, noch in einem Eingabeaufforderung-Fenster geöffnet (siehe ❸).

2. Schließen Sie die aufgeführten Programme ❸. Explorer-Instanzen müssen Sie dabei nicht schließen.

3. Lassen Sie die gewünschte Aktion wiederholen ❹.

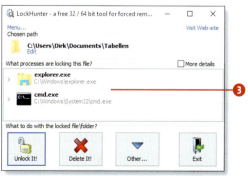

> **LockHunter installieren**
>
> Die Installation ist die Einfachheit selbst: Starten Sie das heruntergeladene Installationsprogramm und folgen Sie den wenigen Anweisungen.

Zugriffsrechte von Dateien und Ordnern ändern

Administratoren sind unter Windows 10 keineswegs allmächtig. Bewusst wird uns dies meist dann, wenn wir trotz Anmeldung an einem Administratorkonto bestimmte Dateien oder Ordner einfach nicht bearbeiten oder löschen können. Im einfachsten Fall lässt sich dies durch Anpassung der Zugriffsrechte lösen.

1. Klicken Sie im Explorer mit der rechten Maustaste auf die Datei, und rufen Sie den Befehl **Eigenschaften** auf.

2. Wechseln Sie im **Eigenschaften**-Dialog zu der Registerkarte **Sicherheit** ❶. Wenn Sie hier im oberen Teil einen Benutzer oder eine Benutzergruppe auswählen, werden Ihnen im unteren Bereich die zugehörigen Rechte angezeigt ❷.

   Für die Datei *Brief an Bettina.txt* hat der Besitzer augenscheinlich die sonst standardmäßig vererbten Rechte in explizite Berechtigungen umgewandelt (über die Schaltfläche **Erweitert** ❸ und dann **Vererbung deaktivieren**) und diese dann bis auf das Lesen gelöscht.

3. Klicken Sie auf **Bearbeiten** ❹.

4. Wählen Sie im Dialogfeld **Berechtigungen** zuerst den Benutzer aus, dessen Rechte Sie verändern möchten ❺.

5. Legen Sie dann durch Aktivieren oder Deaktivieren der Kontrollkästchen im unteren Teil die gewünschten Rechte fest ❻.

6. Beenden Sie die Dialogfelder mit **OK**.

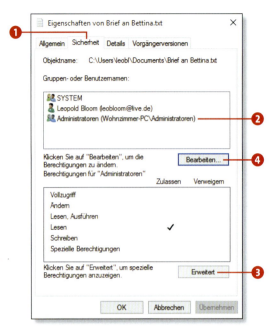

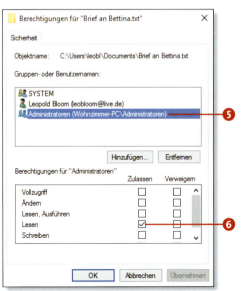

> **Vorsicht bei Systemdateien!**
>
> Manche Systemdateien lassen sich zwar nicht löschen, aber umbenennen. Um sie durch andere Versionen der gleichen Datei auszutauschen, können Sie in dem Fall so vorgehen, dass Sie die Datei umbenennen und dann die neue Datei in den Ordner kopieren.

Besitzrechte erzwingen

Ist eine Änderung der Besitzrechte mit Hilfe des **Eigenschaften**-Dialogfelds nicht möglich, gibt es noch die Chance, den Besitz mit Hilfe des Windows-Tools *takeown* zu übernehmen. Sie können das Tool von der **Eingabeaufforderung** aufrufen. Drücken Sie die Tasten ⊞ + X , und wählen Sie im sich öffnenden Menü den Befehl **Eingabeaufforderung (Administrator)**. Oder legen Sie sich gleich eine Batch-Datei an, die einen ganzen Ordner in Ihren Besitz überführt und Ihnen den vollen Zugriff gewährt. Folgen Sie dazu den Schritten in dieser Anleitung.

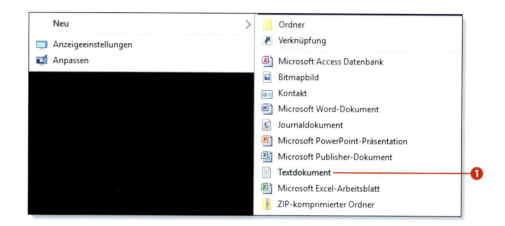

1. Melden Sie sich bei einem Administratorkonto an, wechseln Sie zum Desktop, und klicken Sie mit der rechten Maustaste in den Desktop-Hintergrund.

2. Rufen Sie im Kontextmenü den Befehl **Neu > Textdokument** auf ❶.

3. Ändern Sie den Namen in »Besitzrechte.bat« ❷, und drücken Sie ⏎ .

4. Klicken Sie mit der rechten Maustaste auf das Symbol der Datei, und wählen Sie den Befehl **Bearbeiten** ❸.

5. Tippen Sie folgenden Text in die Datei ein:

    takeown /f "%1" /r /d y

    icacls "%1" /grant administratoren:F /t

    Pause

6. Speichern Sie die Datei, und schließen Sie sie.

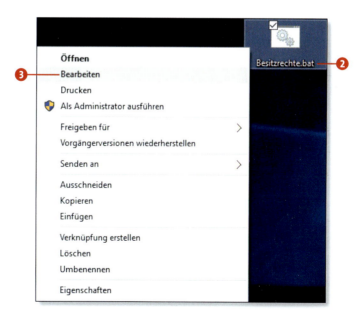

102 Windows 10 – Tipps und Tricks

7. Starten Sie den Explorer. Klicken Sie in der Taskleiste auf das Symbol des Explorers, oder drücken Sie die Tastenkombination ⊞ + E.

8. Ziehen Sie den Ordner, dessen Besitz Sie übernehmen möchten, per Drag & Drop auf das Desktop-Symbol der Batch-Datei ❶.

9. Vergewissern Sie sich im aufspringenden **Eingabeaufforderung**-Fenster, dass die Aktion erfolgreich war ❷.

10. Klicken Sie in die **Eingabeaufforderung**, und drücken Sie dann eine beliebige Taste, um das Fenster zu schließen.

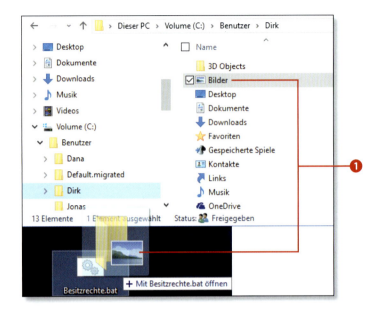

Syntax	Erläuterung
%1	Repräsentiert den übergebenen Ordner (oder die Datei). Bei Ausführung über die Eingabeaufforderung müssen Sie %1 durch den vollständigen Pfad ersetzen.
administratoren	Name des Benutzers oder der Benutzergruppe, der/die Vollzugriff (:F) erhalten soll
takeown /f "%1"	Besitzer für eine einzelne Datei ändern
takeown /f "%1" /r /d y	Besitzer für einen Ordner ändern
icacls "%1" /grant administratoren:F /t	Rechte für einen Benutzer oder eine Benutzergruppe setzen
Pause	Verhindert, dass das Fenster der Eingabeaufforderung nach Abarbeitung der Befehle automatisch geschlossen wird.

Erläuterung der in der Batch-Datei verwendeten Syntax

Rechte an Dateien geltend machen

Wird Ihnen trotz Administratorrechten der Zugriff auf eine Datei verweigert, müssen Sie die Datei vorab in Ihren Besitz überführen. Und in ganz hartnäckigen Fällen, wo die Besitzüberführung über den **Eigenschaften**-Dialog nicht möglich ist, bleibt nur der Weg über spezielle Hilfstools. Lesen Sie dazu später mehr im Tipp »Besitzrechte erzwingen« auf Seite 101.

1. Klicken Sie im Explorer mit der rechten Maustaste auf die Datei, und rufen Sie den Befehl **Eigenschaften** auf ❶.
2. Wechseln Sie im **Eigenschaften**-Dialog zur Registerkarte **Sicherheit**.
3. Klicken Sie auf **Erweitert** ❷.
4. Klicken Sie oben im Dialogfeld **Erweiterte Sicherheitseinstellungen** auf den Link **Ändern** ❸.
5. Tippen Sie im Eingabefeld den Namen des Benutzers oder der Benutzergruppe ein ❹. Wenn Sie sich beim Namen unsicher sind, klicken Sie auf **Namen überprüfen** ❺. Erscheint daraufhin eine Fehlermeldung, war der Benutzername falsch.
6. Klicken Sie auf **OK**.
7. Der neue Benutzer ist als Besitzer eingetragen.
8. Schließen Sie die Dialogfelder mit **OK**.

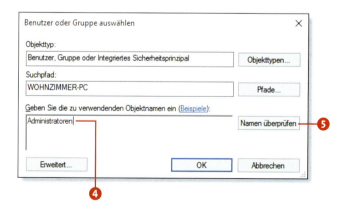

> **Besitzrechte an Dateien und Ordnern nur für Administratoren?**
>
> Per Voreinstellung ist Windows so konfiguriert, dass nur Benutzer mit Administratorrechten die Besitzrechte an Dateien und Ordnern übernehmen können. Wenn Sie im Besitz einer Pro-Edition (oder höher) sind, können Sie dies jedoch ändern: Drücken Sie die Tastenkombination ⊞ + R, wählen Sie links den Knoten **Lokale Richtlinien > Zuweisen von Benutzerrechten**, und doppelklicken Sie rechts auf **Übernehmen des Besitzes von Dateien und Objekten**. Dort legen Sie fest, wer Besitzrechte übernehmen kann.

ZIP-Dateien im Griff

Eine ZIP-Datei erstellen

ZIP-Dateien sind Archivdateien, in denen eine oder mehrere Dateien in komprimierter Form abgespeichert sind. Die Komprimierung erfolgt dabei ohne Informationsverlust, das Ausmaß der Reduzierung hängt davon ab, wie gut sich die ausgewählten Dateien ohne Informationsverlust komprimieren lassen. Erfreulich ist, dass Windows bereits über ein integriertes ZIP-Tool verfügt, dass Sie nutzen können.

1. Starten Sie den Explorer, indem Sie ⊞ + E drücken oder in der Taskleiste auf das Explorer-Symbol klicken.
2. Wählen Sie per Klick den oder die Ordner und Dateien aus, die Sie zusammen in das Archiv packen möchten ❶. Mehrere Dateien wählen Sie per Strg + Mausklick aus.
3. Klicken Sie mit der rechten Maustaste in die Auswahl und wählen Sie im Kontextmenü den Befehl **Senden an > ZIP-komprimierter Ordner** ❷. Meist schon nach kurzer Zeit ist die komprimierte Datei angelegt ❸.

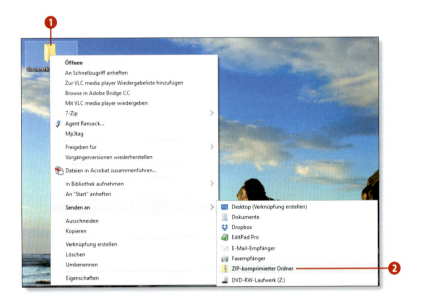

> **Manche Dateien sind schon komprimiert**
>
> Etliche Bildformate wie .png oder .jpg sind bereits komprimiert, so dass eine weitere Komprimierung dieser Daten mit einem ZIP-Programm keine Ersparnis bringt. Gleiches gilt für bestimmte Dateiformate wie z. B. .iso.

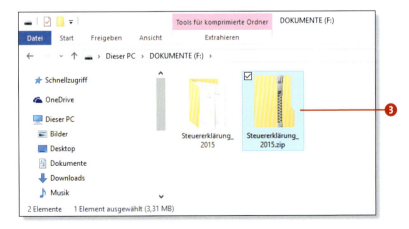

> **Extrahieren**
>
> Natürlich gibt es auch einen Befehl zum Extrahieren. Einfach mit der rechten Maustaste auf die ZIP-Datei klicken und den Befehl **Alle extrahieren** wählen.

In ZIP-Dateien suchen

Für die Suche nach Ordnern und Dateien im lokalen Dateisystem benutzen Sie nicht das Windows-Suchfeld, sondern das Suchfeld des Explorers. Die Suche im Explorer ist sehr effizient. Wenn Sie möchten, können Sie die Suche sogar so konfigurieren, dass sie auch Dateien, die in komprimierten Dateien (z. B. ZIP-Dateien) versteckt sind, findet.

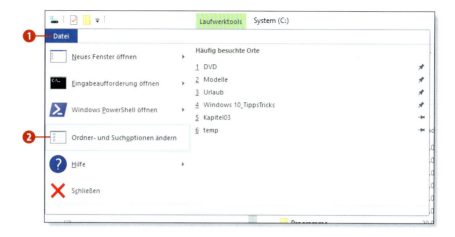

1. Starten Sie den Explorer. Klicken Sie dafür in der Taskleiste auf das Symbol des Explorers, oder drücken Sie die Tastenkombination ⊞ + E.

2. Wählen Sie im Menü **Datei** ❶ den Befehl **Ordner- und Suchoptionen ändern** ❷. Manchmal heißt der Befehl auch einfach **Ordner**.

3. Wechseln Sie zur Registerkarte **Suchen** ❸.

4. Aktivieren Sie die Option **Komprimierte Dateien einbeziehen** ❹.

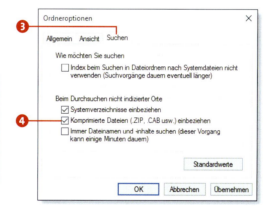

> **ZIP-Dateien in Bibliotheken werden immer durchsucht**
>
> In indizierten Orten, zu denen per Voreinstellungen die Bibliotheken des aktuell angemeldeten Benutzers gehören (*Dokumente*, *Bilder* etc.), werden ZIP-Dateien immer durchsucht.

> **Indizierte Orte**
>
> Wenn Sie wissen möchten, welche Orte neben den Bibliotheken auf Ihrem Rechner indiziert sind, tippen Sie in das Windows-Suchfeld »Indizierungsoptionen« ein und rufen den zugehörigen Systemsteuerungsdialog auf.

ZIP-Datei von anderem Computer extrahieren

Wenn Sie aus dem Internet oder von einem anderen Rechner ein ZIP-Archiv herunterladen, kann es passieren, dass sich dieses ZIP-Archiv mit dem **Extrahieren**-Befehl des Explorers nicht ordnungsgemäß entpacken lässt. Tritt ein solches Problem auf, müssen Sie Windows explizit mitteilen, dass es den betreffenden Zugriff auf die Datei zulassen soll.

1. Klicken Sie im Explorer mit der rechten Maustaste auf die Datei, und rufen Sie im Kontextmenü den Befehl **Eigenschaften** auf ❶.
2. Wechseln Sie gegebenenfalls im **Eigenschaften**-Dialogfeld zur Registerkarte **Allgemein** ❷.
3. Aktivieren Sie das Kontrollkästchen vor **Zulassen** ❸.
4. Verlassen Sie das Dialogfeld mit Klick auf **OK** ❹.
5. Danach markieren Sie die Archivdatei per Rechtsklick und entpacken sie mit dem Befehl **Alle extrahieren** ❺.

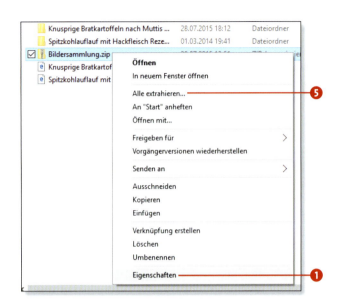

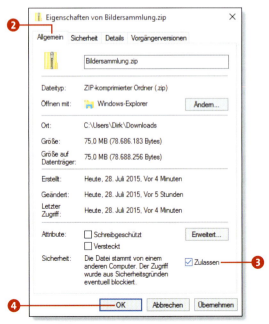

Was ist eine ZIP-Datei?

Eine ZIP-Datei erkennen Sie an der Dateiendung *.zip* und an dem Reißverschlusssymbol in der Darstellung im Explorer. Es ist eine komprimierte Datei, das heißt, sie enthält eine oder auch viele Dateien und Ordner, die so »zusammengepackt« weniger Platz verbrauchen und auch leichter per E-Mail zu versenden sind. Neben ZIP gibt es noch andere Formate für komprimierte Dateien, wie z. B. RAR oder 7Z.

ISO-Dateien verwenden

ISO-Dateien brennen

Selbstverständlich können Sie ISO-Dateien auch brennen – beispielsweise als Sicherung oder um sie auf Rechnern zu verwenden, auf denen kein Windows 10 installiert ist.

1. Legen Sie einen beschreibbaren Datenträger in Ihren Brenner ein.
2. Starten Sie den Explorer: Klicken Sie in der Taskleiste auf das Symbol des Explorers, oder drücken Sie die Tastenkombination ⊞ + E.
3. Wechseln Sie zu der ISO-Datei ❶.
4. Klicken Sie mit der rechten Maustaste auf die Datei, und wählen Sie den Befehl **Datenträgerabbild brennen** ❷.
5. Wählen Sie, falls nötig, im Dialogfeld des Windows-Brenners das Laufwerk mit dem Datenträger aus ❸.
6. Klicken Sie auf **Brennen** ❹.

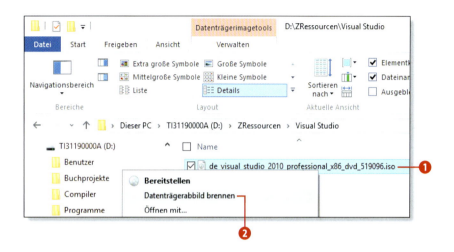

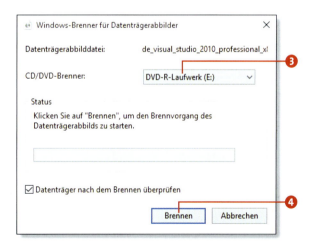

Das Brennen von Daten sollten Sie kontrollieren!

Aktivieren Sie die Option **Datenträger nach dem Brennen überprüfen**. Das Brennen dauert dann zwar länger, aber dafür haben Sie die Sicherheit, dass alle Daten korrekt gebrannt wurden.

ISO-Dateien direkt verwenden

Wenn Sie früher die Installations-CD oder -DVD eines Programms als ISO-Datei aus dem Internet heruntergeladen hatten, mussten Sie die ISO-Datei anschließend erst auf CD bzw. DVD brennen, bevor Sie das Installationsprogramm ausführen könnten. Dies ist unter Windows 10 nicht mehr notwendig. Mit Windows 10 können Sie ISO-Dateien direkt als virtuelle DVD-Laufwerke ins Dateisystem einbinden.

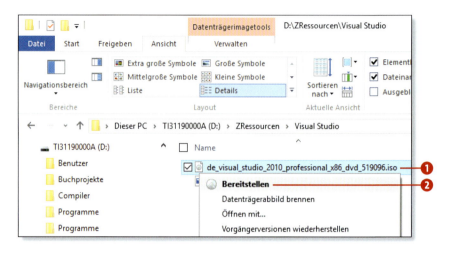

1. Starten Sie den Explorer, indem Sie in der Taskleiste auf sein Symbol klicken oder die Tastenkombination ⊞ + E drücken.

2. Wechseln Sie zu der ISO-Datei ❶.

3. Klicken Sie mit der rechten Maustaste auf die Datei, und wählen Sie den Befehl **Bereitstellen** ❷.

4. Wechseln Sie danach zur **Computer**-Ansicht, wo Sie ein virtuelles Laufwerk für die ISO-Datei sehen ❸. Mit diesem virtuellen Laufwerk können Sie arbeiten, als wäre es ein echtes Laufwerk, in dem ein Medium mit der gebrannten ISO-Datei liegt.

5. Zum Schließen des virtuellen Laufwerks klicken Sie mit der rechten Maustaste auf das Laufwerksymbol und wählen den Befehl **Auswerfen** ❹.

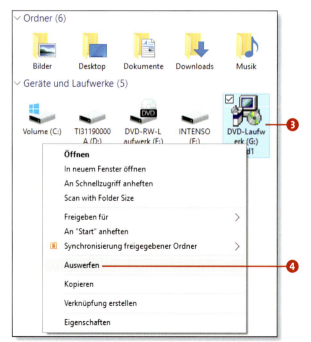

Was versteht man unter »mounten«?

Mounten ist der Fachausdruck für das Einhängen von Ordnerhierarchien in das aktuelle Dateisystem. Wird ein Datenträger wie beispielsweise eine CD »gemountet«, bedeutet das also, dass die Daten auf dem Datenträger nun im System verfügbar sind und sie damit arbeiten können.

Tastenkombinationen für den Windows Explorer

Wenn Sie viel mit dem Windows Explorer arbeiten, sollten Sie sich vielleicht die eine oder andere der folgenden Tastenkombinationen einprägen, um künftig noch schneller und effizienter im Umgang mit dem Explorer zu werden:

Tastenkombination	Beschreibung
F11	Maximiert das Explorer-Fenster bzw. stellt die alte Größe wieder her
⇆	Wechselt zwischen den Unterfenstern
F5	Aktualisiert die Ansicht
F4	Springt in das Adressfeld
Strg + E	Springt in das Suchfeld
Strg + N	Öffnet ein neues Explorer-Fenster für die aktuelle Ansicht
Strg + Z	Macht den letzten Befehl rückgängig
Alt + F4	Schließt das Explorer-Fenster

Tastenkombinationen für den Windows Explorer (Allgemein)

Tastenkombination	Beschreibung
Strg + A	Markiert alles
Strg + D	Löscht die markierten Dateien und Ordner
Strg + Leer	Wählt die aktuelle Datei aus (bzw. den Ordner) oder hebt die Auswahl auf
↑ / ↓	Wechselt zur nächsten Dateien bzw. zum nächsten Ordner
⇧ + ↑ / ↓	Wählt Dateien und Ordner aus
↵	Öffnet die aktuelle Datei in ihrem Standard-Bearbeitungsprogramm
Strg + ⇧ + N	Legt einen neuen Ordner an
Strg + C	Kopiert in die Zwischenablage
Strg + V	Fügt aus der Zwischenablage ein

Tastenkombinationen für den Windows Explorer (Dateien und Ordner)

4 Windows schneller machen

In diesem Kapitel

- Die Startzeit kontrollieren
- Den Sperrbildschirm deaktivieren
- Mehrere Prozessoren beim Boot-Vorgang zulassen
- Schneller starten mit Hybrid-Boot
- Schneller weiterarbeiten dank Ruhezustand
- Anzeige der Betriebssystemauswahl anpassen
- Den automatischen Start von Programmen verhindern
- Dienste deaktivieren
- Visuelle Effekte abschalten
- Automatische App-Updates abschalten
- Schneller mit ReadyBoost
- Programmen mehr Prozessorzeit zuteilen
- Laufzeitintensive Programme aufspüren
- Unerwünschte Updates verhindern
- Windows schneller herunterfahren

Windows hat im Allgemeinen nicht gerade den Nimbus der Schnelligkeit. Mit Windows 8 und insbesondere seit Windows 10 hat sich bezüglich Geschwindigkeit sehr vieles gebessert, aber schnell genug kann ein Computersystem eigentlich nie sein. Man will natürlich immer, dass es noch schneller läuft.

Doch die Beschleunigung des Systems ist knifflig. Viele Tipps, wie sie beispielsweise im Internet kursieren, haben bestenfalls einen gewissen Placebo-Effekt und bringen keine echte Leistungssteigerung. Auf der anderen Seite müssen wir uns damit abfinden, dass jeder PC im Laufe der Zeit langsamer wird – und oftmals hat dies gar nichts mit der Software zu tun, sondern einfach mit der Überalterung der Elektronik. Trotzdem haben wir für Sie ein paar Tipps zusammengestellt, mit denen Sie tatsächlich Ihre Arbeit mit Windows spürbar beschleunigen können.

Wir beginnen mit der Beschleunigung des Systemstarts und arbeiten uns vor bis zum Herunterfahren.

Die Startzeit kontrollieren

Windows hängt traditionell der Ruf an, sehr viel Zeit für das Hochfahren zu benötigen. Das hat sich dank moderner Hardware bereits seit Windows 8.1 geändert. Aber Spaß macht es allemal, die Zeit für den Windows-Start zu messen.

1. Rufen Sie die **Ereignisanzeige** auf. Drücken Sie dazu die Tastenkombination ⊞ + X, und wählen Sie aus dem Kontextmenü der Start-Schaltfläche die Option **Ereignisanzeige** aus.

2. Öffnen Sie links im Fenster der **Ereignisanzeige** den Knoten **Anwendungs- und Dienstprotokolle > Microsoft > Windows > Diagnostics-Performance > Betriebsbereit** ❶.

3. Klicken Sie auf den aktuellsten Eintrag mit der Ereignis-ID 100 ❷.

4. Danach können Sie im mittleren unteren Fenster die bereinigte Startzeit ablesen (ohne die Zeiten für Startbildschirm und Anmeldung) ❸.

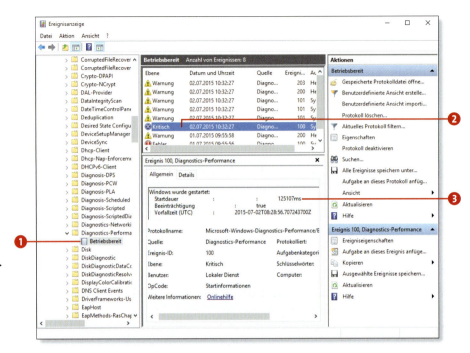

Verzögerte Ereignisanzeige nach Neustart

Wenn Sie die **Ereignisanzeige** direkt nach dem Neustart aufrufen, werden die Ereignisse für den letzten Systemstart eventuell noch nicht angezeigt. Warten Sie in dem Fall, bis in der Titelleiste die Meldung erscheint, dass »Neue Ereignisse verfügbar« sind, und klicken Sie dann rechts auf **Aktualisieren**.

Vorsicht Trickbetrüger!

Dass die Start-Ereignisse als Warnungen klassifiziert sind, hat nichts weiter zu bedeuten. Lassen Sie sich auch nicht beim Durchsehen der **Ereignisanzeige** beunruhigen, wenn dort immer wieder Fehlermeldungen auftreten. Dies ist mehr oder weniger normal. Wenn Ihr Rechner problemlos funktioniert, gibt es keinen Grund zur Beunruhigung. Wir betonen dies hier in besonderer Weise, weil in letzter Zeit vermehrt Betrüger mit einer Masche unterwegs waren, bei der sie die Anwender telefonisch kontaktierten, sich als Microsoft-Mitarbeiter ausgaben und behaupteten, Microsoft hätte beobachtet, dass sich auf dem PC vermehrt Fehler fänden, die das System auf Dauer beschädigen könnten. Als Beweis lassen sie Sie dann in die **Ereignisanzeige** schauen – und dort finden sich dann natürlich entsprechende Meldungen. Aber wie gesagt, das ist auf praktisch jedem PC so.

Kapitel 4: Windows schneller machen

Den Sperrbildschirm deaktivieren

Ich liebe es, den Sperrbildschirm auf meinem Touchscreen mit einem beiläufigen Wischen nach oben verschwinden zu lassen. Ich kann aber auch verstehen, wenn Sie diesen Sperrbildschirm als vollkommen unnötig ansehen und ihn lieber ausschalten würden. Falls Sie dies vorhaben, sollten Sie aber zumindest eine Pro-Edition von Windows besitzen.

1. Drücken Sie die Tastenkombination ⊞ + R, um das Dialogfeld **Ausführen** aufzurufen. Alternativ wählen Sie zu diesem Zweck aus dem Kontextmenü der Start-Schaltfläche die Option **Ausführen** aus.

2. Rufen Sie den Editor für die Gruppenrichtlinien auf, indem Sie in dieses Dialogfeld »gpedit.msc« eingeben.

3. Öffnen Sie links den Ordner **Computerkonfiguration > Administrative Vorlagen > Systemsteuerung**, und klicken Sie auf **Anpassung** ❶.

4. Doppelklicken Sie im rechten Bereich auf **Sperrbildschirm nicht anzeigen** ❷.

5. Setzen Sie im Dialogfeld **Sperrbildschirm nicht anzeigen** die Option **Aktiviert** ❸.

6. Schließen Sie das Dialogfeld mit **OK**, und verlassen Sie den Gruppenrichtlinien-Editor. Beim nächsten Hochfahren Ihres Rechners wird Sie der Sperrbildschirm nicht mehr ärgern.

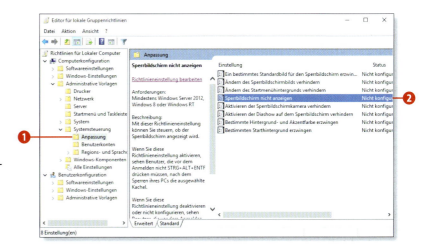

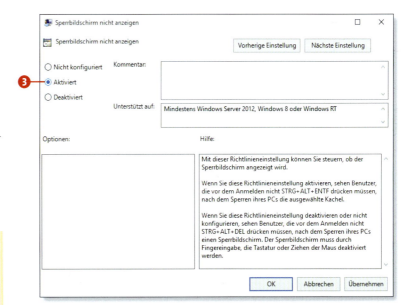

Der Sperrbildschirm bietet Schutz

Bedenken Sie dabei allerdings, dass der Sperrbildschirm Sie auch schützt, weil sich so jeder, der auf den Rechner zugreifen will, zunächst anmelden muss.

Mehrere Prozessoren beim Boot-Vorgang zulassen

Einer der zahllosen Konfigurationsdialoge von Windows erlaubt das Setzen der Anzahl der Prozessoren, die beim Systemstart verwendet werden sollen. Eine offizielle Information von Microsoft über die genaue Wirkungsweise gibt es wohl nicht, aber viele Anwender beteuern, dass es ihren Startvorgang beschleunigt hat. Probieren Sie es einfach einmal aus.

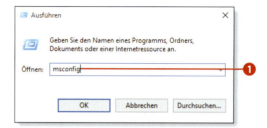

1. Rufen Sie das Dialogfeld **Ausführen** auf. Drücken Sie dazu die Tastenkombination ⊞ + R, oder wählen Sie im Kontextmenü der Windows-Schaltfläche die Option **Ausführen**.

2. Geben Sie den Befehl »msconfig« ❶ ein, und klicken Sie auf **OK**.

3. Klicken Sie im Dialogfeld **Systemkonfiguration** auf der Registerkarte **Start** ❷ auf **Erweiterte Optionen** ❸.

4. Erhöhen Sie im Dialogfeld **Erweiterte Startoptionen** unter **Prozessoranzahl** die maximale Anzahl an Prozessoren ❹. Die Zahl steht zunächst auf 1 und ist von der verfügbaren Anzahl der Prozessoren in Ihrem PC abhängig.

5. Klicken Sie auf **OK**, und starten Sie den Rechner neu.

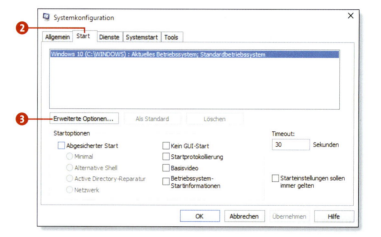

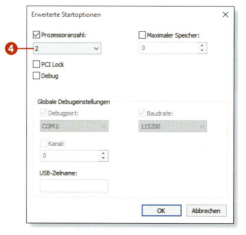

Neustart

Die Änderungen werden natürlich erst nach einem Neustart aktiv. Generell empfehlen wir Ihnen auch, nicht zu viele Änderungen gleichzeitig vorzunehmen, sondern jeden Tipp in diesem Kapitel erst einmal auszuprobieren. Sollte etwas nicht funktionieren wie gewünscht, können Sie die Änderungen so leichter zuordnen und rückgängig machen.

Schneller starten mit Hybrid-Boot

Windows 10 wird standardmäßig im Hybrid-Boot-Modus hochgefahren – ein Mittelding zwischen dem normalen Kaltstart und dem Booten aus dem Ruhezustand. Dabei werden im Hybrid-Modus nur einige Systeminformationen beim Abschalten von Windows gespeichert und beim Neustart entsprechend wieder eingelesen. Dies ist deutlich schneller als ein echter Kaltstart.

1. Rufen Sie die **Systemsteuerung** auf. Drücken Sie ⊞ + X, und wählen Sie dann **Systemsteuerung**; oder geben Sie im Suchfeld »System« ein, und wählen Sie in der Ergebnisliste **Systemsteuerung** aus.

2. Wählen Sie **System und Sicherheit**.

3. Klicken Sie unter **Energieoptionen** auf **Netzschalterverhalten ändern** ❶.

4. Prüfen Sie, ob das Kontrollkästchen **Schnellstart aktivieren** gesetzt ist.

5. Falls nicht: Klicken Sie im oberen Bereich des Fensters auf **Einige Einstellungen sind momentan nicht verfügbar** ❷, und aktivieren Sie die **Schnellstart**-Option ❸.

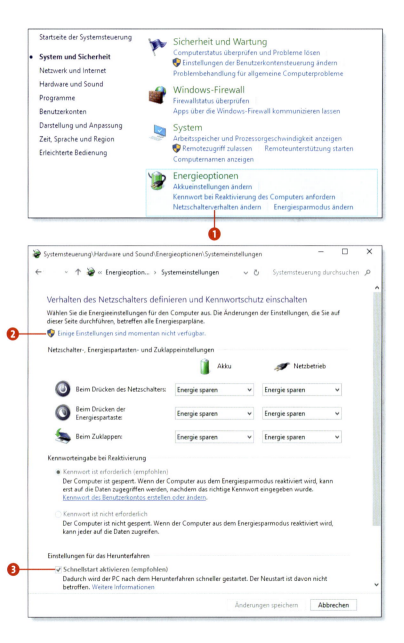

> **Kein höherer Stromverbrauch**
>
> Im Hybrid-Modus wird der Rechner tatsächlich heruntergefahren. Er verbraucht dann keine Energie, sodass Sie sich kein Sorgen über eine höhere Stromrechnung machen müssen.

Schneller weiterarbeiten dank Ruhezustand

Wenn Sie schnelleres Hochfahren mit dem automatischen Wiederherstellen der letzten Arbeitssitzung (d. h. den beim Herunterfahren noch geöffneten Programmen) verbinden möchten, sollten Sie die **Ruhezustandsfunktion** nutzen. Wie Sie den Ruhezustand mit dem Netzschalter verbinden, lesen Sie im Tipp »Start mit der letzten Sitzung« auf Seite 44. Hier zeigen wir Ihnen, wie Sie die Ruhezustandsfunktion in die Menüs mit den Befehlen zum Beenden von Windows integrieren.

1. Rufen Sie die **Systemsteuerung** auf. Drücken Sie dazu ⊞ + X, und wählen Sie **Systemsteuerung**; oder geben Sie im Suchfeld »System« ein, und wählen Sie in der Ergebnisliste **Systemsteuerung** aus.

2. Wählen Sie die Kategorie **System und Sicherheit**.

3. Klicken Sie unter **Energieoptionen** auf den Link **Netzschalterverhalten ändern** ❶.

4. Klicken Sie im oberen Bereich der Seite auf **Einige Einstellungen sind momentan nicht verfügbar** ❷.

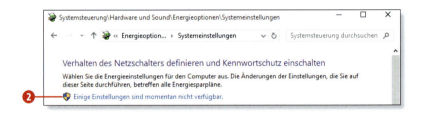

5. Aktivieren Sie im unteren Bereich das Kontrollkästchen **Ruhezustand** ❸.

6. Klicken Sie auf **Änderungen speichern**.

7. Danach können Sie beim Beenden von Windows (z. B. über Alt + F4) die Option **Ruhezustand** auswählen.

Im Ruhezustand ist der Rechner aus

Auch im Ruhezustand wird der Rechner wirklich heruntergefahren und verbraucht dann keinen Strom mehr.

Anzeige der Betriebssystemauswahl anpassen

Wenn Sie neben Windows 10 noch eine ältere Windows-Version auf Ihrem Rechner installiert haben, legt Windows ein Boot-Menü an und wartet bei jedem Hochfahren volle 30 Sekunden darauf, dass Sie entscheiden, welche Windows-Version gestartet werden soll. Für Anwender, die das Hochfahren des Rechners gerne dazu nutzen, sich noch eine Tasse Kaffee zu holen, bedeutet dies, dass der Rechner bei ihrer Rückkehr womöglich immer noch bootet oder gerade die falsche Windows-Version hochfährt.

1. Rufen Sie das Dialogfeld **Ausführen** auf: Drücken Sie die Tastenkombination ⊞ + R, oder wählen Sie im Kontextmenü der Windows-Schaltfläche die Option **Ausführen**.

2. Geben Sie den Befehl »sysdm.cpl« ❶ ein, und klicken Sie auf **OK** ❷.

   Alternativ können Sie auch in das Suchfeld »Erweiterte Sy« eintippen und in der Ergebnisliste auf den Link **Erweiterte Systemeinstellungen** klicken.

3. Klicken Sie auf der Registerkarte **Erweitert** unter **Starten und Wiederherstellen** auf **Einstellungen** ❸.

4. Wählen Sie in der Dropdown-Liste **Standardbetriebssystem** das Betriebssystem aus, das nach Verstreichen der Anzeigedauer automatisch gestartet werden soll ❹.

5. Legen Sie die Anzeigedauer für die Betriebssystemliste nach Ihren Vorstellungen fest ❺.

6. Klicken Sie auf **OK**.

> **Und was passiert, wenn die Anzeigedauer deaktiviert ist?**
>
> Wenn Sie das Kontrollkästchen **Anzeigedauer der Betriebssystemliste** deaktivieren, wird die Betriebssystemauswahl komplett übersprungen und sofort das festgelegte Standardbetriebssystem gestartet.

Den automatischen Start von Programmen verhindern

Es gibt Programme, die sich selbst für so unentbehrlich halten, dass sie sich bei der Installation auch gleich für den automatischen Start vormerken lassen – manchmal ist dies sinnvoll, manchmal eher ärgerlich, vor allem wenn dadurch das Hochfahren des Betriebssystems verzögert, die gesamte Arbeitsgeschwindigkeit des PCs unnötig gedrosselt und im Hintergrund vielleicht noch insgeheim eine Internetverbindung aufgebaut wird. Es lohnt sich daher, gelegentlich die Liste der Autostart-Programme durchzugehen und aufzuräumen.

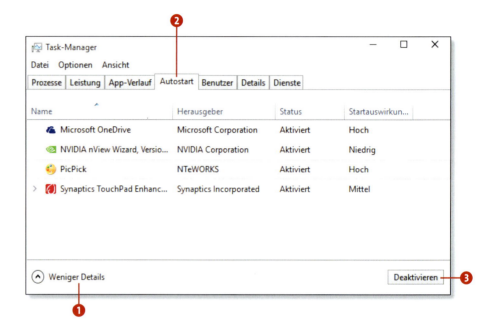

1. Rufen Sie den **Task-Manager** auf. Drücken Sie dafür die Tastenkombination [Strg] + [⇧] + [Esc]; oder öffnen Sie das Kontextmenü der Start-Schaltfläche, und wählen Sie dort den **Task-Manager** aus.

2. Stellen Sie sicher, dass der **Task-Manager** alle Details anzeigt. Sie erkennen das an der Schaltfläche **Weniger Details** ❶. Klicken Sie andernfalls auf **Mehr Details**, um zur erweiterten Ansicht zu wechseln.

3. Wechseln Sie zur Registerkarte **Autostart** ❷.

4. Wählen Sie das unerwünschte Programm aus.

5. Klicken Sie auf **Deaktivieren** ❸.

Autostart von Programmen wieder aktivieren
Auf dem gleichen Weg können Sie den Autostart des Programms auch jederzeit wieder einschalten.

Testen Sie den Effekt
Wenn Sie den Effekt direkt testen möchten, drücken Sie [Alt] + [F4] und starten den Rechner neu. Beachten Sie, dass manche der Programme sich nicht durch eine Benutzeroberfläche »bemerkbar« machen.

Dienste deaktivieren

Neben den normalen sichtbaren Programmen laufen auf jedem Windows-System auch zahlreiche Hintergrundprozesse, die als *Dienste* bezeichnet werden. Viele davon sind für das Funktionieren von Windows notwendig, aber einige sind überflüssig und können stillgelegt werden.

1. Drücken Sie die Tastenkombination ⊞ + R, um das Dialogfeld **Ausführen** aufzurufen. Alternativ wählen Sie aus dem Kontextmenü der Start-Schaltfläche die Option **Ausführen** aus.

2. Geben Sie den Befehl »services.msc« ein, und klicken Sie auf **OK**.

3. Klicken Sie mit der rechten Maustaste auf den stillzulegenden Dienst, und wählen Sie im Kontextmenü den Befehl **Eigenschaften** ❶.

4. Stellen Sie ein, ob und wie der Dienst gestartet werden soll ❷.

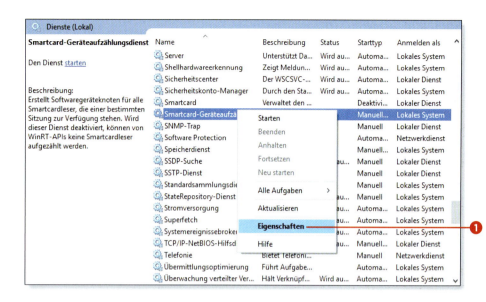

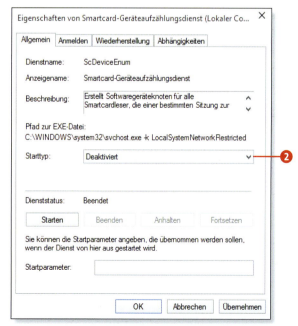

Achtung bei Eingriffen in die Dienste

Dieser Eingriff ist heikel. Deshalb halten Sie sich bitte an diese Regel: Modifizieren Sie Dienste nur dann, wenn Sie genau wissen, was Sie tun. Andernfalls können Programme und Windows-Komponenten in ihrer Funktion beeinträchtigt werden.

Visuelle Effekte abschalten

Windows hat viele visuelle Effekte, die einiges an Rechenleistung fordern. Falls Sie das Gefühl haben, dass alles etwas zäh läuft, können Sie die meisten Effekte abschalten und das System so beschleunigen.

1. Drücken Sie die Tastenkombination ⊞ + R, um das Dialogfeld **Ausführen** aufzurufen. Alternativ wählen Sie aus dem Kontextmenü der Start-Schaltfläche die Option **Ausführen** aus.
2. Geben Sie den Befehl »sysdm.cpl« ein, und klicken Sie auf **OK**.
3. Wechseln Sie im Dialogfeld **Systemeigenschaften** zur Registerkarte **Erweitert** ❶.
4. Klicken Sie unter **Leistung** auf die Schaltfläche **Einstellungen** ❷.
5. Wechseln Sie im Dialogfeld **Leistungsoptionen** zur Registerkarte **Visuelle Effekte** ❸.
6. Aktivieren Sie die Option **Benutzerdefiniert** ❹, und wählen Sie in der darunter befindlichen Liste die Effekte, die Sie auf jeden Fall behalten möchten ❺.

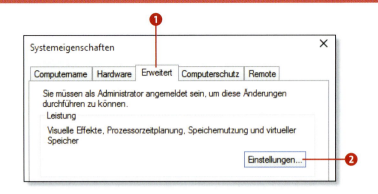

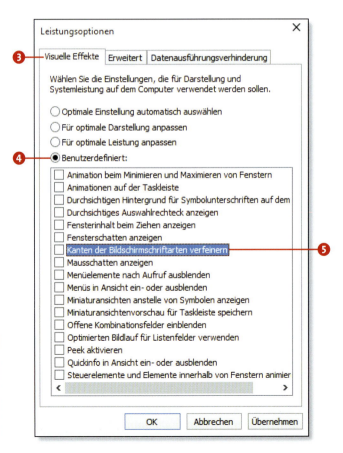

i 17 Effekte

Windows 10 nutzt 17 visuelle Effekte, von denen die meisten standardmäßig aktiviert sind. Sie können alle abwählen, ohne etwas befürchten zu müssen. Es geht hier lediglich um Bedienkomfort.

Automatische App-Updates abschalten

Apps werden üblicherweise automatisch im Hintergrund aktualisiert. Je mehr Apps Sie installiert haben, umso häufiger kann es vorkommen, dass plötzliche, unerklärliche Leistungsabfälle des Rechners durch im Hintergrund stattfindende Aktualisierungen verursacht werden.

1. Öffnen Sie die **Store**-App ❶.

2. Klicken Sie rechts auf das Benutzersymbol ❷, um das damit verbundene Kontextmenü aufzurufen.

3. Wählen Sie nun den Befehl **Einstellungen** ❸.

4. Schalten Sie die Option **Apps automatisch aktualisieren** aus ❹.

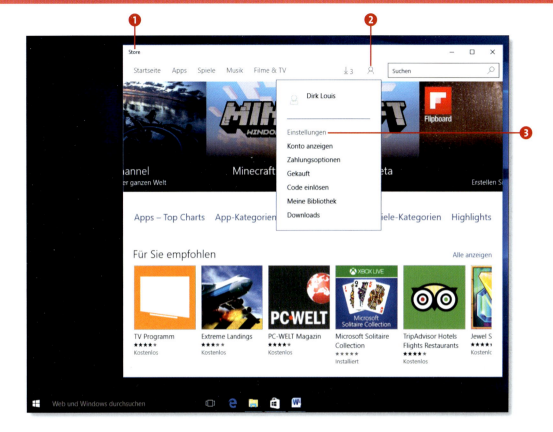

Live-Vorschau und App-Update

Wie Sie die Live-Vorschau auf den Kacheln ausschalten, lesen im Tipp »Live-Kacheln aktivieren oder deaktivieren« auf Seite 59.

Schneller mit ReadyBoost

Windows nutzt die Festplatte intensiv zur Zwischenspeicherung von kleineren Datenmengen. Bei einer langsamen Festplatte kann dies die Gesamtgeschwindigkeit deutlich herabsetzen. ReadyBoost erlaubt das Verwenden eines (möglichst schnellen) USB-Sticks als Zwischenspeicher, so dass die langsamen Festplattenzugriffe reduziert werden.

1. Schließen Sie den für ReadyBoost geeigneten USB-Stick an.
2. Starten Sie den Explorer. Drücken Sie dann ⊞ + E , oder wählen Sie im Kontextmenü der Windows-Schaltfläche die Option **Explorer**.
3. Klicken Sie mit der rechten Maustaste auf das Laufwerkssymbol des USB-Sticks, und wählen Sie **Eigenschaften** ❶.
4. Wechseln Sie zur Registerkarte **ReadyBoost** ❷.
5. Aktivieren Sie die Option **Dieses Gerät verwenden** ❸.
6. Stellen Sie ein, wie viel Speicher für ReadyBoost verwendet werden darf ❹.

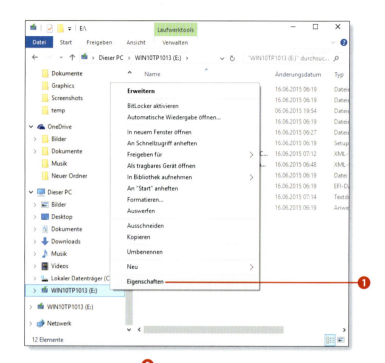

Augen auf beim Kauf

Windows prüft automatisch, ob sich ReadyBoost lohnt und ob der USB-Stick dafür geeignet ist. Zu langsame und zu kleine Sticks werden abgelehnt mit der Meldung **Der Datenträger ist für ReadyBoost nicht geeignet**. Achten Sie beim Kauf daher auf ReadyBoost-Unterstützung, oder fragen Sie beim Verkäufer konkret danach.

Wählen Sie Ihren Mindestspeicher groß genug

Geben Sie mindestens 1 GB als verfügbaren Speicher an (siehe Schritt 6), um einen spürbaren Effekt zu erzielen.

Programmen mehr Prozessorzeit zuteilen

Auf einem Windows-Rechner gibt es immer mehr auszuführende Programmeinheiten (die sogenannten *Prozesse*) als zur Verfügung stehende Prozessoren. Windows löst dies, indem es den einzelnen Prozessen immer nur für kurze Zeit das Nutzungsrecht für einen Prozessor zuteilt. Dann muss der Prozess den Prozessor abgeben, und der nächste Prozess kommt zum Zug. Durch den schnellen Wechsel entsteht beim Anwender der Eindruck, die Programme würden gleichzeitig ausgeführt. Interessant ist, dass Sie Windows anweisen können, rechenintensiven Programmen vergleichsweise mehr Prozessorzeit zuzugestehen.

1. Rufen Sie den **Task-Manager** auf, indem Sie [Strg] + [⇧] + [Esc] drücken oder im Suchfeld »Task« eingeben und in der Ergebnisliste **Task-Manager** wählen.

2. Klicken Sie unten im Fenster gegebenenfalls auf **Mehr Details**, um zur erweiterten Ansicht zu wechseln. Sollte **Weniger Details** ❶ angezeigt werden, sind Sie bereits in der erweiterten Ansicht.

3. Klicken Sie mit der rechten Maustaste auf das Desktop-Programm, dem Sie mehr Prozessorzeit zugestehen möchten, und wählen Sie **Zu Details wechseln** ❷.

4. Klicken Sie auf der Registerkarte **Details** ❸ mit der rechten Maustaste auf den hervorgehobenen Prozess, wählen Sie dann **Priorität festlegen** ❹, und setzen Sie die Priorität herauf ❺.

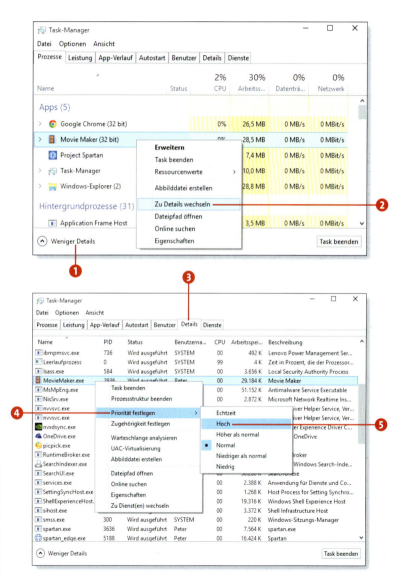

Priorität »Echtzeit«

Verzichten Sie allerdings auf die Option **Echtzeit**, insbesondere, falls Sie vorhaben, während der Ausführung des priorisierten Programms weiter mit dem PC zu arbeiten: Die üblichen Betriebsabläufe im System könnten gestört werden, oder möglicherweise reagiert Windows kaum noch auf Benutzereingaben.

Laufzeitintensive Programme aufspüren

Insbesondere für die Besitzer von Laptops oder Tablet-PCs kann es durchaus interessant sein, wie stark die Ausführung einer bestimmten App oder eines Programms den Rechner und damit die Laufzeit belastet. Alte Windows-Füchse werden jetzt an die Registerkarte **Prozesse** des **Task-Managers** denken. Doch diese eignet sich nur zur Kontrolle von Programmen und Hintergrundprozessen, nicht von Apps.

1. Rufen Sie den **Task-Manager** auf. Drücken Sie die Tastenkombination [Strg] + [⇧] + [Esc] oder öffnen Sie das Kontextmenü der Start-Schaltfläche durch Rechtsklick oder längeres Antippen der Start-Schaltfläche, und wählen Sie dort den **Task-Manager** aus.

2. Klicken Sie gegebenenfalls auf **Mehr Details** ❶, um in die erweiterte Ansicht zu wechseln.

3. Kontrollieren Sie die Leistungsdaten für das Programm. Beobachten Sie vor allem den **CPU**-Wert. Die meisten Programme führen überwiegend kurze Aktionen aus, nach deren Abarbeitung ihr **CPU**-Wert auf 0 % fällt. Arbeitet ein Programm ständig, oder wird es immer wieder von sich aus aktiv, sollte es dafür einen Grund geben – wie z. B. bei einem Medien-Player, der gerade eine Musikdatei oder eine DVD abspielt.

4. Stellen Sie fest, dass Sie das Programm nicht länger benötigen, können Sie hier mit Rechtsklick sein Kontextmenü aufrufen und es mit **Task beenden** ❷ von hier aus schließen.

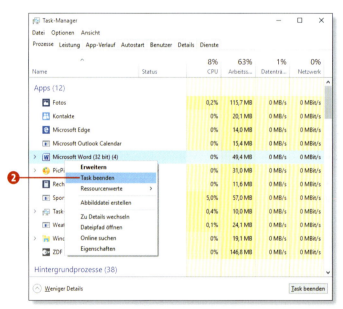

> **Update oder Malware?**
> Ein Grund, misstrauisch zu werden, besteht auch, wenn ein Prozess im Hintergrund aktiv wird und über das Netzwerk Daten austauscht. Es kann sein, dass es sich um ein harmloses Update-Programm handelt, es kann sein, dass hier eine Malware Ihre persönlichen Daten ausspioniert.

> **Aktualisierungsgeschwindigkeit ist anpassbar**
> In Ihrer Anzeige tut sich überhaupt nichts? Dann setzen Sie die Aktualisierungsgeschwindigkeit über den gleichnamigen Befehl im Menü **Ansicht** herauf.

Unerwünschte Updates verhindern

Windows 10 prüft regelmäßig, ob Updates und Patches (kleinere Korrekturen) verfügbar sind. Wenn dies der Fall ist, lädt Windows die notwendigen Dateien und installiert sie. Dieses Vorgehen ist schon seit vielen Windows-Versionen so, aber mit Windows 10 kommt eine Neuerung: Sie als Anwender können das Einspielen dieser Updates im Gegensatz zu früheren Versionen nicht mehr verhindern. Dies ist eigentlich eine gute Sache, da dadurch gewährleistet wird, dass Ihr Betriebssystem immer auf dem neuesten Stand ist, insbesondere mit Hinblick auf Sicherheitslecks. Leider kommt es aber auch gelegentlich vor, dass Microsoft schadhafte Updates ausliefert. Falls Sie als interessierter Anwender die Computerpresse verfolgen und vor einem solchen schadhaften Update gewarnt werden, haben Sie aber keine Wahl. Glücklicherweise hat Microsoft ein Einsehen gezeigt und bietet ein Zusatzprogramm an, mit dem man bestimmte Updates zeitweilig verhindern kann.

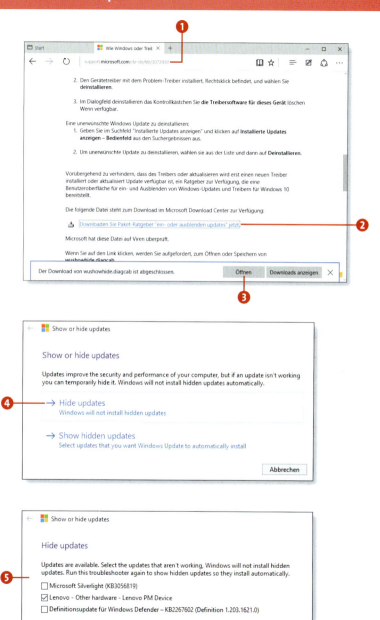

1. Öffnen Sie einen Webbrowser und wechseln Sie zu der Adresse *https://support.microsoft.com/de-de/kb/3073930* ❶.

2. Scrollen Sie ein Stück nach unten und klicken Sie auf den Link **Downloaden Sie Paket-Ratgeber "ein- oder ausblenden updates" jetzt** ❷.

3. Nach erfolgtem Download starten Sie das Programm via **Öffnen** ❸.

4. Klicken Sie auf **Weiter** und dann auf der folgenden Seite auf **Hide updates** ❹.

5. Selektieren Sie das Update ❺, das Sie verhindern wollen und beenden Sie den Assistenten mit **Weiter** und **Schließen**.

Schalten Sie Updates nur aus, wenn Sie wissen, was Sie da tun

Updates sind in fast allen Fällen sinnvoll und notwendig. Verhindern sollten Sie sich wirklich nur, wenn Sie ganz genau wissen, warum und welche Konsequenzen das hat.

Windows schneller herunterfahren

Das Herunterfahren von Windows dauert manchmal etwas länger, da Windows jedem Programm reichlich Zeit lässt, sich zu beenden. Nicht selten haben die Programme sich aber aufgehängt und müssen ohnehin letztendlich abgebrochen werden.

1. Rufen Sie den **Registrierungs-Editor** auf. Drücken Sie dann ⊞ + R , und geben Sie im Dialogfeld **Ausführen** den Befehl »regedit« ein, oder suchen Sie über die Startseite nach »regedit«.

2. Öffnen Sie links den Ordner **HKEY_LOCAL_MACHINE\SYSTEM\ CurrentControlSet\Control** ❶.

3. Öffnen Sie per rechtem Mausklick das Kontextmenü zum Eintrag **WaitToKillServiceTimeout**, wählen Sie den Befehl **Ändern** ❷, und ändern Sie den voreingestellten Wert in z. B. 2000 (Millisekunden) ❸.

4. Wechseln Sie zum Schlüssel **HKEY_CURRENT_USER\Control Panel\ Desktop**.

5. Wählen Sie im Kontextmenü zu **Desktop** den Befehl **Neu > Zeichenfolge**, und legen Sie den Namen **AutoEndTasks** fest.

6. Legen Sie für den neuen Eintrag **AutoEndTasks** den Wert 1 fest.

7. Falls nicht vorhanden: Legen Sie analog in **Desktop** die neuen Einträge **WaitToKillAppTimeout** und **HungAppTimeout** an, und weisen Sie ihnen danach jeweils den Wert 1000 zu ❹.

8. Schließen Sie die Registrierdatenbank. Nach dem nächsten Neustart sind die Änderungen gültig.

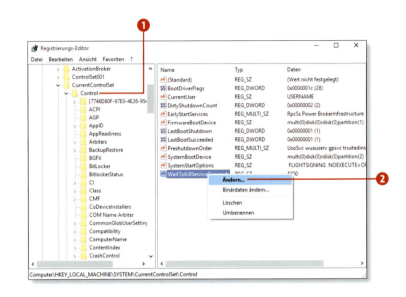

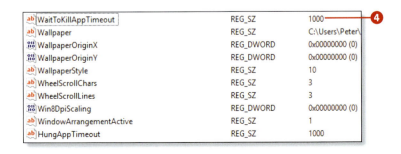

Vorab sichern!

Grundsätzlich empfiehlt es sich, vor Änderungen an der Registrierdatenbank diese mit dem Befehl **Datei > Exportieren** zu sichern (siehe den Tipp »Registrierdatenbank sichern« auf Seite 270).

Online mit Browser und Apps

In diesem Kapitel

- Tipps zum neuen Browser Edge
- Tipps zum Internet Explorer
- Den Flugzeugmodus einschalten
- Wetterdaten für einen bestimmten Ort anzeigen lassen
- Die Börse beobachten
- Pünktlich Schluss machen
- Kalorienzählen leicht gemacht

Laut Heraklit ist der Krieg der »Vater aller Dinge«. Zumindest was das Internet angeht, hatte er damit durchaus Recht, denn das Internet geht auf ein Forschungsprojekt des US-Militärs zurück. Heute wird das Internet größtenteils friedlich genutzt und ist aus unserem Leben kaum noch wegzudenken. 2014 nutzten fast 80 % der Deutschen über 13 Jahren das Internet, und über 54 % der Deutschen waren mobil im Internet unterwegs. Das wichtigste Werkzeug für die Bewegung im Internet ist nach wie vor der Browser. Doch bereits seit Windows 8 hat er massive Konkurrenz bekommen: Viele Apps integrieren das Internet und übernehmen Aufgaben, für die früher der Browser herangezogen worden wäre.

In diesem Kapitel legen wir das Hauptaugenmerk auf den *Internet Explorer* und den neuen Browser *Edge*. Am Ende gibt es noch einige Tipps zu einigen der Apps, die standardmäßig bei Windows 10 mit dabei sind. Tipps zu Mail und OneDrive finden Sie in Kapitel 6 ab Seite 157.

Edge im Überblick

Wie bereits unter Windows 8 gibt es auch unter Windows 10 neben dem klassischen Internet Explorer noch eine alternative Browser-App: **Edge**. Während jedoch die Browser-App von Windows 8 noch den Eindruck machte, als wäre es Microsoft lediglich darum gegangen, schnell noch die allerwichtigsten Grundfunktionen eines Browsers in einer fingerbedienbaren Version bereitzustellen,

Wir stellen Ihnen zunächst die Oberfläche von **Edge** und die wichtigsten Schaltflächen im Überblick vor:

❶ die **Befehlsleiste** mit den app-spezifischen Befehlen

❷ die **Adressleiste** zur Eingabe der anzusteuernden Webadressen

❸ die **Leseansicht**

❹ Schaltfläche zum Hinzufügen zu **Favoriten** oder **Leseliste**

❺ Verteiler zu **Favoriten**, interne **Leseliste**, **Verlauf** und **Download**

❻ Erstellen von **Webseitennotizen**

❼ **Teilen**

❽ Menü mit weiteren Aktionen und **Einstellungen**

handelt es sich bei **Edge** um einen voll ausgereiften Browser, der dem Internet Explorer durchaus die Stirn bieten kann – und dies in Zukunft wohl auch mehr und mehr tun wird! Auf jeden Fall lohnt es, sich mit **Edge** vertraut zu machen. Und falls Sie dann doch entscheiden, lieber weiterhin mit dem Internet Explorer zu surfen, können Sie das auch tun. Sie sollten ihn als Standardbrowser konfigurieren und an die Taskleiste anheften. Lesen Sie dazu den Tipp »Internet Explorer als Standardbrowser einrichten« auf Seite 138.

Windows 10 ist so konfiguriert, dass **Edge** der Standardbrowser ist, was sich auch daran zeigt, dass nur das **Edge**-Symbol in der Taskleiste angezeigt wird. Wer mit der klassischen Version des Internet Explorers arbeiten möchte, muss sich schon etwas mehr Mühe geben, denn dieser verbirgt sich in der alphabetischen App-Liste unter dem Eintrag **Windows-Zubehör**. Doch dies ist natürlich nicht der einzige Vorzug von **Edge**. Auf der linken Seite finden Sie eine kleine Übersicht über die besonderen Charakteristika der beiden Browser.

Edge	Internet Explorer
• bereits in Startmenü und Taskleiste integriert • optimiert für die Fingerbedienung • Leseansicht • unterstützt das Teilen • unterstützt Webnotizen (Schreiben in Webseiten) • kann über die Cortana-Sprachsteuerung bedient werden	• versteckt in der App-Liste • optimiert für die Maus- und Tastaturbedienung • unterstützt das Speichern im lokalen Dateisystem • Zugriff auf mehr Funktionen und Einstellmöglichkeiten

Edge und der Internet Explorer im Vergleich

Tipps zum neuen Browser Edge

Startseite festlegen

Wenn Sie **Edge** über sein Symbol im Startmenü aufrufen, startet der Browser mit seiner voreingestellten Startseite. Falls Sie diese Startseite austauschen möchten, gehen Sie wie folgt vor:

1. Laden Sie die Webseite, die Sie als Startseite verwenden möchten ❶. In unserem Beispiel ist es übrigens *www.ixquick.de* – eine Suchseite, vergleichbar mit Google oder Bing, die weitgehend darauf verzichtet, persönliche Daten über ihre Nutzer zu sammeln. Sie können natürlich jede andere Webseite aufrufen.

2. Klicken Sie in das Adressfeld, und kopieren Sie die Adresse in die Windows-Zwischenablage, indem Sie `Strg` + `A` und `Strg` + `C` drücken ❷.

3. Öffnen Sie das Menü **Weitere Aktionen** ❸, und wählen Sie den Befehl **Einstellungen** ❹.

4. Scrollen Sie im **Einstellungen**-Dialog nach unten bis zu **Erweiterte Einstellungen**, und klicken Sie auf **Erweiterte Einstellungen anzeigen**.

5. Setzen Sie den Schalter **Schaltfläche »Startseite« anzeigen** auf **Ein** ❺.

6. In das Listenfeld, das daraufhin unter dem Schalter erscheint, kopieren Sie die Adresse der neuen Startseite (z. B. mit `Strg` + `V`) ❻.

7. Klicken Sie auf **Speichern** ❼.

> **Startseiten-Schalter in Befehlsleiste**
>
> Schritt 5 führt nebenbei auch dazu, dass zukünftig in der Befehlsleiste, links vom Adressfeld, der Schalter zum Aufruf der Startseite ❽ eingeblendet wird.

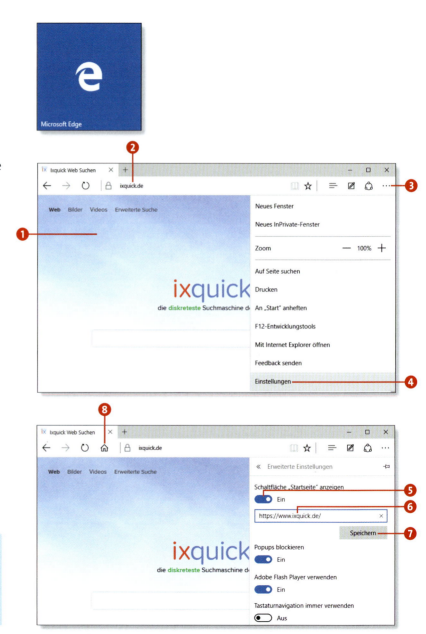

Favoriten speichern

Um wichtige oder beliebte Webseiten jederzeit neu abrufen zu können, gibt es in **Edge** die Möglichkeit, die Webseiten als Favoriten abzulegen.

1. Laden Sie die Webseite, die Sie in den Favoriten speichern möchten ❶.
2. Klicken Sie in der Befehlsleiste auf das Symbol **Favoriten** ❷.
3. Achten Sie darauf, dass oben im erscheinenden Dialog die Option **Favoriten** ausgewählt ist ❸.
4. Ändern Sie gegebenenfalls den Titel ❹, unter dem die Webseite in den Favoriten später aufgeführt wird.
5. Wählen Sie im Dropdown-Listenfeld **Erstellen in** ❺, ob die Webseite unter **Favoriten** oder unter der **Favoritenleiste** abgelegt werden soll. Die Favoritenleiste ist ein Unterordner der Favoriten.
6. Wollen Sie Ihre Webseite unter einem eigenen Ordner ablegen, klicken Sie auf den Link **Neuen Ordner erstellen** ❻ und geben einen individuellen Ordnernamen ein ❼.
7. Klicken Sie auf **Hinzufügen** ❽.

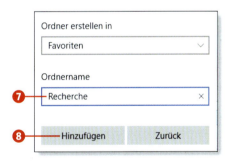

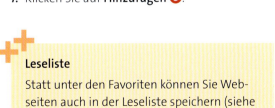

Leseliste

Statt unter den Favoriten können Sie Webseiten auch in der Leseliste speichern (siehe Einstellung in Schritt 3). Die Leseliste ist chronologisch geordnet.

Favoriten sind immer nur Links

Favoriten und Leseliste speichern immer nur Verweise (Links), keine Inhalte. Zum Abrufen der Inhalte müssen Sie also mit dem Internet verbunden sein.

Favoriten abrufen

Webseiten, die Sie in den Favoriten abgespeichert haben, können Sie bei Bedarf jederzeit schnell abrufen – vorausgesetzt natürlich, Sie sind mit dem Internet verbunden.

1. Klicken Sie in der Befehlsleiste auf das **Hub**-Symbol ❶.
2. Klicken Sie im aufspringenden Dialog, sofern nicht bereits voreingestellt, ganz links auf das **Favoriten**-Symbol ❷.
3. Klicken Sie auf den gewünschten Webseiteneintrag aus den Favoriten, der Favoritenleiste oder einem der von Ihnen definierten Favoritenordner ❸.

   Wenn Sie die Webseite in einer neuen Registerkarte öffnen möchten, rufen Sie das Kontextmenü zu dem Webseiteneintrag auf und wählen den Befehl **In neuem Tab öffnen**.

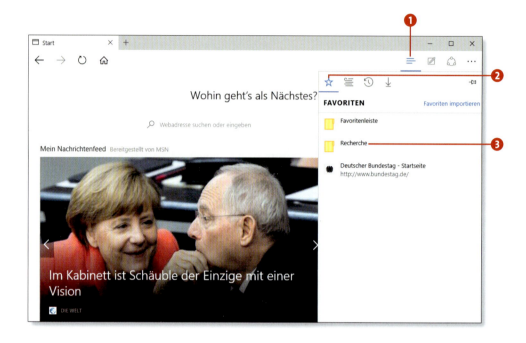

Favoriten verwalten

Sie können den **Favoriten**-Dialog aus dem zweiten Schritt auch zum Umordnen Ihrer Favoriten verwenden. Um z. B. einen neuen Ordner anzulegen, rufen Sie das Kontextmenü auf und wählen den Befehl **Neuen Ordner erstellen**. Um Webseiteneinträge zu verschieben, ziehen Sie sie einfach auf einen anderen Ordner.

Favoritenleiste einblenden

Für den ganz schnellen Zugriff können Sie die Favoritenleiste einblenden und so direkt auf alle dort abgelegten Webseiten zugreifen. Rufen Sie dazu über das Menü **Weitere Aktionen** die **Einstellungen** auf, und setzen Sie den Schalter **Favoritenleiste anzeigen** auf **Ein**.

Webseiten speichern und aufrufen

Im vorangehenden Tipp haben wir Ihnen gezeigt, wie Sie häufig besuchte Webseiten als Favoriten ablegen. Favoriten sind jedoch nicht die einzige Möglichkeit, in **Edge** Webseiten bzw. Links zu Webseiten zu speichern. Hier eine kleine Übersicht:

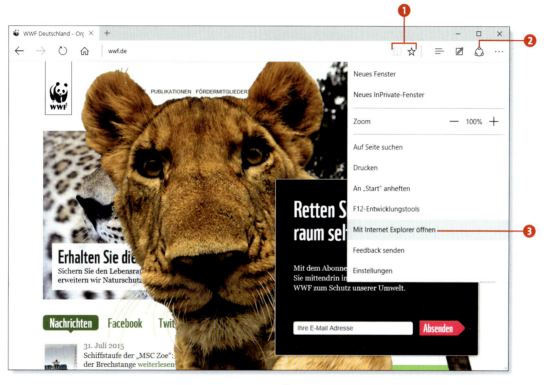

❶ Als Eintrag in den Favoriten oder der Leseliste. Im Vergleich zu den Favoriten bietet die Leseliste eine Vorschau auf die Webseite und ist chronologisch geordnet. Einträge in den Favoriten oder der Leseliste sind immer Verweise.

❷ Statt in der internen Leseliste von **Edge** können Sie Webseiten auch in der **Leseliste**-App speichern. Klicken Sie dazu auf **Teilen**, dann in der von rechts eingeblendeten **Teilen**-Leiste auf **Leseliste** und in der App auf **Hinzufügen**. Einträge in der Leseliste sind immer Verweise.

❸ Schließlich gibt es die Möglichkeit, Webseiten auf den lokalen Rechner herunterzuladen, so dass Sie sie jederzeit auch ohne Internetverbindung lesen können. Dies ist allerdings nur mit Hilfe des Internet Explorers möglich. Wählen Sie daher im **Weitere Aktionen**-Menü den Eintrag **Mit Internet Explorer öffnen**. Im Internet Explorer öffnen Sie **Extras** und wählen dann den Befehl **Datei > Speichern unter**.

Die Leseansicht

Obwohl wir gegen Werbung auf Webseiten grundsätzlich nichts einzuwenden haben (besser jedenfalls, als zu versuchen, mit Cookies und Tracking Geld zu verdienen), ärgert es uns schon, wenn manche Webseiten mit Werbung so überfüllt sind, dass wir kaum noch den eigentlichen Text erkennen. Wenn es Ihnen ebenso geht, sollten Sie unbedingt die Leseansicht testen.

1. Rufen Sie zur Veranschaulichung dieser Funktion eine werbelastige Webseite auf.
2. Klicken Sie in der Befehlsleiste auf das Buchsymbol ❶ rechts neben der Adresszeile, um in die Leseansicht ❷ zu wechseln.
3. Durch erneutes Anklicken dieses Symbols gelangen Sie wieder zurück zur Normalansicht.

Keine Leseansicht verfügbar?

Nicht für jede Webseite wird die Leseansicht angeboten. Dies liegt daran, dass die Autoren der Webseiten den Browser anweisen können, die Leseansicht für die aktuelle Seite zu deaktivieren. Eigentlich schade!

Schriftgröße der Leseansicht zu klein?

Wenn Sie möchten, können Sie die Schriftgröße der Leseansicht vergrößern. Dazu müssen Sie nur über das Symbol **Weitere Aktionen** die **Einstellungen** aufrufen. Dort ändern Sie dann unter der Kategorie **Lesen** den Stil und die Schriftgröße der Leseansicht.

Notizen auf Webseiten anlegen

Eine der herausragendsten Funktionen von **Edge** ist die Möglichkeit, Webseiten zu kommentieren. Stellen Sie sich vor, Sie hätten im Web von einem neuen Kinofilm gelesen, den Sie am liebsten mit einer Freundin oder einem Freund ansähen. Mit **Edge** können Sie die Webseite mit dem Bericht über den Kinofilm mit Markierungen und Kommentaren versehen und das Ergebnis direkt an Ihren Freund oder Ihre Freundin senden.

1. Laden Sie die Webseite, die Sie kommentieren möchten, in **Edge**, und klicken Sie in der Befehlsleiste auf das **Webseitennotiz**-Symbol ❶.

2. Nutzen Sie die angebotenen Funktionen zum Editieren und Kommentieren des Webseitentextes ❷.

3. Klicken Sie auf das **Teilen**-Symbol, um die kommentierte Webseite per Mail an jemanden zu senden ❸.

4. Zurück in **Edge** können Sie die kommentierte Webseite zur Erinnerung auf Wunsch auch in Ihrer Leseliste ❹ speichern.

5. Beenden Sie den Bearbeitungsmodus ❺.

Webseitennotizen per Mail teilen

Wenn Sie eine Webseitennotiz per Mail verschicken, erhält der Empfänger ein Bild von der kommentierten Webseite plus einem Link, der ihn zu der Originalwebseite führt.

Die voreingestellte Suchmaschine ändern

Wenn Sie in das Adressfeld von **Edge** Suchbegriffe eingeben, suchen Sie per Voreinstellung mit der Bing-Suchmaschine von Microsoft. Vielleicht würden Sie aber lieber mit Google suchen oder in der Wikipedia?

1. Laden Sie die Webseite, die Sie zukünftig als Startseite verwenden möchten.
2. Öffnen Sie das Menü **Weitere Aktionen** ❶, und wählen Sie den Befehl **Einstellungen** ❷.
3. Scrollen Sie im **Einstellungen**-Dialog nach unten bis zu **Erweiterte Einstellungen**, und klicken Sie auf **Erweiterte Einstellungen anzeigen**.
4. Scrollen Sie im **Erweiterte Einstellungen**-Dialog nach unten bis zu **In Adressleiste suchen mit**, und wählen Sie in dem darunter befindlichen Listenfeld den Eintrag **Neu hinzufügen** ❸.
5. Klicken Sie im **Suchanbieter hinzufügen**-Dialog auf den Eintrag für Ihre Suchwebseite ❹.

   Wird die von Ihnen geladene Webseite nicht angezeigt, bedeutet dies in der Regel, dass der Suchanbieter nicht den OpenSearch-Standard unterstützt.
6. Klicken Sie auf **Als Standard hinzufügen** ❺.

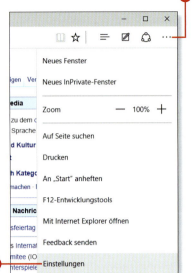

> **Bing und Google**
>
> Welche Suchmaschine Sie nutzen wollen, bleibt Ihre Entscheidung. Unserer Erfahrung nach sind Google und Bing im Grunde gleich leistungsfähig und liefern gute Treffer. Es gibt auch sehr spannende Alternativen wie Ixquick (siehe den Kasten auf Seite 141) oder DuckDuckGo (*www.duckduckgo.de*). Beide sammeln anders als Google oder Bing keine oder so gut wie keine Daten über Sie.

Links im Internet Explorer öffnen

Auch wenn **Edge** viele Vorteile bietet, die der Internet Explorer nicht aufweist, gibt es immer noch Nutzer, die die vertraute Umgebung des Internet Explorers bevorzugen oder dort einige Features nutzen, auf die bei **Edge** verzichtet wurde. Wer also zufällig auf einen Link klickt und in **Edge** landet, weil er den Internet Explorer nicht als Standardbrowser eingerichtet hat, kann den Browser schnell gegen den Internet Explorer tauschen.

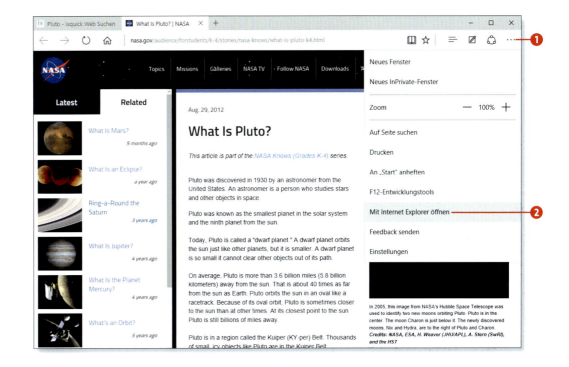

1. Um die in **Edge** aktuell angezeigte Webseite direkt in der Desktop-Version des Internet Explorers zu öffnen, klicken Sie in der Befehlsleiste auf das Symbol **Weitere Aktionen** ❶.

2. Wählen Sie in dem sich öffnenden Menü den Befehl **Mit Internet Explorer öffnen** ❷ aus.

3. Danach können Sie **Edge** oder zumindest die Seite schließen.

Firefox

Natürlich gibt es auch noch andere Browser als die, von Microsoft. **Mozilla Firefox** können wir Ihnen unter diesen Alternativen am ehesten empfehlen. Sie finden den Browser unter *https://www.mozilla.org/de/firefox/new/*.

Ein Grund, beim Internet Explorer zu bleiben

Der Internet Explorer hat immer noch einen klaren Vorteil. Von ihm aus können Sie eine Webseite auf Ihren Rechner herunterladen (Befehl **Extras > Datei > Speichern unter**).

Tipps zum Internet Explorer

Den Internet Explorer als Standardbrowser einrichten

Wenn Sie in einer App auf einen Link zu einer Webseite klicken oder eine HTML-Seite öffnen, wird diese automatisch in den Standardbrowser geladen – und dies ist in Windows 10 der **Edge**-Browser. Fans des klassischen Browsers Internet Explorer werden dies natürlich sofort ändern wollen.

1. Tippen Sie in der Taskleiste in das Suchfeld »Links« ❶ ein, und wählen Sie in der Ergebnisliste den Link **Auswählen, wie Links geöffnet werden sollen** ❷.

2. Klicken Sie in dem erscheinenden Dialogfeld, das automatisch die Registerkarte **Programme** öffnet, im obersten Listenfeld auf den Link **Internet Explorer als Standardbrowser einrichten** ❸.

3. Wählen Sie links im Listenfeld den Eintrag **Internet Explorer** ❹, und klicken Sie anschließend auf **Dieses Programm als Standard festlegen** ❺.

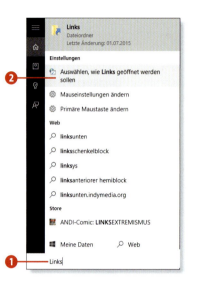

> **Früher wurde differenziert**
>
> Früher war es möglich, Links im Internet Explorer öffnen zu lassen, ohne ihn als Standardbrowser festzulegen. Diese Option ist inzwischen deaktiviert.

> **Internet Explorer in der Taskleiste**
>
> In der Taskleiste wird standardmäßig nur das Symbol zum Aufruf von **Edge** angezeigt. Sie können dieses Symbol aber mit dem Kontextmenü-Befehl **Programm von Taskleiste lösen** entfernen und dafür das Symbol des Internet Explorers anheften (siehe Tipp »Apps an die Taskleiste anheften« auf Seite 61).

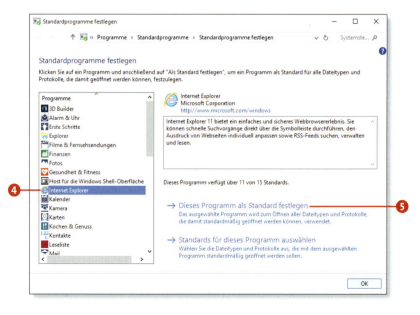

Mehr Platz für die Registerkarten

Der Internet Explorer 11 zeigt die Reiter zur Auswahl der geöffneten Registerkarten standardmäßig neben der Adressleiste an. Dies führt dazu, dass der Platz für die Reiter recht beschränkt ist. Wenn Sie mehrere Registerkarten öffnen, werden die Reiter schnell so klein, dass der Titel der angezeigten Seiten nicht mehr zu lesen ist. Im schlimmsten Fall werden sogar Pfeilschaltflächen zum Scrollen durch die Reiter angezeigt. Glücklicherweise ist es ganz einfach, den Reitern mehr Platz einzuräumen.

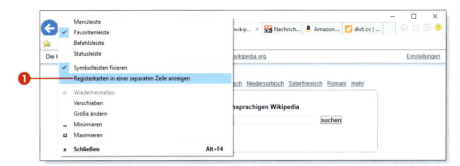

1. Klicken Sie mit der rechten Maustaste in die Titelleiste des Internet Explorers.
2. Wählen Sie den Befehl **Registerkarten in einer separaten Zeile anzeigen** ❶ aus.
3. Im Gegensatz zu vorher, als die Registerkarten-Reiter noch neben der Adresszeile angeordnet waren ❷, erscheinen sie jetzt in einer eigenen Zeile unter der Adressleiste ❸.

Im äußersten Notfall

Denken Sie auch daran, dass Sie im Notfall auch einfach mehrere Internet-Explorer-Fenster öffnen können. Falls Sie mehrere Webseiten zu jeweils verschiedenen Themengebieten öffnen möchten, kann dies sogar recht sinnvoll sein. Starten Sie einfach für jedes Themengebiet ein eigenes Internet-Explorer-Fenster, und es wird Ihnen viel leichter fallen, zwischen den Themengebieten und Webseiten zu wechseln.

Individuelle Befehlsleiste

Microsoft ist ständig dabei, Nutzerdaten zu sammeln, auszuwerten und seine Produkte danach umzugestalten. Meist führt dies dazu, dass weniger häufig benötigte Befehle langsam verschwinden oder nur noch schwer zu erreichen sind. Hier ein paar Tipps, wie Sie herabgestufte Befehle wieder hervorholen können.

1. Klicken Sie mit der rechten Maustaste in die Titelleiste des Internet Explorers, und wählen Sie den Befehl **Befehlsleiste** ❶ aus.

2. Klicken Sie mit der rechten Maustaste in die Befehlsleiste, und benutzen Sie die oberen drei Befehle im Untermenü **Anpassen**, um festzulegen, ob Text, Text und Symbole oder nur Symbole in der Befehlsleiste angezeigt werden sollen ❷.

3. Klicken Sie mit der rechten Maustaste in die Befehlsleiste, und rufen Sie im Untermenü **Anpassen** den Befehl **Befehle hinzufügen oder entfernen** ❸ auf, um die Befehlsleiste individuell zu konfigurieren.

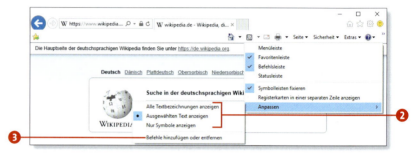

4. Um einen Befehl aufzunehmen, wählen Sie ihn links im Dialogfeld **Symbolleiste anpassen** aus und klicken auf **Hinzufügen** ❹.

5. Um einen Befehl aus der Befehlsleiste zu entfernen, wählen Sie ihn rechts aus und klicken dann auf **Entfernen** ❺.

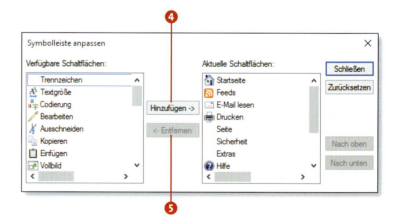

Individuelle Leisten

In der Pro-Version können Sie die Symbole in den verschiedenen Symbolleisten des Internet Explorers vergrößern. Tippen Sie die Tastenkombination ⊞ + R, und geben Sie im Dialogfeld **Ausführen** den Befehl »gpedit.msc« ein. Öffnen Sie links den Ordner **Benutzerkonfiguration > Administrative Vorlagen > Windows-Komponenten > Internet Explorer**, und klicken Sie auf **Symbolleisten**. Doppelklicken Sie rechts auf **Große Symbole für Befehlsschaltflächen verwenden**, und markieren Sie die Option **Aktiviert**.

Startseite festlegen

Den meisten Anwendern dürfte wohl bekannt sein, dass sie die Startseite – d. h. die Webseite, die beim Starten des Internet Explorers automatisch geladen wird – selbst festlegen können. Weit weniger bekannt aber ist, dass der Internet Explorer sogar die Festlegung mehrerer Startseiten erlaubt.

1. Laden Sie im Internet Explorer die Webseite, die Sie zukünftig als Startseite verwenden möchten ❶.

2. Klicken Sie rechts oben auf das Symbol **Extras** ❷.

3. Rufen Sie im Menü den Befehl **Internetoptionen** ❸ auf.

4. Wechseln Sie gegebenenfalls zur Registerkarte **Allgemein**.

5. Klicken Sie auf die Schaltfläche **Aktuelle Seite** ❹.

6. Wenn Sie eine weitere Startseite öffnen möchten, klicken Sie in das Textfeld an das Ende des Links, drücken Sie ⏎, um eine neue Zeile anzufangen, und tippen Sie dort die Webadresse der zusätzlichen Startseite ein ❺.

7. Wenn Sie beim nächsten Aufruf automatisch mit den zuletzt geöffneten Seiten starten möchten, aktivieren Sie die Option **Mit Registerkarten der letzten Sitzung starten** ❻.

Beenden Sie den Internet Explorer, ohne die gewünschten Registerkarten zuvor zu schließen.

Eine schlaue Alternative

Ixquick ist eine Suchseite, vergleichbar mit Google oder Bing, die sich vor allem dadurch auszeichnet, dass sie darauf verzichtet, persönliche Daten über ihre Nutzer zu sammeln. Ixquick ist zwar keine staatliche Website, aber sie besitzt das Europäische Datenschutz-Gütesiegel und steht im Besitz eines niederländischen Unternehmens, das keine weiteren Geschäftsfelder verfolgt als den Betrieb von Ixquick.

Nach anderen Standardsuchanbietern suchen

Wie Sie vielleicht wissen, macht die Adressleiste des Internet Explorers nicht nur Vorschläge zur Vervollständigung von Webadressen, sondern kann gleichzeitig zur Suche verwendet werden. Ausgewertet werden diese Suchbegriffe von den installierten Suchanbietern – standardmäßig Bing. Sie können aber auch weitere Suchanbieter installieren und Bing als Standardsuchanbieter ablösen.

1. Klicken Sie rechts oben im Internet Explorer auf das Symbol **Extras** ❶.
2. Rufen Sie im Menü den Befehl **Add-Ons verwalten** ❷ auf.
3. Wechseln Sie gegebenenfalls links zum Add-On-Typ **Suchanbieter** ❸.
4. Klicken Sie unten auf die Schaltfläche **Weitere Suchanbieter suchen** ❹, und lassen Sie sich eine Übersicht über die verschiedenen Suchanbieter anzeigen.

Kein Ixquick

Leider wird Ixquick – eine Suchmaschine, die auf das Sammeln von Daten über ihre Nutzer weitgehend verzichtet – derzeit nicht angeboten. Vermutlich, weil Ixquick nicht den OpenSearch-Standard unterstützt.

Nachdem Sie sich, wie auf der vorherigen Seite beschrieben, eine Übersicht über die angebotenen Suchanbieter verschafft haben, müssen Sie sich nur noch für einen davon entscheiden, um ihn zu installieren.

5. Scrollen Sie in der erscheinenden Webseite nach unten bis zu dem gewünschten Suchanbieter, beispielsweise **Yahoo**, und klicken Sie auf das Symbol, um diese Webseite zu laden ❺.

6. Klicken Sie auf der Seite des Suchanbieters auf die Schaltfläche zum Hinzufügen ❻.

7. Aktivieren Sie im Dialogfeld **Suchanbieter hinzufügen** die Option **Als Standardsuchanbieter festlegen** ❼.

   In der Adressleiste werden zuerst immer nur die Suchergebnisse des Standardsuchanbieters angezeigt. Um die Ergebnisse anderer installierter Suchanbieter zu sehen, müssen Sie explizit zu diesen wechseln.

8. Klicken Sie auf **Hinzufügen** ❽.

9. Schließen Sie die geöffneten Internet-Explorer-Fenster.

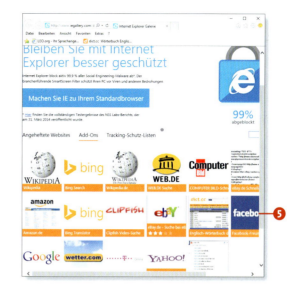

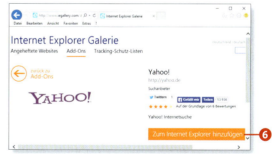

> **Einen anderen Suchanbieter auswählen**
>
> Wenn Sie in Schritt 7 einen anderen Anbieter auswählen wollen, lesen Sie auch den nächsten Tipp.

Suchen mit alternativem Suchanbieter

Wenn Sie einen anderen Suchanbieter als Standard festgelegt haben, werden Ihnen bei der Eingabe von Suchbegriffen in der Adressleiste zuerst die Vorschläge dieses Suchanbieters angezeigt.

1. Starten Sie den Internet Explorer.
2. Tippen Sie in die Adressleiste einen Suchbegriff oder den Beginn eines Suchbegriffs ein ❶.
3. Bei der ersten Nutzung müssen Sie eventuell noch auf den Link **Vorschläge einschalten** ❷ klicken.
4. Danach erscheinen die gewünschten Suchergebnisse ❸.
5. Wenn Sie mehrere Suchanbieter installiert haben, können Sie über die angebotenen Symbole am unteren Rand zwischen den Suchergebnissen der einzelnen Anbieter wechseln ❹.

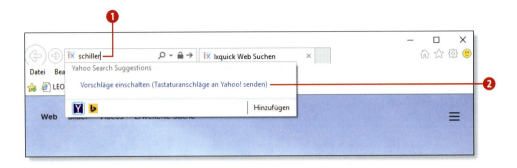

Suche optimieren

Eine sehr praktische Kombination ist es, die Hauptseite eines globalen Suchanbieters wie Ixquick, Bing oder Google als Startseite zu verwenden und spezialisierte Suchanbieter wie Wikipedia als Add-Ons für die Adressleiste zu installieren.

Den Suchanbieter konfigurieren

Auch wenn Sie einen neuen Suchanbieter als Standard festgelegt haben, muss das nicht für immer sein. Sie können das jederzeit ändern.

1. Klicken Sie rechts oben im Internet Explorer auf das Symbol **Extras** ❶.
2. Rufen Sie im Menü den Befehl **Add-Ons verwalten** ❷ auf.
3. Wechseln Sie gegebenenfalls links zum Add-On-Typ **Suchanbieter** ❸.
4. Klicken Sie rechts oben auf den Suchanbieter, den Sie konfigurieren möchten ❹.
5. Klicken Sie auf **Entfernen** ❺, um den ausgewählten Suchanbieter zu deinstallieren.

    Achtung! Den Standardanbieter können Sie nicht entfernen. Sie müssen erst einen anderen Standardsuchanbieter festlegen.

6. Klicken Sie auf **Als Standard** ❻, um den ausgewählten Suchanbieter zum Standardsuchanbieter zu machen.
7. Lassen Sie das Kontrollkästchen **In Adressleiste und Suchfeld auf der neuen Registerkartenseite suchen** ❼ aktiviert. Die Option gilt global und sorgt dafür, dass die in die Adressleiste eingetippten Suchbegriffe an die Suchanbieter weitergegeben werden.

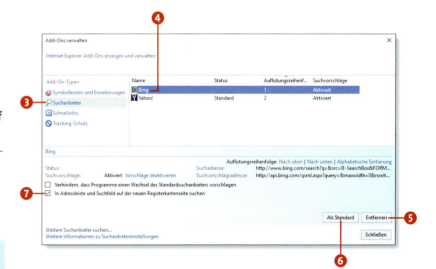

> **Ergebnisse anderer Suchanbieter einblenden**
>
> In der Adressleiste werden zuerst immer nur die Suchergebnisse des Standardsuchanbieters angezeigt. Um die Ergebnisse anderer installierter Suchanbieter zu sehen, müssen Sie explizit zu diesen wechseln (siehe vorangehender Tipp, Schritt 5).

Download-Ordner ändern

Der Internet Explorer speichert heruntergeladene Dateien per Voreinstellung automatisch im *Download*-Ordner des angemeldeten Benutzers. Im Gegensatz zu **Edge** können Sie im Einzelfall aber auch einen anderen Speicherort auswählen oder grundsätzlich einen anderen Standardordner für heruntergeladene Dateien festlegen.

1. Öffnen Sie die Download-Liste. Drücken Sie dazu die Tastenkombination [Strg] + [J]; oder klicken Sie rechts oben im Internet Explorer auf das Symbol **Extras**, und wählen Sie den Befehl **Downloads anzeigen**.

2. Klicken Sie links unten auf **Optionen** ❶.

3. Klicken Sie im Dialogfeld **Downloadoptionen** auf die Schaltfläche **Durchsuchen** ❷, und wählen Sie den Ordner aus, in dem zukünftig heruntergeladene Dateien abgelegt werden sollen.

4. Beenden Sie das Dialogfeld mit **OK** ❸.

5. Schließen Sie die Download-Liste ❹.

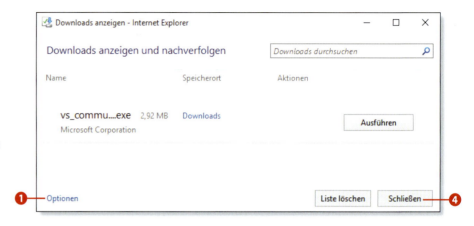

> **Speicherort**
>
> Der *Download*-Ordner ist auch der voreingestellte Speicherort für Webseiten, die Sie speichern (Symbol **Extras**, Befehl **Datei > Speichern unter**).

Favoriten hinzufügen

Auch beim Internet Explorer gibt es natürlich die Möglichkeit, häufiger besuchte Webseiten als Favoriten abzuspeichern, um sie bei Bedarf schneller – und ohne sich an die Adresse erinnern zu müssen – abrufen zu können. Allerdings weicht das Prozedere etwas von dem bei **Edge** ab.

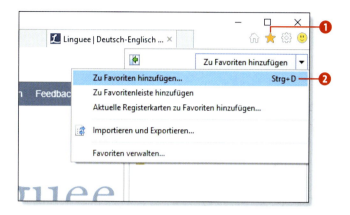

1. Rufen Sie die Webseite auf, die Sie als Favorit abspeichern wollen.

2. Klicken Sie rechts in der Befehlsleiste auf das Symbol für **Favoriten** ❶.

3. Klicken Sie auf **Zu Favoriten hinzufügen** ❷.

4. Im eingeblendeten Dialogfeld **Favoriten hinzufügen** können Sie immer noch entscheiden, in welchem Ordner die Webseite als Favorit abgelegt werden soll ❸ und ob der Name vielleicht etwas kürzer auch aussagekräftig genug ist.

> **Favoriten können zur Sicherheit beitragen**
>
> Internetbetrüger nutzen gelegentlich Tippfehler in Webadressen, um ahnungslose Surfer auf Seiten umzuleiten, die zwar fast genauso aussehen wie die Originalseite, letztlich aber nur dazu gedacht sind, brisante Informationen von Ihnen abzufragen. Indem Sie sicherheitsrelevante Seiten als Favoriten speichern – nachdem Sie sich noch einmal davon überzeugt haben, dass Sie wirklich auf der richtigen Seite gelandet sind –, können Sie solche Tippfehler vermeiden.

148 Windows 10 – Tipps und Tricks

Favoriten verwalten

Im Gegensatz zu **Edge** gibt es beim Internet Explorer ein spezielles Dialogfeld zur Verwaltung der Favoriten.

1. Klicken Sie rechts in der Befehlsleiste auf das Symbol für **Favoriten** ❶.
2. Klicken Sie auf **Favoriten verwalten** ❷.
3. Im gleichnamigen Dialogfeld können Sie die Favoriten und Favoritenordner umbenennen, verschieben und löschen ❸. Sie können von hier aus sogar einen neuen Ordner erstellen.
4. Beim Verschieben landen Sie im Dialogfeld **Ordner suchen**, wo Sie festlegen, wo Sie Ihren Favoriten ablegen wollen ❹.

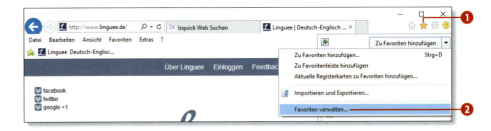

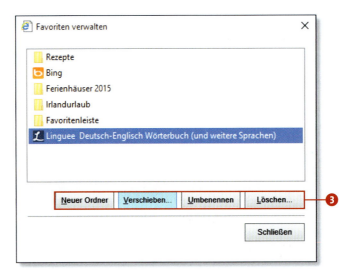

Favoritenleiste einblenden

Die Favoritenleiste mit allen darin abgelegten Favoriten lässt sich mit nur einem Klick einblenden: Klicken Sie mit der rechten Maustaste in die Befehlsleiste, und wählen Sie aus dem Kontextmenü die Option **Favoritenleiste**. Wenn Sie mehr Platz zur Anzeige der Webseite benötigen, lässt sich auf dem gleichen Weg die Favoritenleiste auch wieder ausblenden.

Tastenkombinationen für Edge und Internet Explorer

Ich muss gestehen, ich bin ein Fan der Maus. Auf meinem Desktop-Rechner bediene ich die laufenden Anwendungen fast ausschließlich über die Maus. Trotzdem geht es mit der Tastatur natürlich oft schneller, und so versuche ich, mir für die Anwendungen, mit denen ich regelmäßig arbeite – wie z. B. den Internet Explorer –, zumindest für die am häufigsten verwendeten Aktionen Tastenkombinationen, soweit vorhanden, einzuprägen. In diesem Sinne hier eine kleine Vorschlagliste für Sie.

Tastenkombination	Aktion
Alt + Pos1	zur Startseite wechseln
Alt + →	im Verlauf zur nächsten Seite wechseln
Alt + ←	im Verlauf zur vorherigen Seite wechseln
Strg + Mausklick auf Link	Öffnet das Ziel des Links in einer neuen Registerkarte, ohne zu wechseln.
Strg + ⇧ + Mausklick auf Link	Öffnet das Ziel des Links in einer neuen Registerkarte und wechselt zu dieser.
Strg + ⇆	Wechseln zwischen den Registerkarten
Strg + W	aktuelle Registerkarte schließen

Tastenkombinationen für die Navigation im Browser

Tastenkombination	Aktion
Strg + F	Suche im Inhalt der Seite
F5	die aktuelle Webseite neu laden
Strg + T	neue Registerkarte öffnen
Strg + I	Favoriten öffnen
Strg + H	Verlauf öffnen
Strg + J	Download-Liste öffnen
Strg + +, Strg + -	zoomen
Strg + 0	Zoom auf 100 % zurückstellen

Weitere nützliche Tastenkombinationen

Den Flugzeugmodus einschalten

Kann die Strahlung mobiler Kommunikationsgeräte krank machen? Wir wissen es nicht. Fest steht aber, dass die bei der Kommunikation ausgestoßene Strahlung empfindliche elektronische Geräte in ihrer Funktion stören kann, weswegen Mobilgeräte in der Nähe solcher Geräte (z. B. in Flugzeugen und Krankenhäusern) auszuschalten oder in den sogenannten Flugzeugmodus, also einen Betriebsmodus ohne Onlinekommunikation, zu versetzen sind. Mit Windows 10 geht dies ganz einfach:

1. Klicken Sie auf das **Benachrichtigungen**-Symbol rechts in der Taskleiste, und öffnen Sie damit das **Info-Center** ❶.

2. Klicken Sie auf die entsprechende Kachel, um den **Flugzeugmodus** ❷ einzuschalten.

3. Durch erneutes Anklicken oder Antippen können Sie den Flugzeugmodus wieder ausschalten und die Verbindungen reaktivieren.

PCs können nicht fliegen

Da Desktop-PCs normalerweise zu unhandlich sind, um sie als Handgepäck mit ins Flugzeug zu nehmen, wird auf diesen Rechnern die Schaltfläche für den Flugzeugmodus nicht angeboten.

Wetterdaten für einen bestimmten Ort anzeigen lassen

Die **Wetter**-App zeigt per werksmäßiger Voreinstellung das Wetter in Berlin. Interessanter für Sie dürfte aber natürlich das Wetter in Ihrem Ort sein. Daher werden Sie beim ersten Start der App gefragt, ob für die App Ihre Standortdaten übermittelt werden dürfen. Wenn Sie dies zulassen, zeigt die Kachel fortan das Wetter an Ihrem Ort an. Sie können aber auch ohne Standortübermittlung Ihre Stadt (oder eine Stadt in Ihrer Nähe) auswählen – oder die Liste der angezeigten Orte erweitern.

1. Klicken Sie im Startmenü auf die Kachel **Wetter**.
2. Klappen Sie über Antippen oder Anklicken des App-Menüs ❶ die Befehlsleiste auf, und klicken Sie auf **Orte** ❷.
3. Um einen weiteren Ort aufzunehmen, klicken Sie auf die Kachel mit dem Plussymbol ❸ und geben dann den Namen des Ortes ein.
4. Klicken Sie in der angebotenen Liste auf einen Ort, um sich die Prognose für die nächsten Tage anzeigen zu lassen.
5. Um einen Ort zu löschen, klicken Sie mit der rechten Maustaste auf den Ort und anschließend auf **Aus Favoriten entfernen**.
6. Um den Startort zu ändern, klicken Sie mit der rechten Maustaste auf den bisherigen Startort und anschließend auf **Startort ändern**.

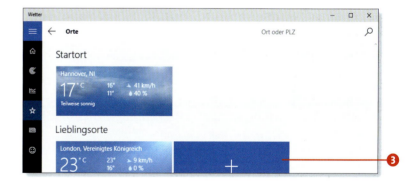

Ihr Standort

Um die Standortübermittlung auszuschalten, drücken Sie die Tastenkombination ⊞ + I, klicken im eingeblendeten **Einstellungen**-Dialogfeld auf **Datenschutz**, wählen links die Kategorie **Position** und setzen dann rechts die Einverständniserklärung für die **Position** auf **Aus**.

Die Börse beobachten

Ein Aktienportfolio einrichten und den Kursverlauf verfolgen

Wenn Sie Aktien besitzen oder vorhaben, sich Aktien zuzulegen, können Sie die **Finanzen**-App dazu benutzen, die Kurse ausgewählter Aktien im Blick zu behalten und zu analysieren. Sie müssen die gewünschten Aktien dazu lediglich in Ihr Portfolio (in der **Finanzen**-App **Watchliste** genannt) aufnehmen.

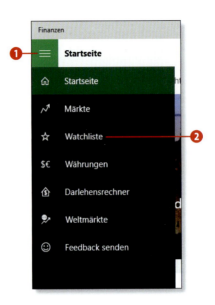

1. Klicken Sie im Startmenü auf die Kachel **Finanzen**.

2. Klappen Sie über Antippen oder Anklicken des App-Menüs ❶ die Befehlsleiste auf, und klicken Sie auf **Watchliste** ❷. Die Watchliste ist Ihr Portfolio.

3. Um eine Aktie in das Portfolio aufzunehmen, klicken Sie auf die Kachel mit dem Plussymbol und tippen den Namen des Unternehmens oder das WKN-Symbol der Aktie ein oder wählen die gewünschte Aktie aus der Liste ❸.

4. Um mehr Informationen über eine Aktie anzeigen zu lassen, klicken Sie auf die Aktie in der Watchliste.

5. Um eine Aktie aus dem Portfolio zu streichen, klicken Sie zuerst auf die Aktie in Ihrer Watchliste und anschließend in der Aktienübersicht auf das Symbol **Aus dem Portfolio entfernen** ❹.

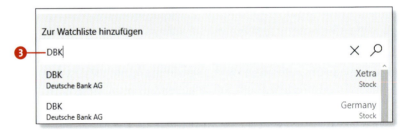

Online-Banking

Viele Banken bieten auch Apps für Windows an, über die Sie Ihr Konto verwalten können. Die Suche im Windows Store lohnt sich.

Die Aktienkurse immer im Blick

Sie können Windows auch so einrichten, dass einzelne Aktien oder Ihr ganzes Portfolio im Startmenü angezeigt werden.

1. Klicken Sie im Startmenü auf die Kachel **Finanzen**.
2. Klappen Sie über Antippen oder Anklicken des App-Menüs ❶ die Befehlsleiste auf, und klicken Sie auf **Watchliste** ❷. Die Watchliste ist Ihr Portfolio.
3. Um eine Aktie an das Startmenü anzuheften, klicken Sie auf den Namen des Unternehmens, das Sie im Auge behalten wollen.
4. In der angezeigten Aktienübersicht klicken Sie oben auf die Pinnnadel **An "Start" anheften** ❸.
5. Die Aktie wird als neue Kachel im Startmenü angezeigt ❹.

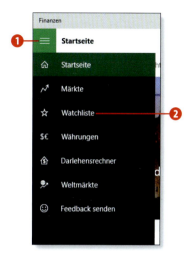

Ihr Portfolio

Wenn Sie möchten, können Sie auf die beschriebene Weise Ihr ganzes Portfolio im Startmenü abbilden und dort zu einer Gruppe zusammenfassen, siehe den Tipp »Ordnung durch App-Gruppen« auf Seite 60.

Pünktlich Schluss machen

Arbeiten, surfen, spielen – die Beschäftigung mit dem PC oder Tablet nimmt einen schnell so gefangen, dass man darüber ganz die Zeit vergisst. Ärgerlich nur, wenn Sie dadurch wichtige Termine verpassen. Mit der **Wecker**-App können Sie solchem Ungemach vorbeugen.

1. Rufen Sie die **Wecker**-App auf. Lassen Sie sich dazu die alphabetische App-Liste über **Alle Apps** anzeigen, und klicken Sie auf **Alarm & Uhr**.

   Die App startet mit einem vordefinierten, aber ausgeschalteten Wecker ❶.

2. Klicken Sie in den Weckzeitpunkt ❷, um ihn an Ihre Bedürfnisse anzupassen.

3. Geben Sie den Benachrichtigungstext ein ❸. Tippen oder klicken Sie dazu auf den Text; das aktiviert den Editiermodus.

4. Stellen Sie die Zeit ein, wann der Wecker klingeln soll ❹. Bestätigen Sie Ihre Angabe durch Anklicken des Hakens unten links.

5. Speichern Sie Ihre Einstellungen ❺.

6. Wenn der Wecker klingelt, wird die Benachrichtigung rechts unten auf dem Bildschirm angezeigt.

> **Verschiedene Weckereinstellungen**
>
> Um einen weiteren Wecker anzulegen, klicken Sie im ersten Bildschirm auf das Plussymbol rechts unten. Und falls Sie statt eines Weckers eher einen Countdown oder eine Stoppuhr benötigen, wählen Sie die entsprechende Option in der Menüleiste oben.

Kalorienzählen leicht gemacht

Die **Gesundheit & Fitness**-App ist äußerst vielseitig. Sie können die App zur Kontrolle Ihrer Kalorienaufnahme benutzen, Sie können sie als Personal Trainer engagieren oder mit ihrer Hilfe bei sich einstellenden Symptomen eine erste, unverbindliche Diagnose stellen. Die Diätenverfolgung wollen wir uns im Folgenden ein wenig näher ansehen.

1. Klicken Sie in der alphabetischen App-Liste auf die Kachel **Gesundheit & Fitness**.

2. Wählen Sie im App-Menü die Option **App-Befehle**, und klicken Sie auf **Tracker** ❶ und dann auf **Ernährungs-Tracker** ❷, um zum Hauptbildschirm der Diätenverfolgung zu gelangen.

3. Legen Sie das Kalorienziel fest.

4. Füllen Sie das aufspringende Formular aus. Aus den angegebenen Daten zu Ihrer Person berechnet der Tracker Ihre Ziel-Kalorienzahl. Um Ihr Gewicht zu halten, sollten Sie im Durchschnitt täglich nicht mehr als diese Kalorienzahl zu sich nehmen.

5. Kehren Sie zurück zur Hauptseite.

6. Klicken Sie auf die Plus-Schaltflächen, um zu erfassen, was Sie pro Mahlzeit gegessen haben ❸.

7. Kontrollieren Sie auf der Hauptseite, wie viel Sie heute noch essen dürfen ❹.

8. Hier können Sie in Ihren Aufzeichnungen zurückgehen, um zu kontrollieren, wann Sie gefastet haben und wann Sie übers Ziel hinausgeschossen sind ❺.

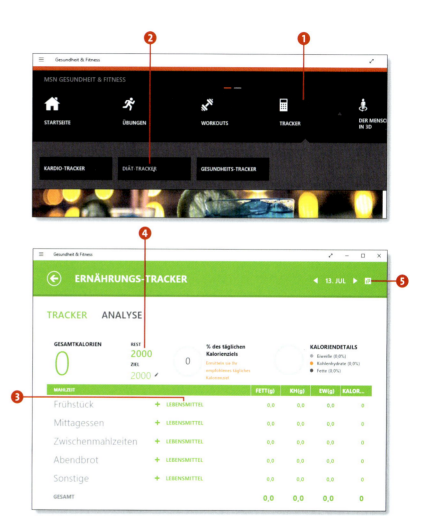

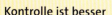

Kontrolle ist besser

Die Kalorienzahl, die für den täglichen Kalorienbedarf berechnet wird, sollten Sie als Ziel in die Hauptseite übernehmen.

E-Mail, OneDrive, Skype

In diesem Kapitel

- Ein Microsoft-Konto anlegen
- Das Microsoft-Konto schließen
- Ein lokales Konto in Microsoft-Konto umwandeln
- Weitere Mailkonten hinzufügen
- Profi-Einstellungen für Mailkonten
- Den Kontonamen ändern
- Spam-Mails herausfiltern
- Die Microsoft-Konto-Verbindung für Apps reparieren
- Windows Live Mail installieren
- Windows-Live-Mail-Konto einrichten
- Videotelefonieren mit Skype

Viele Apps, die mit Windows 10 ausgeliefert werden, können Sie nur dann richtig nutzen, wenn Sie sich mit einem Microsoft-Konto anmelden. Der Begriff »Microsoft-Konto« ist dabei nicht ganz eindeutig. Zunächst einmal ist ein Microsoft-Konto ein Konto, das Sie durch Registrierung bei Microsoft erhalten – vergleichbar mit einem Kundenkonto bei dem Onlinebuchhändler Ihres Vertrauens oder Ihrem bevorzugten Pizza-Service. Dieses Microsoft-Konto identifiziert Sie über eine E-Mail-Adresse.

Falls Sie bereits über eine Windows Live-ID verfügen, kennen Sie das bereits, denn das Microsoft-Konto ist letztlich nichts anderes. Wenn Sie bereits eine Windows Live-ID eingerichtet hatten, ist diese jetzt Ihr Microsoft-Konto. Mit der E-Mail-Adresse Ihres Microsoft-Kontos können Sie sich bei vielen Microsoft-Apps anmelden, die ein solches voraussetzen, wie z. B. **Mail** oder **OneDrive**. Sie können, Sie müssen aber nicht. Sie können sich auch als lokaler Benutzer bei Ihrem Windows-10-Betriebssystem anmelden – vorausgesetzt, Sie besitzen ein Benutzerkonto, das auf einem Microsoft-Konto basiert. Sie sehen also, Sie kommen nicht wirklich darum herum, sich ein Microsoft-Konto einzurichten.

Ein Microsoft-Konto anlegen

Viren, Trojanern, Phishing und Internetbetrügern zum Trotz verschmilzt der PC immer mehr mit dem Internet. Auch Windows 10 folgt diesem Trend und bietet etliche Dienste an, die Sie nur dann nutzen können, wenn Sie sich mit einem Microsoft-Konto (vormals Windows Live-ID) authentifizieren können. Das Microsoft-Konto selbst ist kostenlos; die Inhalte und Dienste, die Sie darüber nutzen, sind allerdings möglicherweise kostenpflichtig.

1. Starten Sie Ihren Webbrowser, z. B. **Edge**, per Klick auf die entsprechende Kachel im Startmenü.

2. Geben Sie im Adressfeld des Browsers die folgende Adresse ein: »https://signup.live.com« ❶.

3. Füllen Sie das Formular aus.

4. Die Anmeldung beim Microsoft-Konto erfolgt über eine registrierte E-Mail-Adresse. Haben Sie bereits eine E-Mail-Adresse, geben Sie sie ein. Sie können auch eine neue erzeugen. Klicken Sie dazu auf den Link Sie können auch eine **Neue E-Mail-Adresse anfordern** ❷. Möchten Sie nun eine neue Adresse anlegen, geben Sie den gewünschten Namen ein und wählen im rechten Feld eine der angebotenen Domänen ❸ aus.

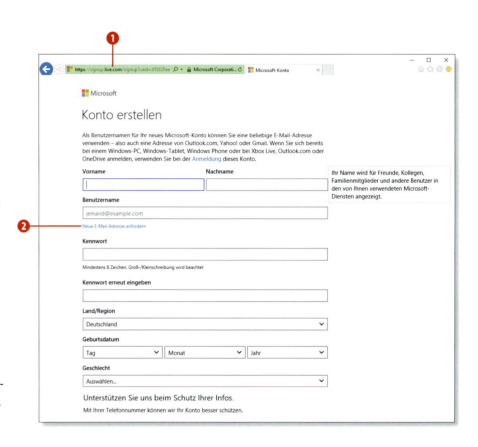

Weitere Typen von Microsoft-Konten

Wenn Sie bereits über eine Windows Live-ID, eine Hotmail- oder Outlook-Adresse verfügen, besitzen Sie damit automatisch auch schon ein Microsoft-Konto.

5. Geben Sie die notwendigen persönlichen Daten (Geburtsdatum, Geschlecht, Telefonnummer) an ❹, damit Microsoft Sie identifizieren und Ihnen notfalls das Zurücksetzen des Kennworts ermöglichen kann.

6. Füllen Sie den Rest des Formulars aus.

7. Beenden Sie die Registrierung durch Klicken auf die Schaltfläche **Konto erstellen** ❺ am Ende der Seite.

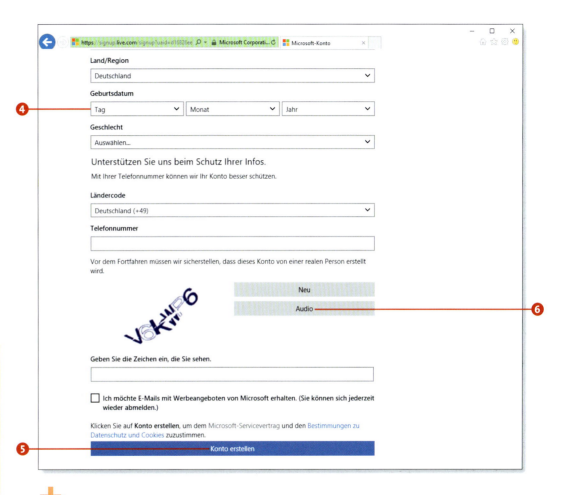

Verifizierung am besten über Bild

Am Ende der Seite müssen Sie verifizieren, dass es sich bei Ihnen um eine reale Person und nicht etwa ein Hacker-Programm handelt. Sie kennen dies vermutlich schon von anderen Webseiten. Relativ neu scheint uns die Option ❻, sich die einzugebenden Zeichen vorlesen zu lassen. Was gut klingt, hat einen Haken: Die Zeichen werden derzeit nur auf Englisch und von einer schwer verständlichen Computerstimme vorgelesen. Mit anderen Worten: Entziffern Sie lieber das Bild.

Korrekte Anmeldedaten angeben

Notieren Sie sich die Anmeldedaten (Adresse, Kennwort und Kennworthinweis) des Microsoft-Kontos unbedingt auch auf Papier, und legen Sie dieses an einem sicheren Ort ab, wo es nicht verlorengeht. Mogeln Sie nicht bei der Angabe der Telefonnummer zum Zurücksetzen des Kennworts. Sonst laufen Sie Gefahr, keinen Zugriff mehr auf Ihre Daten zu haben, falls Sie einmal das Kennwort vergessen sollten!

Ein lokales Konto in Microsoft-Konto umwandeln

Wer viel mit an ein Microsoft-Konto gebundenen Apps wie **Mail**, **OneDrive** oder **Store** arbeitet und es gerne bequem hat, für den ist ein Benutzerkonto vom Typ Microsoft-Konto ideal. Bei einem solchen Benutzerkonto melden Sie sich mit Adresse und Kennwort Ihres Microsoft-Kontos an und werden in einem Zug bei Windows und Windows Live angemeldet. Falls Sie bei der Windows-Installation zunächst nur ein normales lokales Benutzerkonto angelegt haben, haben Sie die Möglichkeit, für die Verwendung der Apps ein zusätzliches Microsoft-Konto anzulegen oder Ihr vorhandenes Konto in ein Microsoft-Konto umzuwandeln.

1. Klicken Sie im Startmenü oben auf das Benutzersymbol, und wählen Sie den Eintrag **Kontoeinstellungen ändern** ❶.

2. Klicken Sie auf **Stattdessen mit einem Microsoft-Konto anmelden** ❷.

Vor- und Nachteile
Natürlich ist es für Microsoft leichter, Daten über Sie zu sammeln, wenn Sie ein Microsoft-Konto nutzen. Es bietet allerdings auch viele Vorteile: OneDrive und Datensicherung z. B. Sie müssen abwägen, was Ihnen wichtiger ist.

3. Geben Sie die E-Mail-Adresse und das Kennwort ein, mit denen Sie sich für Ihr Microsoft-Konto registriert haben, und klicken Sie auf **Anmelden** ❸. Falls Sie noch kein Microsoft-Konto haben, klicken Sie auf **Erstellen Sie ein Konto** ❹.

4. Geben Sie, um sich zu autorisieren, das Kennwort ❺ des aktuellen lokalen Kontos ein, klicken Sie auf **Weiter** ❻, und folgen Sie den weiteren Anweisungen.

5. Nach kurzer Zeit ist das lokale Konto umgewandelt, und Sie sind im Einstellungsmenü. Zuletzt müssen Sie eventuell noch das Microsoft-Konto für den aktuellen PC bestätigen. Klicken Sie hierzu auf **Bestätigen** ❼, und folgen Sie den weiteren Anweisungen.

Microsoft-Konto in lokales Konto umwandeln

Durch die Umwandlung verschwindet das alte lokale Konto. Sie melden sich in Zukunft nur noch mit dem Microsoft-Konto und seinem Kennwort an, auch wenn Sie gerade nicht mit dem Internet verbunden sind. Sie können das Microsoft-Konto wieder in ein lokales Konto verwandeln, indem Sie die vorangegangenen Schritte analog durchführen: im Startmenü auf das Benutzersymbol klicken, **Kontoeinstellungen ändern** wählen und dann auf **Mein Microsoft-Konto trennen** klicken und den Anweisungen folgen.

Das Microsoft-Konto schließen

Da das Einrichten eines Microsoft-Kontos erst einmal nichts kostet, ist die Versuchung groß, mehrere Konten anzulegen. Sollten Sie dann im Laufe der Zeit feststellen, dass Sie eines dieser Konten nicht mehr benötigen – oder vielleicht auch ganz auf die an ein Microsoft-Konto gebundenen Dienste wie OneDrive, Windows Store etc. verzichten wollen –, sollten Sie das Konto explizit schließen.

1. Starten Sie einen Webbrowser, z. B. **Edge**.
2. Geben Sie im Adressfeld des Browsers die Adresse »login.live.com« ❶ ein.
3. Melden Sie sich für das Konto an, das Sie schließen möchten ❷.
4. Klicken Sie auf die Rubrik **Sicherheit und Datenschutz** ❸, dann auf **Erweiterte Sicherheit verwalten** ❹.
5. Scrollen Sie nach ganz unten, und wählen Sie **Eigenes Konto schließen** ❺.
6. Lesen Sie aufmerksam die Hinweise, und führen Sie gegebenenfalls die angebotenen Aktionen noch aus, bevor Sie mit dem Schließen fortfahren.
7. Klicken Sie auf **Weiter**, und folgen Sie den weiteren Anweisungen.
8. Zum Schluss erhalten Sie eine Bestätigung, dass das Konto zum Löschen in 60 Tagen vorgesehen ist ❻.

Bevor Sie Ihr Konto schließen!
Wenn Sie das Microsoft-Konto dazu benutzt haben, sich für Dienste von Drittanbietern anzumelden, gehen Sie zunächst auf deren Webseiten, und löschen Sie Ihre Daten bzw. melden Sie sich dort ab.

Automatische Löschung
Wenn Sie sich 270 Tage lang nicht mehr bei einem Microsoft-Konto anmelden, wird es automatisch geschlossen. Dennoch sollten Sie nicht mehr benötigte Konten umgehend selbst löschen, um Missbrauch auszuschließen.

Weitere Mailkonten hinzufügen

Die App **Mail** verwaltet standardmäßig nur das E-Mail-Konto, das mit der E-Mail-Adresse des zugrundeliegenden Microsoft-Kontos verbunden ist. Sie können aber weitere Konten hinzufügen, um auch die Mails zu anderen Adressen zu verwalten.

1. Klicken Sie im Startmenü auf die **Mail**-Kachel.
2. Öffnen Sie die Einstellungen durch Klicken auf das Zahnradsymbol 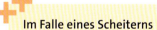.
3. Klicken Sie auf **Konten** ❷.
4. Klicken Sie im Dialog **Konten** auf **Konto hinzufügen** ❸.
5. Wählen Sie nun den gewünschten Kontotyp. Für nicht explizit aufgeführte Mailanbieter oder wenn Sie unsicher sind, klicken Sie auf **Anderes Konto** ❹.
6. Geben Sie die geforderten Daten für das Konto ein, und klicken Sie auf **Anmelden**.

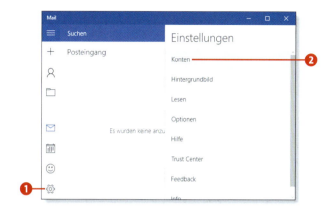

Im Falle eines Scheiterns

Bei dem hier beschriebenen Verfahren müssen Sie nur Anmeldenamen und Kennwort für das abzufragende Konto angeben. Alle weiteren Daten, die die **Mail**-App zum Abfragen des Kontos benötigt, werden automatisch vom Kontotyp abgeleitet. Manchmal scheitert dieses Verfahren jedoch. Dann müssen Sie im Dialog **Konto auswählen** in Schritt 5 den Eintrag **Erweitertes Setup** auswählen und alle nötigen Kontodaten selbst angeben. Mehr dazu im Tipp »Weitere Mailkonten hinzufügen« auf Seite 163.

Profi-Einstellungen für Mailkonten

Wenn Sie in diesem Tipp gelandet sind, dann vermutlich, weil das Hinzufügen eines Mailkontos wie im vorangehenden Tipp beschrieben nicht funktioniert hat. Sie haben den vorangehenden Tipp noch gar nicht ausprobiert? Dann holen Sie dies jetzt am besten nach. Für die meisten Konten ist dies der einfachste Weg. Ansonsten halten Sie die Anmeldedaten bereit, die Ihnen Ihr Internet-Provider zugestellt hat, und beginnen Sie zunächst wie im vorangehenden Tipp:

1. Klicken Sie im Startmenü auf die **Mail**-Kachel.
2. Öffnen Sie die Einstellungen durch Klicken auf das Zahnradsymbol.
3. Klicken Sie im **Einstellungen**-Menü auf **Konten**.
4. Klicken Sie im Dialog **Konten** auf **Konto hinzufügen**.
5. Wählen Sie im Dialog **Konto auswählen** den Eintrag **Erweitertes Setup** ❶ aus.
6. Wählen Sie im Dialog **Erweitertes Setup** den Eintrag **Internet-E-Mail** ❷.
7. Vergeben Sie einen Anzeigenamen (**Kontoname**), tragen Sie die benötigten Zugangsdaten ein, und klicken Sie auf **Anmelden** ❸.
8. Das angelegte Mailkonto ist nun in der App **Mail** verfügbar, und Sie können es per Klick auswählen.

ℹ Manchmal hilft die Suchmaschine

Wenn die beiden Tipps zum Einrichten eines Kontos Ihnen nicht weiterhelfen, versuchen Sie, auf der Seite Ihres Providers Hilfe zu bekommen. Oder Sie suchen mit den Suchmaschinen Google oder Bing nach den Stichwörtern »Windows Mail [Ihr Provider] Konto einrichten«.

Kapitel 6: E-Mail, OneDrive, Skype   165

Den Kontonamen ändern

Die App **Mail** verwendet Standardnamen für die Anzeige von Microsoft-Mailkontos, beispielsweise **Outlook**. Falls Sie mehrere Konten verwenden, ist dies eventuell nicht sehr aussagekräftig, und so sollten Sie nicht zögern, den Anzeigenamen zu ändern.

1. Klicken Sie im Startmenü auf die Kachel **Mail**.
2. Öffnen Sie die Einstellungen durch Klicken auf das Zahnradsymbol ❶.
3. Klicken Sie auf **Konten**, und wählen Sie das Konto, dessen Bezeichnung Sie ändern wollen ❷.
4. Geben Sie den neuen Kontonamen ❸ ein, und klicken Sie auf **Speichern**.

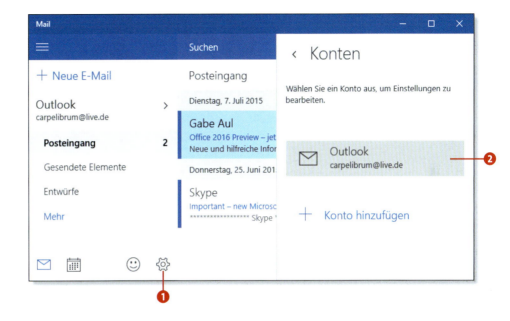

Mailkonto entfernen

Um ein zusätzliches Konto wieder aus der **Mail**-App zu entfernen, wählen Sie in Schritt 3 das zu entfernende Konto aus und klicken im erscheinenden Popup-Menü auf die Schaltfläche **Einstellungen ändern** und dann auf **Konto löschen**.

Spam-Mails herausfiltern

Die App **Mail** kennt selbst keine Regeln zum Aussortieren von unerwünschter Werbemail (*Junk-Mail*, *Spam-Mail*). Stattdessen verlässt sie sich darauf, dass die Mails schon gefiltert vom zugrundeliegenden Microsoft-Konto bzw. dem Internet-Mail-Konto bereitgestellt werden. Wenn Sie also prüfen möchten, nach welchen Regeln gefiltert wird, oder selbst auszuschließende Absender hinzufügen oder löschen möchten, müssen Sie sich beim entsprechenden Konto anmelden und dort die Einstellungen für unerwünschte Mail prüfen und gegebenenfalls ändern. Im Falle eines Microsoft-Outlook-Kontos gehen Sie beispielsweise folgendermaßen vor:

1. Starten Sie einen Webbrowser.
2. Geben Sie im Adressfeld des Browsers die Adresse »www.outlook.de« ein, und melden Sie sich für Ihr Microsoft-Konto an.
3. Klicken Sie auf das Symbol für **Einstellungen** ❶.
4. Wählen Sie dann den Eintrag **Optionen**.
5. Klicken Sie in der Kategorie **Junk-E-Mail verhindern** auf die Option **Filter und Berichte** ❷, um die allgemeinen Filterregeln zu prüfen oder zu verändern.
6. Klicken Sie auf **Sichere und blockierte Absender** ❸, um einzelne Absender als sicher oder als Junk-Mail-Versender einzustufen.

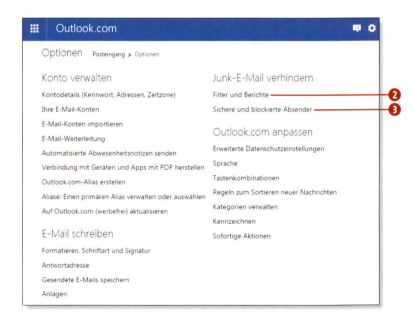

> **Was heißt eigentlich »Spam«?**
>
> Was der Begriff *Spam* eigentlich bedeutet, ist nicht ganz klar. Es gibt mehrere Erklärungen. Auf Englisch soll das Wort unter anderem »Abfall« oder »Plunder« bedeuten. Das passt natürlich recht gut zu den unerwünschten Mails, die eigentlich niemand haben möchte. *Spam* heißt auch ein Büchsenfleisch, für das intensiv geworben wurde. Und auch ein Monty-Python-Sketch könnte der Ursprung gewesen sein.

Die Microsoft-Konto-Verbindung für Apps reparieren

Wenn Sie die Anmeldedaten eines Microsoft-Kontos über die Hotmail- oder Windows-Live-Site (*www.outlook.de* bzw. *login.live.com*) ändern, kann es danach zu Problemen mit den Apps kommen, die mit diesem Microsoft-Konto verbunden sind. In hartnäckigen Fällen hilft da nur eins: die Verbindung komplett lösen und neu mit dem Microsoft-Konto verbinden.

1. Rufen Sie den **Registrierungs-Editor** auf ⊞ + R drücken und im Dialogfeld **Ausführen** den Befehl »regedit« eingeben oder über das Suchfeld nach »regedit« suchen.

2. Öffnen Sie links den Ordner **HKEY_CURRENT_USER\Software\Microsoft**, und klicken Sie mit der rechten Maustaste auf **IdentityCRL** ❶.

3. Wählen Sie im Kontextmenü **Löschen** ❷.

4. Schließen Sie die Registrierdatenbank, und starten Sie den Rechner neu. Danach ist die Änderung wirksam.

5. Anschließend können Sie die Apps neu starten und erneut mit einem Microsoft-Konto Ihrer Wahl verbinden.

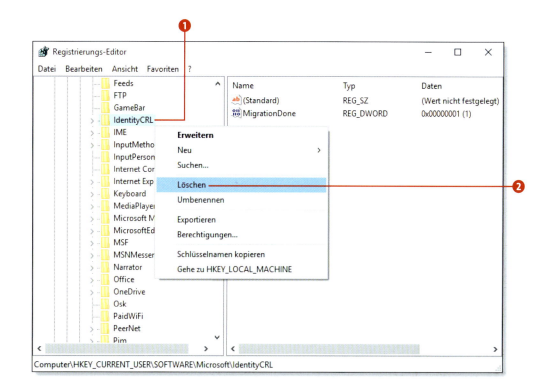

Sicherheitskopie der Registrierdatenbank

Grundsätzlich empfiehlt es sich, vor Änderungen an der Registrierdatenbank diese mit dem Befehl **Datei > Exportieren** zu sichern (siehe den Tipp »Registrierdatenbank sichern« auf Seite 270).

Windows Live Mail installieren

So wunderbar es sich mit der App **Mail** arbeiten lässt, so dürfen wir nicht vergessen, dass es sich um eine Windows-App handelt, die für den Einsatz auf Tablet-PCs optimiert ist. Benutzer, die vornehmlich auf dem Desktop arbeiten, werden es daher eventuell vorziehen, ein Mailprogramm zu installieren, das über einen herkömmlichen Desktop und mehr Funktionalität verfügt – wie z. B. Windows Live Mail.

1. Starten Sie einen Webbrowser.
2. Geben Sie im Adressfeld des Browsers die Adresse »windows.microsoft.com/de-de/windows-live/essentials« ein ❶.
3. Klicken Sie auf den Link **Jetzt herunterladen** ❷.
4. Lassen Sie die Installationsdatei ausführen ❸ (oder speichern Sie die Datei, und führen Sie sie anschließend aus).
5. Möglicherweise werden zusätzliche Windows-Komponenten benötigt. Wählen Sie in diesem Fall **Feature herunterladen und installieren** ❹, und folgen Sie den Anweisungen.

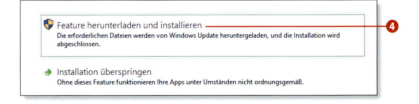

Hintergrundwissen

Die Daten, die mit einem Microsoft-Konto verbunden sind, werden nicht auf Ihrem lokalen Rechner, sondern in der Microsoft-Cloud im Internet gespeichert. Die Apps, die Sie mit einem Microsoft-Konto verbinden, sind sozusagen nur eine Bedienoberfläche, über die Sie auf die Daten des Microsoft-Kontos in der Cloud zugreifen. Wenn Sie die Verbindung lösen, sehen Sie die Daten nicht mehr in den Apps, aber sie sind natürlich weiterhin für das Microsoft-Konto in der Cloud vorhanden. Um auf die Daten zuzugreifen, müssen Sie nur die Apps oder entsprechende Programme (wie z. B. Windows Live) wieder mit dem Microsoft-Konto verbinden.

Kapitel 6: E-Mail, OneDrive, Skype   169

6. Wählen Sie im Essentials-Installationsdialog die Option **Wählen Sie die Programme aus, die Sie installieren möchten** ❺.

7. Wählen Sie die gewünschten Programme aus ❻.

8. Klicken Sie auf **Installieren** ❼.

9. Nach erfolgreicher Installation finden Sie im Startmenü unter **Alle Apps** den neuen Eintrag **Windows Live Mail** ❽.

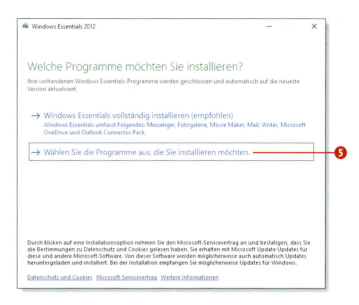

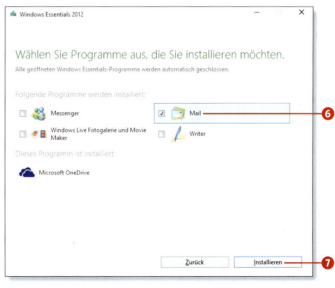

Windows Essentials sind nicht mehr aktuell

Die Programme, die zu den Windows Essentials gehören, wurden schon geraume Zeit nicht mehr aktualisiert. Das ist nicht weiter schlimm, solange sie noch gut funktionieren, aber Sie sollten sich bewusst sein, dass es jederzeit passieren kann, dass Microsoft die Programme einstellt und sie nicht mehr herunterladbar sind.

Windows Live Mail – Konto einrichten

Nachdem Sie Windows Live Mail installiert haben, können Sie E-Mail-Konten für Ihre E-Mail-Adressen einrichten.

1. Starten Sie über das Startmenü **Windows Live Mail**. Beim ersten Aufruf müssen Sie gegebenenfalls den Vertrag über Microsoft-Dienste annehmen.

2. Bei der Ersteinrichtung wird direkt das Fenster **E-Mail-Konten hinzufügen** angezeigt. Ansonsten wechseln Sie in Windows Live Mail zur Registerkarte **Konten** ❶ und klicken auf die Schaltfläche **E-Mail** ❷.

3. Geben Sie **E-Mail-Adresse**, **Kennwort** und Anzeigename an ❸, und klicken Sie auf **Weiter** ❹. In vielen Fällen genügen Windows Live Mail diese Angaben, um das Konto einzurichten und eine Verbindung zu dem Server mit den Maildaten herzustellen. Falls nicht, müssen Sie in einem weiteren Dialogfeld zusätzliche Details wie Servertyp, Serveradresse, Port und Authentifizierung angeben.

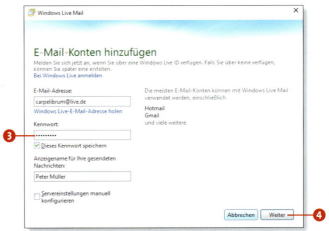

4. Sind alle Angaben richtig, wird das Konto angelegt und in Windows Live Mail fortan mit aufgeführt.

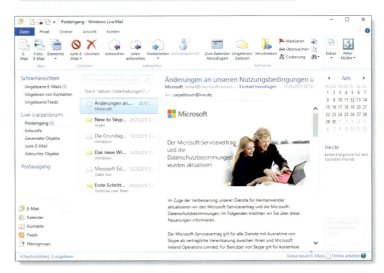

> **»Mail«-Alternativen**
>
> Es gibt noch viele weitere Mailprogramme. Eins der am häufigsten benutzten neben denen von Microsoft ist sicherlich **Thunderbird**. Es wird wie auch der beliebte Browser **Firefox** von der Mozilla Foundation entwickelt und ist ein leistungsstarkes Mailprogramm mit einem sehr guten Ruf.

Was ist OneDrive?

Mit *OneDrive* (ehemals SkyDrive) hat sich Microsoft dem neuen Cloud-Trend angeschlossen und bietet Ihnen einen Onlinespeicherbereich an, den Sie von jedem Computer und Smartphone aus verwenden können, um Daten zu speichern und wieder abzurufen. Es handelt sich also um eine Art virtuelle Festplatte, die immer verfügbar ist, sofern Sie mit dem Internet verbunden sind.

Zur Nutzung von OneDrive brauchen Sie ein gültiges Microsoft-Konto (Windows Live, Windows Connect, Hotmail/Outlook oder Xbox Live). Sie haben standardmäßig einen kostenlosen Speicherplatz von zurzeit 15 GB zur Verfügung, den Sie gegen eine geringe Jahresgebühr deutlich erhöhen können. Und wer Microsoft Office 365 gekauft hat, darf sich sogar über unbegrenzten Speicherplatz freuen.

Für die meisten Betriebssysteme und Smartphones benötigen Sie zur optimalen Nutzung von OneDrive noch eine kleine App, die Sie herunterladen müssen. Sie als Windows-10-Nutzer sind hierbei natürlich privilegiert: Die **OneDrive**-App ist bereits vorinstalliert. Sie finden sie sowohl im Startmenü als auch integriert in den Explorer und in den Dateidialogen. Sie können auf OneDrive aber auch über einen Webbrowser zugreifen: *https://OneDrive.live.com*. Voraussetzung ist aber in jedem Fall, dass Sie sich mit Ihrem Microsoft-Konto anmelden.

Mit OneDrive arbeiten

Ihr OneDrive ist ein virtueller Ordner, der anstatt auf Ihrem lokalen Computer irgendwo in der Cloud liegt – also auf einem Microsoft-Server, der über das Internet mit Ihrem Computer verbunden ist. Dadurch beschränkt natürlich die Leistungsfähigkeit Ihrer Internetverbindung die Geschwindigkeit, mit der Sie Dateien von und nach OneDrive kopieren können. Insbesondere das Kopieren nach OneDrive (= Internet-Upload) kann sehr langsam sein.

1. Starten Sie den Explorer, oder wählen Sie im Startmenü die App **OneDrive**.

2. Sie können wie gewohnt mit allen üblichen Explorer-Dateiaktionen arbeiten, z. B. per Maus Dateien auswählen und durch Ziehen verschieben ❶ oder (mit zusätzlich gedrückter `Strg`-Taste) kopieren.

3. Dateien, die nicht lokal synchronisiert werden, sind nur bei bestehender Internetverbindung verfügbar. Beachten Sie ferner, dass die Arbeitsgeschwindigkeit stark reduziert sein kann: Wenn Sie beispielsweise per Doppelklick eine Datei auf OneDrive öffnen, muss sie erst über das Internet geladen werden, was erheblich länger dauert als ein lokaler Festplattenzugriff.

4. Sie können einzelne Dateien oder Ordner auf OneDrive anderen Personen zugänglich machen (diese erhalten einen Internet-Link per Mail zugesendet). Selektieren Sie hierzu die Datei oder Ordner, und rufen Sie im Kontextmenü den Eintrag **Weitere OneDrive-Freigabeoptionen** ❷ auf. Es wird automatisch ein Browserfenster zur OneDrive-Website geöffnet, wo Sie die E-Mail-Adresse des Empfängers ❸ eingeben. Senden Sie die Einladung mit Klick auf **Teilen** ❹.

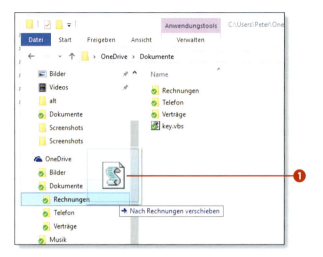

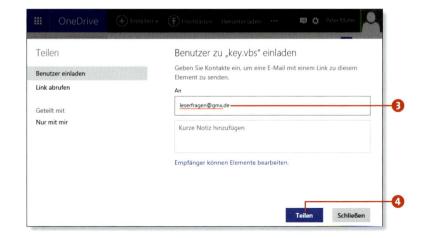

OneDrive und der Explorer

OneDrive wird im Explorer als eigener Eintrag angezeigt und taucht auch automatisch in allen Dateiauswahldialogen von Programmen und Apps als weiterer Speicherort auf.

❶ Im Navigationsbereich links im Explorer-Fenster sehen Sie den **OneDrive**-Eintrag ❶ mit den Standard-Unterordnern (**Bilder**, **Dokumente**, **Musik**).

❷ Rechts im Explorer-Fenster erhalten Sie zu den Ordnern und Dateien die üblichen Informationen.

Beachten Sie das Symbol vor dem Namen! An ihm können Sie ablesen, ob die Datei gerade mit dem Cloud-Speicher synchronisiert und somit möglicherweise geändert wird. Andernfalls erscheint ein grünes Häkchensymbol.

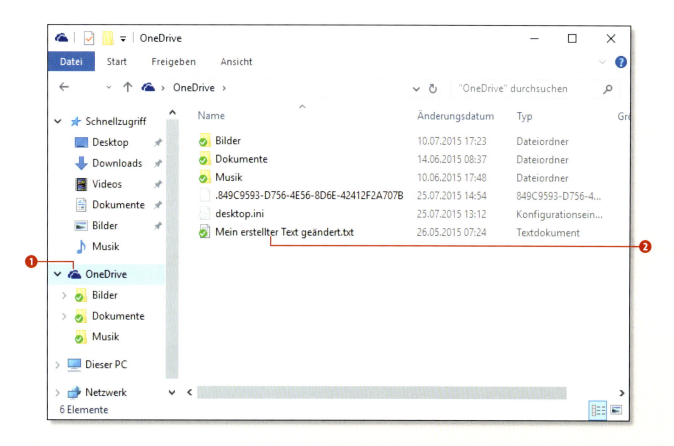

OneDrive-Ordner lokal speichern

Bei der Arbeit mit OneDrive müssen Sie Folgendes beachten: Wenn Sie Dateien auf OneDrive speichern, dann haben Sie lokal auf Ihrem Rechner keine Kopie davon, das heißt, ohne Internetverbindung können Sie die Datei nicht wieder öffnen. Damit immer eine aktuelle Kopie auf Ihrem Rechner gehalten wird, müssen Sie die Synchronisierungseinstellungen ändern:

1. Klicken Sie im Explorer-Navigationsbereich auf **OneDrive**, und selektieren Sie dann einen beliebigen Unterordner ❶.

2. Öffnen Sie das Kontextmenü mit der rechten Maustaste (bzw. durch langes Drücken im Tablet-Modus), und wählen Sie **Zu synchronisierende OneDrive-Ordner wählen** ❷.

3. Setzen Sie an den zu synchronisierenden Ordnern Häkchen ❸, und bestätigen Sie mit **OK**.

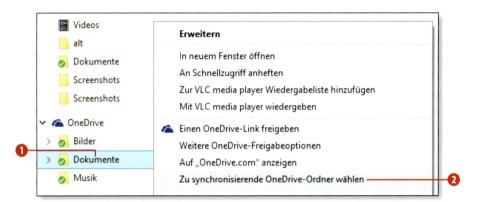

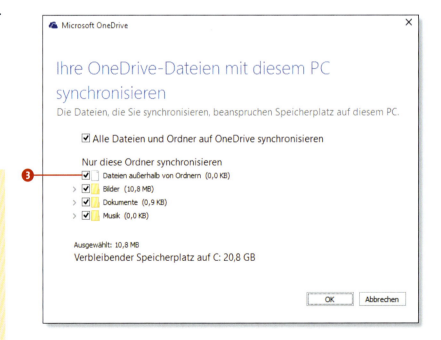

Die Synchronisation kann dauern!

Wenn Sie Dateien auf OneDrive speichern, um sie auch auf anderen Geräten zur Verfügung zu haben, achten Sie darauf, dass der Synchronisationsprozess beendet ist, bevor Sie Ihren Rechner herunterfahren. Sie erkennen das am **OneDrive**-Symbol in der Taskleiste. Fahren Sie mit der Maus über das Symbol, dann lesen Sie einen Hinweis, ob noch Dateien synchronisiert werden oder alle Dateien auf dem aktuellen Stand sind.

Videotelefonieren mit Skype

Verbindung halten mit Skype

Ein Freund oder Kollege von Ihnen reist beruflich nach El Salvador? Kein Grund, sich nicht ab und an mit ihm zu einem gemütlichen Plausch zu treffen. Windows 10 hat die beliebte IP-Telefonie-Software Skype mit an Bord, mit der Sie weltweit über das Internet telefonieren und chatten können. Hierzu benötigen Sie ein Skype-Konto. Falls Sie schon ein Skype-Konto haben, können Sie es mit Ihrem Microsoft-Konto zusammenführen. Im Folgenden beschreiben wir den Fall, dass Sie noch gar kein Skype-Konto haben oder das vorhandene nicht verwenden möchten.

1. Wenn Sie Skype noch nie zuvor verwendet haben, müssen Sie es zuerst installieren. Klicken Sie hierzu im Startmenü auf die Kachel **Skype herunterladen** ❶. Klicken Sie auf **Skype herunterladen**. Das Herunterladen über den Webbrowser startet automatisch.

2. Wenn der Download beendet ist, klicken Sie auf **Ausführen** ❷ und folgen den weiteren Anweisungen.

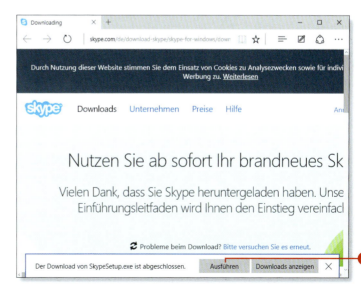

Die nötige Hardware

Um via Skype bequem mit Freunden, Bekannten oder Geschäftspartnern kommunizieren zu können, verfügen Sie am besten über ein Headset. Eine Kombination aus Lautsprecher und Mikrofon tut es natürlich auch, ist in der Praxis aber eher mühsam. Möchten Sie auch Bilder senden, benötigen Sie eine Kamera (in Notebooks meist schon integriert).

Neues Skype-Konto anlegen

Nach erfolgreicher Installation müssen Sie zunächst noch ein Skype-Konto hinzufügen.

1. Schließen Sie, sofern verfügbar, Webcam und Mikrofon (oder Headset) an.
2. Geben Sie im Suchfeld »Skype« ein, und wählen Sie aus der Ergebnisliste **Skype für den Desktop**.
3. Klicken Sie auf **Zulassen**, falls nach dem Zugriff auf Webcam und Mikrofon gefragt wird.
4. Klicken Sie auf **Ich bin neu bei Skype** ❶.
5. Lesen und akzeptieren Sie die Nutzungsbedingungen, und folgen Sie den weiteren Anweisungen.
6. Fertig! Sie sind angemeldet und befinden sich im Skype-Hauptfenster ❷.

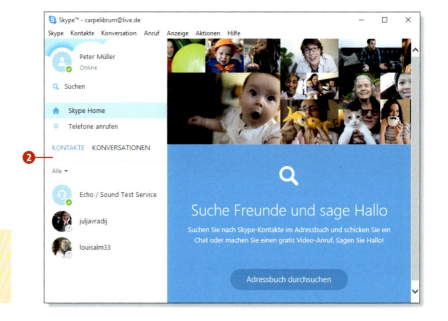

Ihr Skype-Name

Ihr neuer Skype-Name ist jetzt der Benutzername des aktuellen Microsoft-Kontos.

Kontakt hinzufügen

Wie in Social-Apps üblich, werden Kommunikationspartner in Form von Kontakten verwaltet.

1. Starten Sie Skype, indem Sie beispielsweise im Suchfeld »Skype« eingeben und aus der Ergebnisliste **Skype für den Desktop** auswählen.

2. Geben Sie den Skype-Namen des gesuchten Kommunikationspartners ein, und klicken Sie auf **Skype durchsuchen** ❶. Falls Sie nur den Nachnamen kennen, können Sie auch danach suchen, allerdings werden Sie vermutlich sehr viele Treffer erhalten.

3. Rufen Sie für den gewünschten Eintrag das Kontextmenü auf, und wählen Sie **Zu Kontakten hinzufügen** ❷.

4. Bearbeiten Sie die Kontaktanfrage, und klicken Sie dann auf **Senden** ❸. Danach erscheint der neue Kontakt in Ihrer Kontaktliste.

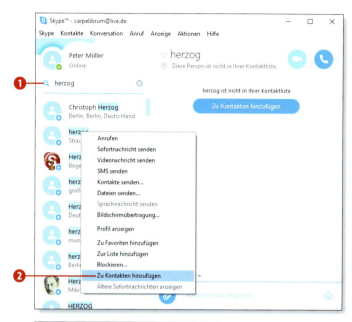

Kontaktanfragen

Wenn Sie einem anderen Skype-Benutzer eine Kontaktanfrage senden und dieser sie bestätigt, dann werden Sie in Zukunft am Statussymbol des Kontakts sehen, ob der andere Skype-Benutzer gerade online ist und somit per Skype kontaktiert werden kann. Bei unbestätigten Kontakten fehlt diese Information, und Sie sehen nur ein Fragezeichen ❹.

Kontakt löschen

Um einen Kontakt zu löschen, wählen Sie ihn in der Kontaktliste aus, blenden die Befehlsleiste ein und klicken auf **Entfernen**.

Jemanden anrufen

Sind alle Vorarbeiten erledigt, können Sie endlich mit Ihren Kontakten in Verbindung treten. Setzen Sie also Ihr Headset auf, oder schalten Sie Lautsprecher und Mikrofon an, dann:

1. Starten Sie Skype.
2. Wählen Sie einen Kontakt aus der Kontaktliste oder suchen Sie einen Kontakt über die Suche ❶.
3. Klicken Sie auf das Telefonsymbol ❷. Falls Ihr Computer eine integrierte Kamera besitzt, können Sie alternativ auf das Kamerasymbol für eine Videokonferenz (Bild + Ton) klicken ❸.
4. Warten Sie, bis Ihr Kontakt das Gespräch angenommen hat.
5. Zum Beenden des Gesprächs klicken Sie auf den roten Telefonhörer ❹.

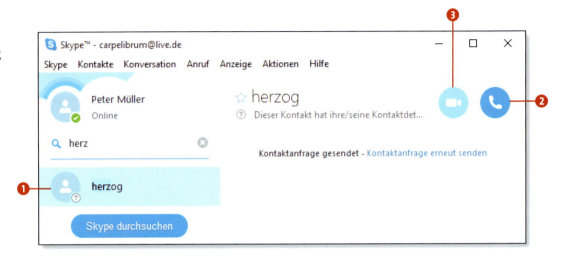

Anrufe annehmen
Wenn Skype gestartet ist, werden Ihnen einkommende Anrufe als Benachrichtigung angezeigt. Klicken Sie dann im Benachrichtigungsfenster auf den grünen Telefonhörer, um das Gespräch entgegenzunehmen. Zum Beenden des Gesprächs klicken Sie auf den roten Telefonhörer.

7 Fotos, Musik, Videos und Karten

In diesem Kapitel

- Bilder anschauen mit der Fotos-App
- Bilder vergrößert und verkleinert anzeigen
- Fotos nicht automatisch korrigieren lassen
- Fotos bequem anzeigen, drehen und aussortieren
- Aufnahmedatum und andere Bilddaten ändern
- Musik von CD in den Musik-Ordner kopieren
- Eine Audio-CD in MP3s umwandeln
- Musik online kaufen
- Musik auf das Smartphone übertragen
- Eine MP3-CD brennen
- CD-Cover finden und in Paint verarbeiten
- CD-Cover drucken
- DVDs am PC anschauen
- Die Karten-App nutzen
- Kartenmaterial offline verfügbar machen

Ob Sie nun die Fotos vom letzten Urlaub nachbereiten, mit Hilfe von Windows Media Player Ihre eigenen CDs zusammenstellen oder nebenbei gerne am PC Filme schauen – Sie liegen damit voll im Trend, denn längst ist der PC ein unverzichtbares Hilfsmittel für den Konsum und die Bearbeitung aller möglicher medialer Inhalte geworden. Umso bedauerlicher ist daher, dass der Windows Media Player die Fähigkeit »verloren« hat, DVDs abzuspielen. Und in Europa darf das Programm auf höchstrichterlichen EU-Beschluss nicht einmal standardmäßig mit jedem Windows-System ausgeliefert werden. Dafür ist eine Reihe anderer Apps zum Betrachten und Abspielen von Fotos, Musik und Filmen hinzugekommen.

In diesem Kapitel finden Sie unter anderem Tipps und Tricks zur **Fotos**-App, zum Umgang mit dem guten alten Media Player und eine Freeware-Empfehlung, damit Sie auch ohne den Windows Media Player auf Ihrem PC DVDs anschauen können.

Bilder anschauen mit der Fotos-App

Die App **Fotos** scannt regelmäßig Ihren *Bilder*-Ordner inklusive Unterordner (im Explorer: *Dieser PC\Bilder*) und präsentiert diese als Sammlung. Nur Bilder aus dieser Sammlung können Sie mit der App ansehen. Sie können allerdings festlegen, von welchen Quellen diese Sammlung gespeichert wird (siehe Kasten).

1. Klicken Sie im Startmenü auf die App **Fotos**; oder geben Sie im Suchfeld »Fotos« ein, und wählen Sie aus der Ergebnisliste **Fotos**. Sollten Sie jetzt schon Fotos sehen, fahren Sie mit Schritt 2 fort. Sehen Sie noch keine Bilder, lesen Sie den Kasten unten auf dieser Seite.

2. Scrollen Sie durch die Liste der präsentierten Bilder, und klicken Sie auf das Bild, das Sie sich näher anschauen möchten ❶.

3. Im oberen Bereich des Bildes erscheint eine Leiste mit möglichen weiteren Aktionen ❷. Durch Klick auf das Bild können Sie diese Leiste ein- und ausblenden.

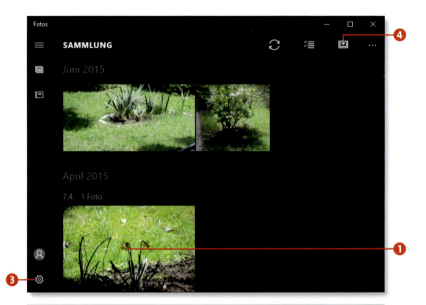

> **Wie kann ich Fotos hinzufügen?**
>
> Per Voreinstellung speist sich die Foto-Sammlung nur aus dem allgemeinen *Bilder*-Ordner und dem *Bilder*-Ordner des angemeldeten Benutzers. Sehen Sie keine Bilder nach dem Öffnen der App, müssen Sie entweder neue Quellen hinzufügen oder Bilder importieren. Zum Importieren schließen Sie Ihre Kamera oder ein anderes Medium mit Bildern, z. B. einen USB-Stick, an und klicken auf die Schaltfläche rechts oben ❹. Wenn Sie weitere Quellen festlegen möchten, klicken Sie auf das **Einstellungen**-Symbol ❸ und scrollen nach unten bis zur Rubrik **Quellen**. Dort finden Sie eine Schaltfläche **Ordner hinzufügen** und einen Schalter, mit dem Sie OneDrive hinzuschalten könnten. Letzteres setzt voraus, dass Sie mit einem Microsoft-Konto angemeldet sind.

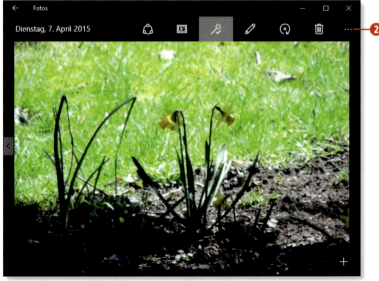

Bilder vergrößert und verkleinert anzeigen

Befehle zum Zoomen (Vergrößern) werden Sie in der **Fotos**-App keine finden, aber das bedeutet natürlich nicht, dass es keine Möglichkeit gäbe, in Bilder hinein- und wieder aus ihnen hinauszuzoomen. Das Zoomen wird nur eben ausschließlich über Fingergesten, Maus oder Tastatur gesteuert.

1. Klicken Sie im Startmenü auf die **Fotos**-Kachel, und wählen Sie ein Bild aus.

2. Zum Vergrößern der Bildansicht haben Sie verschiedene Möglichkeiten. Bei einem Touch-Display tippen Sie mit Daumen und Zeigefinger in das Bild und bewegen die Finger dann auseinander. Auf dem PC klicken Sie auf das Plus-Zeichen ❶ in der rechten unteren Ecke, oder Sie halten [Strg] gedrückt und drehen das Mausrad nach vorn. Sie können auch [Strg] gedrückt halten und gleichzeitig die Taste [+] drücken.

3. Zum Verkleinern haben Sie entsprechend auch die Wahl zwischen verschiedenen Wegen: Bei einem Touch-Display tippen Sie mit Daumen und Zeigefinger in das Bild und bewegen die Finger aufeinander zu. Auf dem PC klicken Sie auf das Minus-Zeichen ❷ in der rechten unteren Ecke. Oder Sie halten [Strg] gedrückt und drehen das Mausrad nach hinten. Auch [Strg] + [-] funktioniert hier.

Den Bildausschnitt anpassen

Wollen Sie einen anderen Teil des vergrößerten Bildes sehen? Dann verschieben Sie den Bildausschnitt mit dem Finger oder der Maus.

Fotos bequem anzeigen, drehen und aussortieren

Haben Sie schon die Fotos von Ihrem letzten Urlaub gesichtet? Falls nicht, so möchte ich Ihnen die Windows-Fotoanzeige für diese Aufgabe ans Herz legen. Zugegeben, die Fotoanzeige ist kein Ersatz für ein gutes Grafikprogramm, aber sie ist hervorragend geeignet, um Fotos zu sichten, ins Hochformat zu drehen oder missratene Aufnahmen schnell auszusortieren. Und falls Sie ein Foto schnell mal bearbeiten möchten, können Sie es direkt aus der Windows-Fotoanzeige heraus weiterleiten.

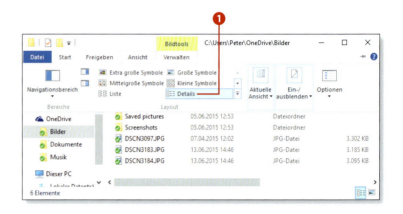

1. Starten Sie den Explorer über das Symbol in der Taskleiste oder durch Drücken von ⊞ + E.

2. Wechseln Sie zu dem Ordner mit Ihren Bildern.

3. Wechseln Sie in das Register **Ansicht**, und aktivieren Sie die Ansicht **Details** ❶.

4. Lassen Sie die Bilder nach Name, Datum oder einem anderen Merkmal sortieren, indem Sie auf die entsprechende Spaltenüberschrift klicken.

5. Klicken Sie mit der rechten Maustaste auf das erste Bild, und rufen Sie im Kontextmenü den Befehl **Öffnen mit > Windows-Fotoanzeige** auf ❷.

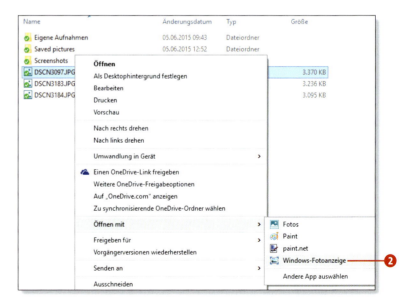

++ Explorer: Weitere Spalten hinzufügen

Wollen Sie Ihre Bilder nach einem Kriterium sortieren, für das keine Spalte angezeigt wird, klicken Sie mit der rechten Maustaste auf eine Spaltenüberschrift, wählen **Weitere** und dann das gewünschte Kriterium aus. So können Sie Ihre Bilder z. B. nach dem Erstell- oder Aufnahmedatum sortieren lassen.

Kapitel 7: Fotos, Musik, Videos und Karten 183

6. Mit **Zurück** ❸ und **Weiter** ❹ navigieren Sie durch die Liste der Bilder.

7. Mit **Gegen den Uhrzeigersinn** und **Im Uhrzeigersinn** wird das Bild um jeweils 90 Grad gedreht ❺. Sie brauchen die gedrehten Bilder nicht extra zu speichern: Das erfolgt automatisch, wenn Sie zum nächsten Bild wechseln.

8. Missratene Fotos können Sie mit **Löschen** ❻ in den Papierkorb verschieben.

9. Zum Zoomen verwenden Sie den Regler **Ändert die Anzeigegröße** ❼ oder [Strg] zusammen mit dem Mausrad oder [Strg] in Kombination mit den Tasten [+] oder [-].

10. Im Menü **Öffnen** ❽ finden Sie die auf Ihrem Rechner installierten Grafikprogramme, denen Sie das aktuelle Bild direkt übergeben können.

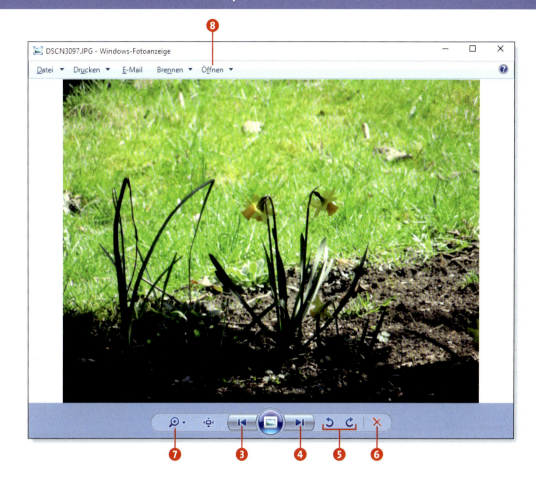

Keine Änderung des Aufnahmedatums

Das Aufnahmedatum eines Bildes ist eine kostbare Information, die fürs spätere Sortieren wichtig ist und nicht verlorengehen sollte. Deshalb ändert auch die Verwendung und Bearbeitung (z. B. das Drehen) der Bilder in der Windows-Fotoanzeige nicht das Aufnahmedatum. Falls Sie das ganz gezielt möchten, lesen Sie bitte im nächsten Tipp weiter.

Fotos nicht automatisch korrigieren lassen

Wenn Sie mit der App **Fotos** Bilder betrachten, wird Ihnen früher oder später auffallen, dass die Bilder manchmal anders aussehen, als sie auf Ihrer Kamera dargestellt wurden oder in einem anderen Bildbearbeitungsprogramm. Der Grund liegt darin, dass die App standardmäßig einen automatischen Korrekturmodus zur Verbesserung der Bildqualität verwendet. Falls Ihnen das nicht gefällt, können Sie es aber auch abschalten.

1. Klicken Sie im Startmenü auf die **Fotos**-Kachel, und wählen Sie ein Bild aus. Sie können auch im Suchfeld »Fotos« eingeben und **Fotos** aus der Ergebnisliste wählen.

2. Klicken Sie auf das **Einstellungen**-Symbol ❶.

3. Stellen Sie den Schalter für die automatische Verbesserung auf **An** bzw. **Aus** ❷.

4. Zurück zur Sammlung kommen Sie durch Klick auf das **Sammlung**-Symbol ❸ im App-Menü.

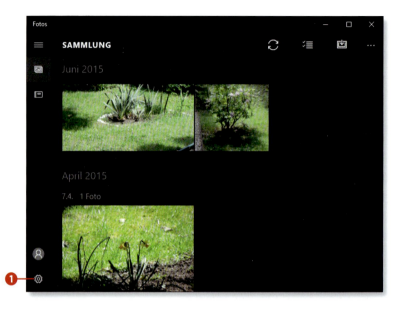

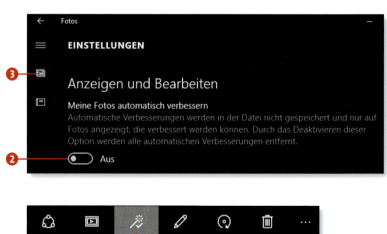

> **Automatische Verbesserung für einzelne Bilder**
>
> Auch wenn Sie die automatische Korrektur ausgeschaltet haben, können Sie dennoch für jedes einzelne Bild festlegen, ob die Auto-Korrektur für dieses Bild aktiv sein soll. Öffnen Sie hierzu ein Bild, und aktivieren oder deaktivieren Sie die Auto-Korrektur ❹ in der Befehlsleiste.

Aufnahmedatum und andere Bilddaten ändern

Bevor Sie wichtige Daten eines Bildes ändern, sollten Sie sich vergegenwärtigen, dass diese Information auf diese Art für immer verlorengeht und Sie dann in vielen Jahren vielleicht ein Foto nicht mehr zuordnen können. Dennoch lassen sich diverse wichtige Bilddaten wie Aufnahmedatum, Änderungsdatum, Autor oder Bewertung ohne Zuhilfenahme spezieller Programme direkt über das **Eigenschaften**-Dialogfeld der betreffenden Bilddateien bearbeiten.

1. Starten Sie den Explorer über das Symbol in der Taskleiste oder durch Drücken von ⊞ + E.
2. Wechseln Sie zu dem Ordner mit den zu bearbeitenden Bildern.
3. Klicken Sie mit der rechten Maustaste auf das betreffende Bild, und wählen Sie **Eigenschaften** ❶.
4. Wechseln Sie zur Registerkarte **Details** ❷.
5. Klicken Sie auf die Angabe zu einer Eigenschaft, und bearbeiten Sie sie, beispielsweise das **Aufnahmedatum** ❸.
6. Klicken Sie auf **OK** ❹.

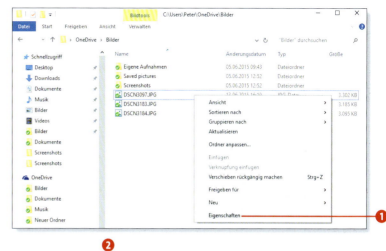

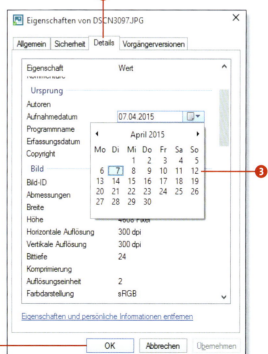

+ + Kopie ohne persönliche Bildinformationen erzeugen

Wenn Sie Bilder an Freunde weitergeben oder ins Internet hochladen, sollten Sie eine Kopie der Dateien ohne persönliche Daten verwenden. Klicken Sie hierzu unten auf der Seite **Details** auf den Link **Eigenschaften und persönliche Informationen entfernen**.

Musik von CD in den »Musik«-Ordner kopieren

Auch im Zeitalter von Streaming und Downloads von Musik – beispielsweise mit der App **Musik** von Windows über den Windows Store – spielen konventionelle Datenträger wie die CD immer noch eine große Rolle. Sie können Lieder von einer CD in Ihren *Musik*-Ordner kopieren und dann mit dem Windows Media Player oder der App **Groove-Musik** abspielen.

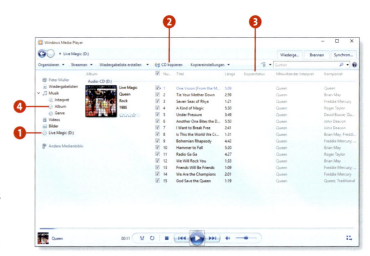

1. Starten Sie den Windows Media Player, indem Sie im Suchfeld »Media« eingeben und in der Ergebnisliste **Windows Media Player** wählen.

2. Legen Sie die CD in das CD/DVD-Laufwerk ein. Nach einer kurzen Weile sollte die CD im Navigationsbereich angezeigt werden ❶. Falls statt des Namens der CD nur der Eintrag **Unbekanntes Album** erscheint, kann der Media Player im Internet keine Informationen zu dem Album finden, oder Sie haben in den **Optionen** (Aufruf über **Organisieren**) auf der Registerkarte **Datenschutz** die Option **Medieninformationen aus dem Internet anzeigen** deaktiviert.

3. Rufen Sie in der Befehlsleiste **CD kopieren** ❷ auf.

4. Der Windows Media Player beginnt mit dem Kopieren. In der Spalte **Kopierstatus** ❸ können Sie für jedes einzelne Lied den Fortschritt überwachen. Standardmäßig wird beim Kopieren als Medienformat WMA verwendet (beachten Sie für MP3 bitte die nächste Seite).

5. Anschließend können Sie die importierten Lieder z. B. über **Musik > Album** auswählen ❹. Oder Sie wechseln zur App **Groove-Musik**, wo Sie alle importierten CDs unter der Rubrik **Sammlung** ❺ finden.

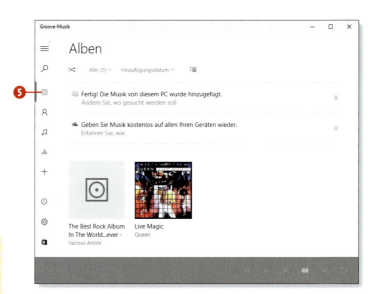

Kopiervorgang anpassen

Über die Registerkarte **Musik kopieren** im Dialogfeld **Optionen** (Aufruf über **Organisieren**) können Sie den Kopiervorgang individuell einstellen – beispielsweise indem Sie einen anderen Speicherort festlegen oder das Medienformat bestimmen (siehe den folgenden Tipp).

Eine Audio-CD in MP3s umwandeln

Auch wenn Sie zu jener Gattung Musikliebhaber gehören, die über eine Schallplatten- und CD-Sammlung verfügen und den Klang einer Stereoanlage dem Geschepper eines Smartphone-Lautsprechersurrogats vorziehen – die Zukunft gehört klar dem MP3-Format. Es ist platzsparend, zukunftsorientiert und lässt sich auf Smartphones übertragen. Lesen Sie dazu den nächsten Tipp. Die grundsätzliche Vorgehensweise ist die gleiche wie beim Kopieren von CDs (siehe den vorherigen Tipp).

1. Rufen Sie den Windows Media Player auf, und legen Sie die CD in das CD/DVD-Laufwerk ein.
2. Klicken Sie auf **Organisieren**, und wählen Sie **Optionen** ❶.
3. Wechseln Sie zur Registerkarte **Musik kopieren** ❷.
4. Wählen Sie in der Dropdown-Liste **Format** den Eintrag **MP3** ❸ aus.
5. Setzen Sie den Schieberegler für die **Audioqualität** ❹. Eine für die meisten Ansprüche ausreichende Qualität ist ein Wert zwischen 196 und 256 kBit/s. Je höher Sie die **Audioqualität** setzen, desto mehr Speicherplatz werden die MP3-Dateien benötigen.
6. Schließen Sie das Dialogfeld mit **OK**.
7. Rufen Sie in der Befehlsleiste des Windows Media Players nun den Befehl **CD kopieren** auf.

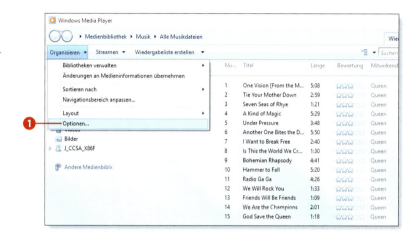

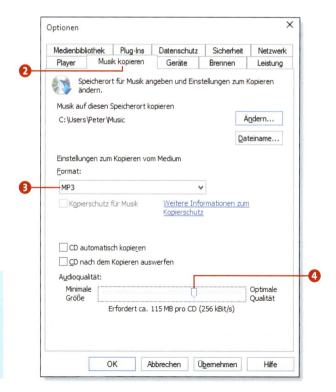

> **MP3-Dateien auf CD brennen**
>
> Wenn Sie den umgekehrten Weg gehen wollen, nämlich MP3-Dateien wieder auf eine Audio-CD zu brennen, die mit einem CD-Player abgespielt werden kann, lesen Sie den Tipp auf Seite 191.

Musik online kaufen

Mit Windows 10 haben Sie die Möglichkeit, schnell und bequem über den Microsoft-Store Musiktitel zu kaufen und mit der App **Groove-Musik** dann abzuspielen. Allerdings gibt es zwei Voraussetzungen: Sie müssen mit einem Microsoft-Konto angemeldet sein oder während des Kaufvorgangs zu einem Microsoft-Konto wechseln und Sie benötigen ein Xbox-Profil. Xbox kennen Sie eventuell nur als Spielekonsole, aber Microsoft weitet den Umfang von Xbox immer weiter aus und positioniert es mittlerweile als Unterhaltungszentrale. Die nachfolgende Beschreibung geht davon aus, dass Sie noch kein Xbox-Profil haben und zum ersten Mal mit Ihrem Microsoft-Konto im Windows Store einkaufen.

1. Stellen Sie sicher, dass Sie bei Windows mit einem Microsoft-Konto angemeldet sind.

2. Öffnen Sie einen Webbrowser und geben Sie die Adresse »xbox.com/de-DE« ein.

3. Klicken Sie auf **Anmelden** ❶. Geben Sie das Passwort Ihres Microsoft-Kontos ein und klicken Sie auf **Anmelden**. Sie gelangen nun zu einem Formular, das Sie ausfüllen müssen und durch Klicken auf **Ich stimme zu** beenden. Vergessen Sie nicht, die Nutzungsbedingungen sowie die Datenschutzerklärung auch wirklich zu lesen, damit Sie wissen, worauf Sie sich einlassen!

4. Starten Sie die App *Groove-Musik* (im Suchfeld »Groove« eingeben und dann **Groove-Musik** auswählen).

5. Klicken Sie am linken Fensterrand auf das Windows-Store Symbol.

6. Der Windows-Store öffnet sich. Wählen Sie dort die Kategorie **Musik** ❷ und geben Sie im Suchfeld den Namen des Künstlers oder eines Musiktitels ein und starten Sie die Suche ❸.

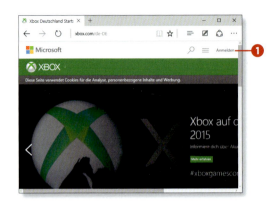

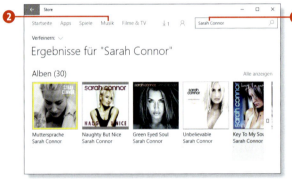

Kapitel 7: Fotos, Musik, Videos und Karten   189

7. Wählen Sie durch Klicken das gewünschte Album oder einen einzelnen Musiktitel aus ❹.

8. Sie können das ganze Album oder einen einzelnen Titel durch Klicken auf das entsprechende Preisschild ❺ kaufen. Keine Sorge: der Klick startet nur den Kaufvorgang und Sie sind noch keinerlei Kaufverpflichtung eingegangen.

9. Zur Autorisierung des Kaufvorgangs müssen Sie das Passwort des Microsoft-Kontos eingeben und auf **Anmelden** klicken.

10. Legen Sie durch Klicken auf **Neue Zahlungsmethode hinzufügen** ❻ fest, wie Sie diesen und künftige Käufe bezahlen möchten. Sie können zwischen Kreditkarte und Paypal wählen. Folgen Sie den weiteren Anweisungen zur Festlegung der Zahlungsweise.

11. Klicken Sie auf **Weiter.** Falls noch keine Adresse in Ihrem Microsoft-Konto hinterlegt ist, müssen Sie nun auf **Profiladresse hinzufügen** klicken und Ihre Adressdaten eingeben.

12. Klicken Sie auf **Kaufen** ❼, um den Kaufvorgang abzuschließen und den Musiktitel oder das Album zu erwerben.

13. Den gekauften Artikel finden Sie in der App *Groove-Musik* in der Album-Übersicht. Durch Klicken auf den Play-Button ❽ können Sie die Musik abspielen.

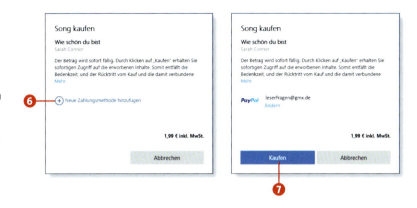

Ein Microsoft-Konto anlegen

Wie Sie ein Microsoft-Konto anlegen, lesen Sie auf Seite 158.

Musik auf das Smartphone übertragen

Wenn Sie ein Android- oder Windows-Smartphone besitzen, können Sie die Titel in Ihrer Musikbibliothek mit Hilfe des Windows Media Players schnell und bequem auf Ihr Smartphone übertragen.

1. Starten Sie den Windows Media Player, indem Sie im Suchfeld »Media« eingeben und in der Ergebnisliste **Windows Media Player** wählen.

2. Verbinden Sie Ihr Smartphone über ein USB-Kabel mit dem Rechner. Nach kurzer Zeit sollte das Smartphone im Navigationsbereich aufgelistet werden ❶.

3. Wechseln Sie zur Registerkarte **Synchronisieren** ❷.

4. Ziehen Sie einzelne Titel oder ganze Alben aus dem mittleren Bereich in die **Synchronisierungsliste** ❸.

5. Achten Sie darauf, dass auf dem Smartphone noch genügend Platz für Windows-Apps und andere Daten bleibt ❹.

6. Klicken Sie auf **Synchronisierung starten** ❺.

7. Trennen Sie nach Beendigung der Synchronisierung die USB-Verbindung zum Smartphone.

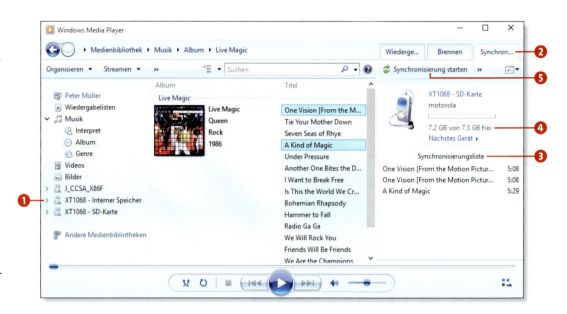

Musik auf das iPhone übertragen
Wenn Sie ein iPhone als Zielgerät verwenden möchten, dann müssen Sie zwingend das Apple-Programm *iTunes* installieren und die Übertragung damit durchführen.

Eine MP3-CD brennen

Mit Hilfe des Windows Media Players können Sie sich aus den Titeln in Ihrer Medienbibliothek eigene CDs zusammenstellen. Standardmäßig erstellt der Windows Media Player dabei Audio-CDs. Sie können aber auch Daten-CDs mit einer MP3-Sammlung erzeugen. Letzteres hat den Vorteil, dass solche CDs weit mehr Titel fassen und trotzdem mittlerweile auf den meisten CD- und DVD-Playern abgespielt werden können.

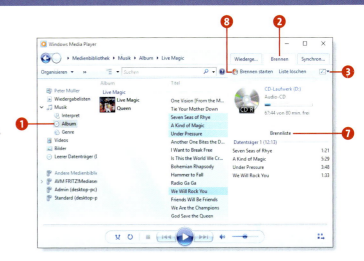

1. Starten Sie den Windows Media Player, indem Sie im Startmenü-Suchfeld »Media« eingeben und in der Ergebnisliste **Windows Media Player** wählen.
2. Legen Sie eine leere CD in Ihr CD/DVD-Laufwerk. Nach einer kurzen Weile sollte die CD im Navigationsbereich angezeigt werden.
3. Selektieren Sie im Navigationsbereich **Album** ❶, und wählen Sie durch Doppelklick das gewünschte Album aus. Die Lieder werden nun im mittleren Fensterbereich angezeigt.
4. Wechseln Sie zur Registerkarte **Brennen** ❷.
5. Klicken Sie auf die Schaltfläche **Brennoptionen** ❸.
6. Wählen Sie **Daten-CD oder -DVD** ❹.
7. Wählen Sie **Weitere Brennoptionen** ❺.
8. Wählen Sie im Dialogfeld **Optionen** auf der Registerkarte **Brennen** unter **Daten-CDs** die Option **M3U** ❻ aus, und klicken Sie auf **OK**.
9. Ziehen Sie einzelne Titel oder ganze Alben aus dem mittleren Bereich nach rechts in die **Brennliste** ❼. Achten Sie darauf, dass die CD nicht überfüllt wird.
10. Klicken Sie auf **Brennen starten** ❽.

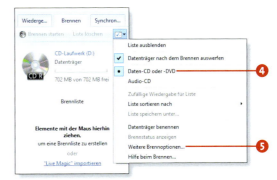

CD in MP3 umwandeln

Falls Sie umgekehrt eine Audio-CD als MP3-Dateien abspeichern wollen, finden Sie eine Anleitung auf Seite 187.

CD-Cover finden und in Paint verarbeiten

Sie können die mittels Windows Media Player heruntergeladenen Bilder der CD-Cover zum Ausdrucken von Covern für Ihre selbstgebrannten CDs verwenden. Die Qualität ist zwar nicht überragend, da die heruntergeladenen Bilder eine zu geringe Auflösung haben, aber das Verfahren ist schnell, unkompliziert und bringt durchaus zufriedenstellende Resultate.

1. Starten Sie den Windows Media Player. Geben Sie dafür im Suchfeld »Media« ein, und wählen Sie in der Ergebnisliste **Windows Media Player**.

2. Klicken Sie links auf **Musik** ❶.

3. Klicken Sie mit der rechten Maustaste auf das Albumsymbol, dessen Cover Sie drucken möchten, und wählen Sie den Befehl **Dateispeicherort öffnen** ❷ aus.

4. Klicken Sie im daraufhin erscheinenden Explorer-Fenster mit der rechten Maustaste auf die Bilddatei **Folder.jpg** ❸, und rufen Sie im Kontextmenü den Befehl **Öffnen mit > Paint** auf.

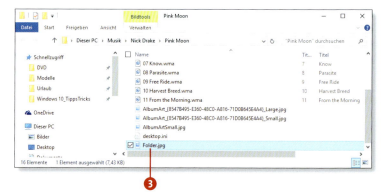

Kein Bild zu sehen?

Wenn Ihnen zu dem Album kein Bild angezeigt wird, rufen Sie vorab im Kontextmenü des Albums den Befehl **Albuminformationen aktualisieren** auf.

Keine Bilddatei »Folder.jpg«?

Folder.jpg ist eine versteckte Systemdatei. Damit sie Ihnen angezeigt wird, müssen Sie im Explorer unter **Datei > Optionen > Ansicht** die Option **Geschützte Systemdateien ausblenden** deaktiviert und für **Versteckte Dateien und Ordner** die Option zum Anzeigen ausgewählt haben.

CD-Cover drucken

Wenn Sie der Anleitung auf der linken Seite bereits gefolgt sind oder schon eine Bilddatei mit dem Cover Ihrer CD besitzen, können Sie das Cover in der **Paint**-App auf Wunsch noch bearbeiten. Anschließend geht es ans Drucken.

1. Wählen Sie in **Paint** auf der Registerkarte **Datei** ❶ den Befehl **Drucken > Druckvorschau**.
2. Klicken Sie auf der Registerkarte **Druckvorschau** auf **Seite einrichten** ❷.
3. Wählen Sie im Dropdown-Listenfeld **Größe** die Option **A5** ❸ aus.
4. Achten Sie darauf, dass die Skalierung auf **Seite(n) anpassen** ❹ steht, und klicken Sie auf **OK**.
5. Drucken Sie das Bild.

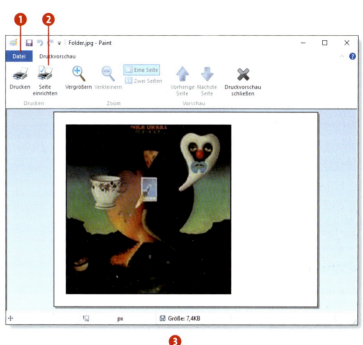

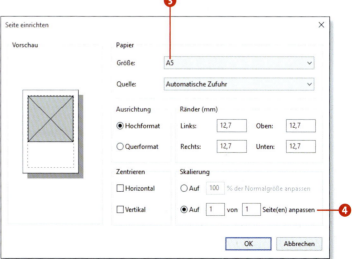

ℹ Besser geht immer

Wenn Sie mit Hilfe eines professionellen Grafikprogramms perfekt dimensionierte Cover-Bilder erstellen möchten, legen Sie Bilddateien mit den Pixelmaßen 453 × 453 und einer Auflösung von 96 dpi an.

DVDs am PC anschauen

Wer bisher gewohnt war, DVDs am PC mit dem Windows Media Player oder Windows Media Center anzusehen, wird vermutlich enttäuscht sein, dass dies unter Windows 10 nun nicht mehr so ohne weiteres geht: Microsoft hat sich bereits seit Windows 8 die Lizenzierungskosten hierfür gespart. Allzu tragisch ist dies allerdings auch wieder nicht, denn Sie können sich den kostenlosen **VLC Media Player** installieren (*www.videolan.org/* oder *www.vlc.de/*), der fast jedes Format abspielen kann.

1. Legen Sie die DVD ein.

2. Falls Autoplay (automatisches Abspielen) für Ihr DVD-Laufwerk aktiviert ist, klicken Sie auf das Meldungsfenster und wählen dann **DVD-Video wiedergeben** ❶.

3. Falls kein Meldungsfenster erscheint, starten Sie den Explorer (z. B. über das Symbol in der Taskleiste oder durch Drücken von ⊞ + E) und wechseln gegebenenfalls zum Explorer-Fenster **Dieser PC**.

4. Klicken Sie mit der rechten Maustaste auf den Eintrag des DVD-Laufwerks, und wählen Sie den Eintrag zum Abspielen mit **VLC** ❷.

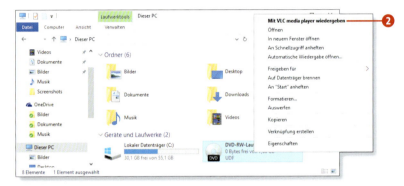

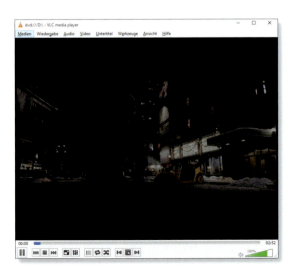

++ VLC als Standard für DVDs festlegen

Nachdem der **VLC Media Player** installiert ist, können Sie ihn auch als Standardplayer für DVDs einrichten. Legen Sie einfach eine DVD ein, warten Sie, bis das Autoplay-Meldungsfenster erscheint, und wählen Sie dort **VLC Media Player** aus.

Die Karten-App nutzen

Fast jeder kennt aus der Smartphone-Welt die App Google Maps, aber nur wenige wissen, dass auch Windows seit Version 8 eine vollwertige Karten- und Navigations-App hat. Sie wurde für Windows 10 nochmals verbessert und trägt den unscheinbaren Namen **Karten**.

1. Geben Sie im Suchfeld »Karten« ein und wählen Sie in der Ergebnisliste den entsprechenden App-Eintrag ❶.

2. Beim ersten Aufruf werden Sie gefragt, ob die App auf Positionsdaten zugreifen darf. Dies sollten Sie bejahen, andernfalls wird die Leistungsfähigkeit der App stark vermindert. Positionsdaten sind übrigens zum einen GPS-Koordinaten (typischerweise, wenn Ihr Rechner ein Tablet ist) oder Koordinaten des nächstgelegenen Internet-Zugangsservers, die naturgemäß mehrere Kilometer von Ihrem tatsächlichen Standort abweichen können.

3. Ein blauer Punkt zeigt Ihren aktuellen Standort an. Die Genauigkeit hängt von der Qualität der vorhandenen Positionsdaten ab ❷.

4. Mit gedrückter linker Maustaste können Sie den Kartenausschnitt verschieben; durch Klicken auf + und − ❸ oder Einsatz des Mausrads können Sie vergrößern und verkleinern. Auf einem Tablet können Sie zusätzlich mit der bekannten Zwei-Finger-Geste vergrößern (Finger auseinander bewegen) und verkleinern (Finger zueinander bewegen).

5. Im Suchfeld können Sie weltweit nach einer Adresse suchen ❹. Falls vorhanden, werden sogleich vorhandene Zusatzinformationen angezeigt, z. B. Bilder.

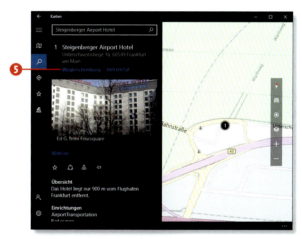

> **i** **Navigieren mit »Karten«**
>
> Durch Klicken auf **Wegbeschreibung** ❺ wird eine optimale Route von Ihrem aktuellen Standort zur Zieladresse berechnet und angezeigt. Durch Klicken auf **Los** ❻ können Sie eine Navigation starten und Ihr Windows somit als Navigationsgerät benutzen!

Kartenmaterial offline verfügbar machen

Die App **Karten** lädt die benötigten Karteninformationen über das Internet von einem Microsoft-Server. Dies kann je nach Geschwindigkeit der Verbindung zu einer leichten Verzögerung bei der Kartenanzeige führen. Wesentlich störender dürfte aber sein, dass man unterwegs – insbesondere im Ausland – gar keine oder nur eine sehr teure mobile Internetverbindung zur Verfügung hat, so dass man die App Karten nur eingeschränkt oder gar nicht nutzen kann. Die Lösung für dieses Problem lautet Offline-Karten: Sie laden die Karten zu Hause vorab herunter, so dass Sie unterwegs ohne Internetverbindung darauf zugreifen können.

1. Stellen Sie sicher, dass die App **Karten** geschlossen ist.
2. Geben Sie im Suchfeld »Einstellungen Offlinekarten« ein und wählen Sie in der Ergebnisliste den entsprechenden Eintrag ❶.
3. Klicken Sie auf **Karten herunterladen** ❷. Ein Dialogfenster öffnet sich, wo Sie weltweit nach Regionen und Unterregionen geordnet Kartenmaterial auswählen können ❸.
4. Das Herunterladen beginnt und kann einige Zeit dauern, da die Kartengröße je nach ausgewählter Region stark variiert ❹.

   Danach stehen die Karten dauerhaft und ohne Internetverbindung in der App **Karten** zur Verfügung.

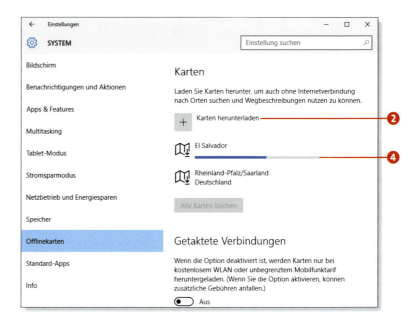

Heruntergeladene Karten löschen

Um einzelne heruntergeladenen Karten zu löschen, klicken Sie auf der Seite **Karten** auf den Namen der Karte und danach auf die daraufhin eingeblendete Schaltfläche **Löschen**. Wenn Sie alle heruntergeladenen Karten entfernen möchten, klicken Sie einfach auf die Schaltfläche **Alle Karten löschen**.

Ihr ganz persönliches Windows

In diesem Kapitel

- Ein persönlicher Gruß auf dem Begrüßungsbildschirm
- Tipps zum Sperrbildschirm
- Die Fenstervorschau verzögern
- Die Fenstervorschau vergrößern
- Die Live-Vorschau in Kacheln ausschalten
- Windows-Store-Updates abschalten
- Die Gruppierung auf der Taskleiste ausschalten
- Die Feststelltaste deaktivieren
- Die Uhrzeiten mehrerer Orte immer im Blick
- Die Position der Taskleiste ändern
- Laufwerksbuchstaben ändern
- Besondere Ordner mit eigenem Symbol versehen
- Eine Diashow Ihrer Lieblingsbilder als Hintergrund
- Das »Senden an«-Menü erweitern
- Persönliche Spracheinstellungen
- Schriftarten installieren
- Ein Hintergrundbild für mehrere Monitore
- Den »Godmode« aktivieren

Wir haben einen Bekannten, der zu Hause seit über fünf Jahren mit dem gleichen Windows-Notebook arbeitet. Und als wäre dies allein nicht schon bemerkenswert, ist auf diesem PC immer noch das Standard-Windows-Design mit dem Standard-Hintergrundbild – diese fantastisch leuchtende Felslandschaft – eingestellt.

Worauf wir hinauswollen: Wenn Sie ähnlich veranlagt sind wie mein Bekannter, werden Sie in diesem Kapitel womöglich nichts finden, was Sie interessieren könnte, denn es geht um Personalisierung. Auf der anderen Seite dreht sich nur ein geringer Prozentsatz der hier vorgestellten Tipps um rein optische Einstellungen.

Meist geht es darum, wie Sie Windows an Ihre Arbeitsweise oder Ihre aktuellen Bedürfnisse anpassen können. Wir zeigen Ihnen beispielsweise, wie Sie in der Taskleiste neben der örtlichen Uhrzeit die Uhrzeit in Sydney sehen können, weil Ihre Tochter dort ein Praktikum macht. Wie Sie den Laufwerksbuchstaben Ihrer USB-Festplatte korrigieren, wenn Verweise auf diese Festplatte nicht mehr funktionieren, weil Windows dem Laufwerk plötzlich einen anderen Laufwerksbuchstaben zugewiesen hat. Oder wie Sie Ihren Desktop auf einen zweiten angeschlossenen Monitor ausdehnen. Es sind manchmal kleine Änderungen, die das Windows-Leben deutlich erleichtern.

Ein persönlicher Gruß auf dem Begrüßungsbildschirm

Ist Ihr PC Ihr bester Freund? Dann lassen Sie sich von ihm doch richtig begrüßen.

1. Rufen Sie den **Registrierungs-Editor** ❶ auf. Drücken Sie dann die Tastenkombination ⊞ + R, und geben Sie im Dialogfeld **Ausführen** den Befehl »regedit« ein. Alternativ können Sie auch über das Suchfeld nach »regedit« suchen.

2. Öffnen Sie links den Ordner **HKEY_LOCAL_MACHINE\SOFTWARE\Microsoft\Windows\CurrentVersion\Policies**, und klicken Sie auf **System** ❷.

3. Doppelklicken Sie rechts auf den Eintrag **legalnoticecaption** ❸, und geben Sie im aufspringenden Dialogfeld einen kurzen Überschriftentext ein ❹. Verlassen Sie das Dialogfeld mit **OK**.

4. Doppelklicken Sie rechts auf den Eintrag **legalnoticetext**, und geben Sie in dem aufspringenden Dialogfeld einen Begrüßungstext ein. Verlassen Sie das Dialogfeld mit **OK**.

5. Schließen Sie die Registrierdatenbank.

6. Fortan wird vor dem Sperrbildschirm ein Bildschirm mit Ihrem Begrüßungstext angezeigt ❺.

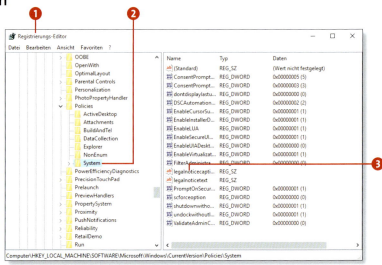

> **Vorsicht bei Änderungen an der Registrierdatenbank**
>
> Grundsätzlich empfiehlt es sich, vor Änderungen an der Registrierdatenbank diese mit dem Befehl **Datei > Exportieren** zu sichern (siehe den Tipp »Registrierdatenbank sichern« auf Seite 270).

Tipps zum Sperrbildschirm

Den Sperrbildschirm anpassen

Beim Hochfahren von Windows 10 erscheint immer zuerst ein Sperrbildschirm. Wen dies stört, der erfährt im Tipp »Den Sperrbildschirm deaktivieren« auf Seite 113, wie er den Sperrbildschirm gegebenenfalls loswird. Wer den Sperrbildschirm dagegen ganz hip findet, der sollte sich ruhig ein wenig Zeit nehmen, ihn ganz nach den eigenen Vorlieben zusammenzustellen.

1. Wählen Sie im Startmenü den Befehl **Einstellungen** aus, oder drücken Sie ⊞ + I .
2. Klicken Sie im **Einstellungen**-Dialog auf **Personalisierung**.
3. Klicken Sie in der linken Leiste auf **Sperrbildschirm** ❶.
4. Wählen Sie eines der vorgegebenen Bilder oder ein eigenes Bild für den Sperrbildschirm aus ❷.
5. Wählen Sie die Apps aus, die ausführliche Statusmeldungen in den Sperrbildschirm einblenden sollen ❸.
6. Wählen Sie die Apps aus, die kurze Statusmeldungen in den Sperrbildschirm einblenden sollen ❹.
7. Um eine App abzuwählen, klicken Sie auf das jeweilige App-Symbol und dann auf **Kein** ❺.
8. Verlassen Sie die **PC-Einstellungen**.

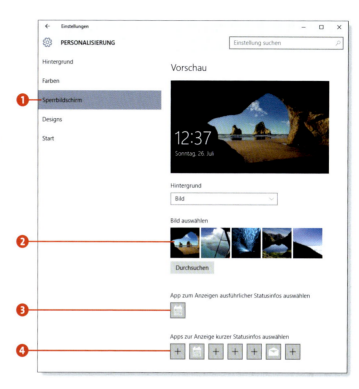

Außenwahrnehmung Ihrer Präsenz

Denken Sie daran, dass der Sperrbildschirm auch dann erscheint, wenn Sie sich abmelden. Wenn Sie in einem Großraumbüro arbeiten, ist er also auch so etwas wie ein Aushängeschild.

Benachrichtigungen auf dem Sperrbildschirm unterdrücken

App-Benachrichtigungen sind eine ganz nette Sache, um ständig aktuell informiert zu bleiben. Auf dem Sperrbildschirm sollten sie aber nur dann erscheinen, wenn dadurch keine privaten Informationen preisgegeben werden. Um die App-Benachrichtigungen aller Apps schnell ein- und auszuschalten, gehen Sie wie folgt vor:

1. Wählen Sie im Startmenü den Befehl **Einstellungen** aus, oder drücken Sie ⊞ + I.

2. Klicken Sie im **Einstellungen**-Dialog links oben auf **System**.

3. Klicken Sie in der linken Leiste auf **Benachrichtigungen und Aktionen** ❶.

4. Stellen Sie den Schalter für **Benachrichtigungen auf dem Sperrbildschirm anzeigen** auf **Aus** ❷.

5. Verlassen Sie die **PC-Einstellungen**.

> **Benachrichtigungen einzelner Apps**
>
> Wie Sie im unteren Teil der Abbildung rechts sehen, ist es auch möglich, die Benachrichtigungen einzelner Apps ein- und auszuschalten. Dies betrifft dann allerdings nicht nur den Sperrbildschirm.

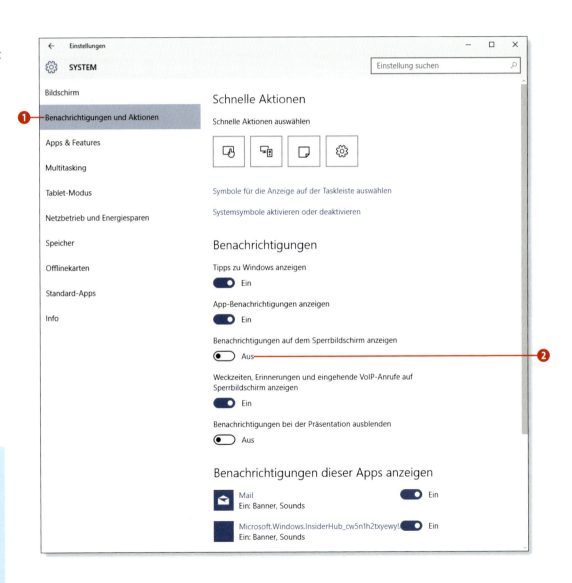

Diashow auf Sperrbildschirm

Den Sperrbildschirm können Sie auch als digitale Diashow einsetzen und in zufälliger Abfolge Fotos und andere Bilddaten anzeigen lassen.

1. Kopieren Sie die anzuzeigenden Bilder in den Ordner *Dieser PC\Bilder* oder in einen beliebigen anderen Ordner.
2. Wählen Sie im Startmenü den Befehl **Einstellungen** aus.
3. Klicken Sie im **Einstellungen**-Dialog auf **Personalisierung**.
4. Klicken Sie in der linken Leiste auf **Sperrbildschirm** ❶.
5. Klicken Sie auf das Dropdown-Feld **Hintergrund**, und wählen Sie **Diashow** ❷.
6. Wenn Sie als Quelle neben dem Standardalbum **Bilder** ❸ noch weitere Ordner mit Bildern einbeziehen möchten, klicken Sie auf **Ordner hinzufügen** ❹ und wählen weitere Orte aus (z. B. den Ordner **Blumen**). Bestätigen Sie Ihre Wahl über den Schalter **Diesen Ordner auswählen** ❺.
7. Klicken Sie dann auf **Erweiterte Diashoweinstellungen** ❻, und aktivieren Sie gegebenenfalls **Ordner »Eigene Aufnahmen« von diesem PC und OneDrive einschließen** ❼.
8. Deaktivieren Sie die Option **Nur Bilder verwenden, die auf meinen Bildschirm passen** ❽, da ansonsten erfahrungsgemäß zahlreiche Bilder für die Diashow ignoriert werden.
9. Aktivieren Sie **Bei inaktivem PC Sperrbildschirm anzeigen und Bildschirm nicht ausschalten** ❾.

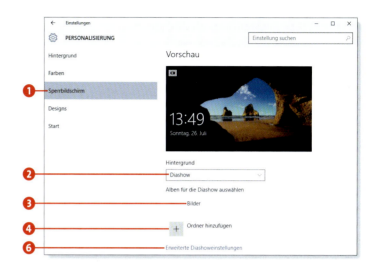

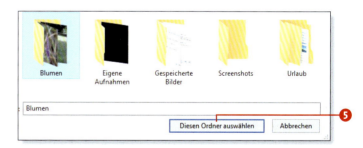

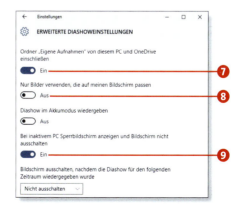

> **Testen Sie den neuen Sperrbildschirm direkt**
>
> Sie müssen den Rechner nicht gleich neu starten oder warten, bis der Sperrbildschirm automatisch erscheint. Sperren Sie zur Probe einfach den Bildschirm mit der Tastenkombination ⊞ + L, und genießen Sie die Diashow.

Die Fenstervorschau verzögern

Seit Windows 7 wird beim Darübergleiten mit der Maus über Programmsymbole in der Taskleiste eine Vorschau der geöffneten Fenster angezeigt. Dies erfolgt allerdings erst nach einer gewissen Verzögerung, die sich – ebenso wie die Größe der eingeblendeten Minifenster – ändern lässt.

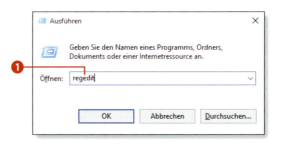

1. Rufen Sie den **Registrierungs-Editor** ❶ auf. Drücken Sie dazu die Tasten ⊞ + R, und geben Sie im Dialogfeld **Ausführen** den Befehl »regedit« ein. Alternativ können Sie auch über das Suchfeld nach »regedit« suchen und dann ↵ drücken.

2. Öffnen Sie links den Ordner **HKEY_CURRENT_USER\Control Panel\Mouse** ❷.

3. Doppelklicken Sie rechts auf **MouseHoverTime** ❸.

4. Die Voreinstellung beträgt 400 ms. Ändern Sie den Wert nach Ihrem Geschmack (z. B. 0 für keine Verzögerung), und klicken Sie auf **OK** ❹.

5. Schließen Sie die Registrierdatenbank. Beim nächsten Neustart sind die Änderungen gültig.

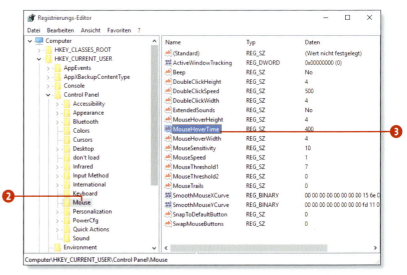

Vorsicht bei Änderungen an der Registrierdatenbank

Grundsätzlich empfiehlt es sich, vor Änderungen an der Registrierdatenbank diese mit dem Befehl **Datei > Exportieren** zu sichern (siehe den Tipp »Registrierdatenbank sichern« auf Seite 270).

Die Fenstervorschau vergrößern

Sind Ihnen die Vorschaufenster der Taskleiste zu klein? Haben Sie Schwierigkeiten, anhand der Vorschauen zu erkennen, welches das Fenster ist, das Sie gerade suchen? Dann probieren Sie es doch einmal mit größeren Vorschaufenstern.

1. Rufen Sie den **Registrierungs-Editor** auf. Drücken Sie die Tastenkombination ⊞ + R, und geben Sie im Dialogfeld **Ausführen** den Befehl »regedit« ein. Alternativ können Sie auch über das Suchfeld nach »regedit« suchen.

2. Öffnen Sie links den Ordner **HKEY_CURRENT_USER\Software\ Microsoft\Windows\CurrentVersion\Explorer\Taskband** ❶.

3. Klicken Sie mit der rechten Maustaste in den rechten Bereich, und rufen Sie den Befehl **Neu > DWORD (32-Bit)** auf ❷.

4. Nennen Sie den neuen Wert »MinThumbSizePx«.

5. Doppelklicken Sie auf den neuen Eintrag, und setzen Sie ihn auf **Dezimal** ❸ 350 ❹.

6. Beenden Sie das Dialogfeld mit **OK**.

7. Schließen Sie die Registrierdatenbank. Beim nächsten Neustart sind die Änderungen gültig.

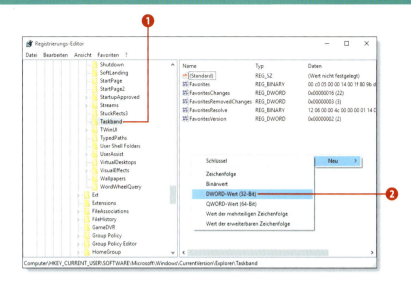

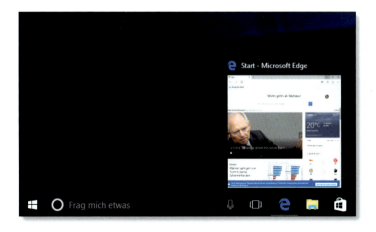

Vorsicht bei Änderungen an der Registrierdatenbank

Grundsätzlich empfiehlt es sich, vor Änderungen an der Registrierdatenbank diese mit dem Befehl **Datei > Exportieren** zu sichern (siehe den Tipp »Registrierdatenbank sichern« auf Seite 270).

Die Live-Vorschau in Kacheln ausschalten

Die Live-Vorschauen, die manche Windows-Store-Apps in ihren Startseiten-Kacheln einblenden, sind ja eine ganz nette Spielerei und können im Falle bestimmter Windows-Store-Apps, wie z. B. der **Wetter**-App, sogar recht nützlich sein. Sie bringen aber auch viel Unruhe in die Startseite. Es gibt eine Möglichkeit, bei allen Kacheln gleichzeitig die Live-Vorschau zu entfernen:

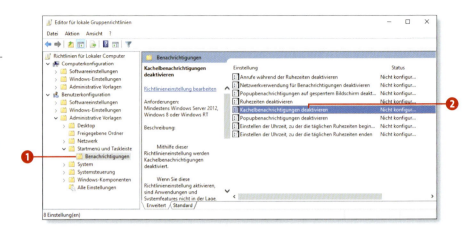

1. Drücken Sie die Tastenkombination ⊞ + R, um das Dialogfeld **Ausführen** aufzurufen. Alternativ wählen Sie aus dem Kontextmenü der Start-Schaltfläche die Option **Ausführen** aus, um das gleichnamige Dialogfeld aufzurufen.

2. Rufen Sie den Editor für die Gruppenrichtlinien auf, indem Sie in dieses Dialogfeld »gpedit.msc« eingeben.

3. Öffnen Sie links den Ordner **Benutzerkonfiguration > Administrative Vorlagen > Startmenü und Taskleiste**, und klicken Sie auf **Benachrichtigungen** ❶.

4. Doppelklicken Sie im rechten Bereich auf **Kachelbenachrichtigungen deaktivieren** ❷.

5. Setzen Sie im Dialogfeld **Kachelbenachrichtigungen deaktivieren** die Option **Aktiviert** ❸.

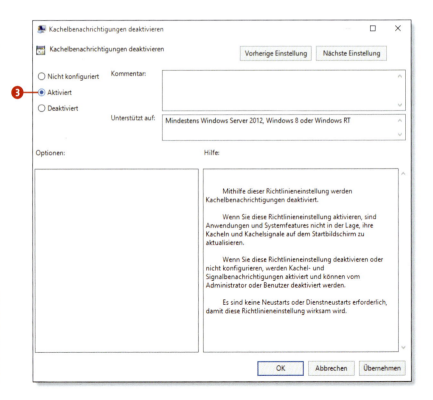

Live-Vorschau einzelner Kacheln

Um die Live-Vorschau für einzelne Kacheln ein- und auszuschalten, gibt es im Kontextmenü der Kacheln den Befehl **Live-Kachel aktivieren** (bzw. **deaktivieren**).

Windows-Store-Updates abschalten

Viele Windows-Store-Apps aktualisieren sich bei vorhandener Internetverbindung automatisch. Dies ist auf der einen Seite ganz praktisch und schließt hin und wieder auch eine gefährliche Sicherheitslücke. Auf der anderen Seite führt es dazu, dass sich Erscheinungsbild und Funktionsweise der Apps ständig ändern. Falls Sie dies nervt, schalten Sie die automatischen Updates doch einfach ab.

1. Starten Sie den Windows Store über sein Symbol in der Taskleiste.
2. Klicken Sie rechts in der Befehlsleiste auf das Benutzersymbol ❶, und wählen Sie im aufklappenden Menü den Befehl **Einstellungen** ❷.
3. Stellen Sie im **Einstellungen**-Dialog den Schalter **Apps automatisch aktualisieren** auf **Aus** ❸.

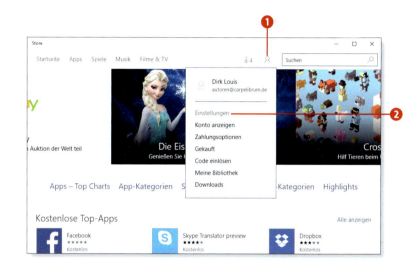

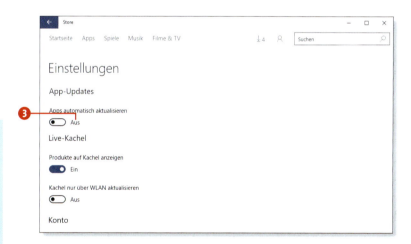

Windows-Store-Apps und Sicherheit

Dass Hacker Bugs in Windows-Store-Apps nutzen, um Malware auf den Rechner einzuschleusen, dürfte eher unwahrscheinlich sein, auszuschließen ist es aber natürlich nicht. Sollten Sie deswegen die Updates unbedingt eingeschaltet lassen? Unserer Meinung nach nicht notwendigerweise, denn anders als Microsoft, das sofort auf Hacker-Attacken oder bekanntgewordene Sicherheitslücken reagiert, dürften die meisten App-Entwickler von Sicherheitslücken in ihren Apps gar nichts merken – und folglich auch nur selten sicherheitsrelevante Updates bereitstellen.

Die Gruppierung auf der Taskleiste ausschalten

Wenn Sie, wie ich, häufig vermittels der Taskleiste navigieren, wird es Sie vermutlich ebenfalls stören, dass die Schaltflächen auf der Taskleiste standardmäßig gruppiert werden, d. h. Schaltflächen, die zu mehreren Instanzen des gleichen Programms gehören – wie z. B. mehrere geöffnete Microsoft-Word- oder mehrere Explorer-Fenster –, werden zusammengefasst. Um ein spezielles Fenster in den Vordergrund zu heben, müssen Sie dann zuerst mit der Maus über die Schaltfläche in der Taskleiste fahren und anschließend die gewünschte Instanz im eingeblendeten Auswahlmenü anklicken. Ein ziemlich umständliches Verfahren, wenn man es eilig hat.

1. Wechseln Sie zum Desktop.
2. Klicken Sie mit der rechten Maustaste in den Hintergrund der Taskleiste.
3. Rufen Sie im Kontextmenü den Befehl **Eigenschaften** auf ❶.
4. Gehen Sie, falls notwendig, im Dialogfeld **Eigenschaften von Taskleiste und Startmenü** zur Registerkarte **Taskleiste** ❷.
5. Wählen Sie im Listenfeld **Schaltflächen der Taskleiste** eine der Option **Nie gruppieren** ❸ oder **Gruppieren, wenn die Taskleiste voll ist** aus.

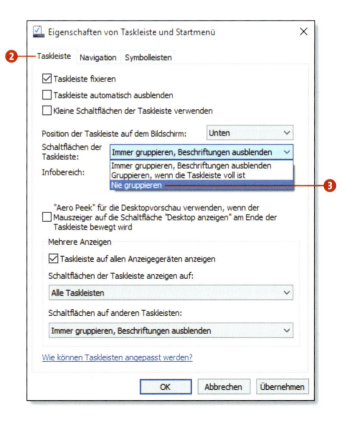

Bekannte Positionen nutzen

Wenn Sie oft mit der gleichen Kombination von Apps arbeiten, ist es hilfreich, wenn die zugehörigen Taskleisten-Schaltflächen immer die gleiche Position innehaben. Um ein bestimmtes Fenster in den Vordergrund zu heben, müssen Sie dann gar nicht mehr die Texte der Schaltflächen lesen, sondern wissen gleich anhand der Position, auf welche Schaltfläche Sie klicken müssen. Die Positionen der Schaltflächen können Sie übrigens durch Ziehen mit der Maus tauschen. Wenn Sie über einen längeren Zeitraum mit den gleichen Programmen arbeiten, lohnt sich womöglich auch die Einrichtung des Ruhezustands (siehe den Tipp »Start mit der letzten Sitzung« auf Seite 44).

Die Feststelltaste deaktivieren

Haben Sie jemals die Feststelltaste gedrückt, um längere Zeit in Großbuchstaben zu tippen? Nein? Aber bestimmt haben Sie schon einmal aus Versehen auf die Feststelltaste gedrückt und sich dann geärgert, dass nur noch Großbuchstaben erscheinen? Falls ja, dann deaktivieren Sie doch einfach die Feststelltaste ganz.

1. Rufen Sie den **Registrierungs-Editor** auf: Drücken Sie die Tastenkombination ⊞ + R, und geben Sie im Dialogfeld **Ausführen** »regedit« ein.

2. Öffnen Sie links den Ordner **HKEY_LOCAL_MACHINE\SYSTEM\CurrentControlSet\Control**, und klicken Sie auf **KeyboardLayout** ❶.

3. Legen Sie einen neuen Binärwert an. Klicken Sie dazu in der rechten Ansicht mit der rechten Maustaste in den Hintergrund, und rufen Sie den Befehl **Neu > Binärwert** ❷ auf. Nennen Sie den neuen Eintrag **Scancode Map**.

4. Klicken Sie dann mit der rechten Maustaste auf den neuen Wert, und rufen Sie den Befehl **Ändern** ❸ auf.

5. Tippen Sie im Dialogfeld **Binärwert bearbeiten** ❹ folgenden Wert ein:

   00 00 00 00   00 00 00 00   02 00 00 00
   00 00 3A 00   00 00 00 00

   Wir haben zur besseren Lesbarkeit nach jeweils vier Ziffernpaaren einen größeren Leerraum eingefügt, den Sie aber bitte so nicht eintippen. Das Dialogfeld fügt selbständig Zwischenräume ein, siehe auch die Abbildung rechts.

6. Klicken Sie auf **OK**, um das Dialogfeld zu beenden, und schließen Sie dann den Editor.

7. Wenn Sie Windows das nächste Mal starten, bleibt das Drücken der Feststelltaste ohne Effekt, auch wenn die Kontroll-LED auf der Tastatur aufleuchtet.

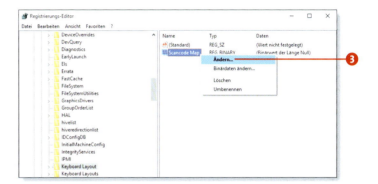

> **Vorsicht bei Änderungen an der Registrierdatenbank**
>
> Grundsätzlich empfiehlt es sich, vor Änderungen an der Registrierdatenbank diese mit dem Befehl **Datei > Exportieren** zu sichern (siehe den Tipp »Registrierdatenbank sichern« auf Seite 270).

Die Uhrzeiten mehrerer Orte immer im Blick

Ein Klick auf die Zeitanzeige rechts unten im Infobereich der Taskleiste zeigt standardmäßig das Datum und die aktuelle Zeit. Falls Sie Weltbürger sind, können Sie sich aber bis zu zwei weitere Uhrzeiten darstellen lassen.

1. Klicken Sie auf die Uhrzeit im Infobereich, um die Kalender- und Zeitanzeige zu öffnen, dann auf **Datums- und Uhrzeiteinstellungen** ❶.

2. Klicken Sie ganz unten auf der Seite **Datum und Uhrzeit** ❷ unter **Verwandte Einstellungen** auf **Uhren für unterschiedliche Zeitzonen hinzufügen**.

3. Aktivieren Sie im Dialogfeld **Datum und Uhrzeit** auf der Registerkarte **Zusätzliche Uhren** eine oder beide weitere Uhren, und wählen Sie die gewünschten Zeitzonen ❸; schließen Sie dann den Dialog mit **OK**.

4. Beim nächsten Klicken auf die Zeitanzeige werden alle aktiven Uhren angezeigt ❹.

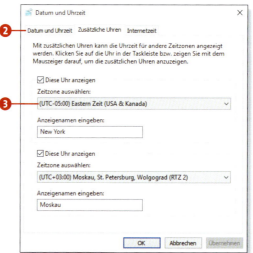

> **Datumsformat ändern**
>
> Über den Link **Datums- und Uhrzeitformat ändern** auf der Seite **Datum und Uhrzeit** kommen Sie zu einer Seite, wo Sie zwischen verschiedenen Darstellungen für Datum und Uhrzeit wählen können. Die angebotenen Darstellungen entsprechen dem im Deutschen üblichen Format. Wenn Sie Datum und Uhrzeit im englischen oder französischen Format anzeigen möchten, geben Sie im Suchfeld »Region« ein, öffnen den zugehörigen Dialog und klicken auf **Weitere Einstellungen**. In dem daraufhin erscheinenden Dialog können Sie die Formate frei editieren.

Die Position der Taskleiste ändern

Die Windows-Taskleiste wird standardmäßig am unteren Bildschirmrand gezeigt. Vielleicht gefällt es Ihnen aber am oberen Rand oder an der Seite besser – vor allem bei großen Bildschirmen ist das sicherlich eine Überlegung wert.

1. Klicken Sie mit der rechten Maustaste auf einen freien Bereich in der Taskleiste ❶.
2. Wählen Sie im Kontextmenü den Befehl **Eigenschaften** ❷.
3. Wählen Sie auf der Registerkarte **Taskleiste** im Listenfeld **Position der Taskleiste auf dem Bildschirm** die gewünschte Position (**Unten**, **Links**, **Rechts** oder **Oben**) ❸ aus.
4. Schließen Sie das Dialogfeld mit **OK** ❹.

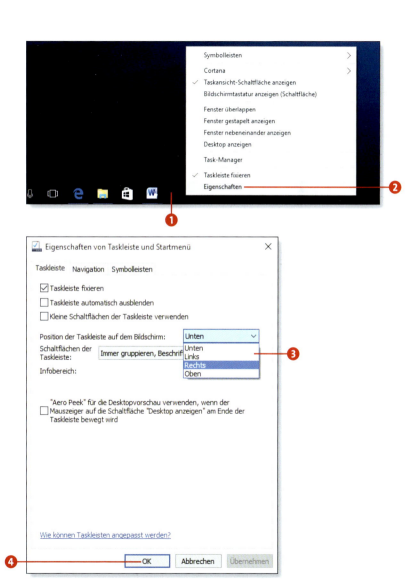

i Mein »Eigenschaften«-Dialog sieht anders aus

Wenn Sie mehrere Monitore an Ihren Rechner angeschlossen haben, werden Sie feststellen, dass der hier abgebildete **Eigenschaften**-Dialog bei Ihnen etwas anders aussieht. Dies liegt daran, dass Ihnen im unteren Bereich zusätzlich die Einstellungen für die Anpassung der Taskleiste an mehrere Monitore eingeblendet werden.

Laufwerksbuchstaben oder -namen ändern

Wie Sie sicherlich wissen, werden in Windows die angeschlossenen Laufwerke ab C aufsteigend benannt und erhalten keinen oder einen mehr oder weniger nichtssagenden Namen wie **Lokaler Datenträger** oder **Volume**. Das lässt sich glücklicherweise ändern.

1. Drücken Sie die Tastenkombination ⊞ + X , und wählen Sie den Befehl **Eingabeaufforderung (Administrator)**. Sie werden gegebenenfalls nach einem Administratorkennwort gefragt.

2. Geben Sie den Befehl »diskmgmt.msc« ein, und drücken Sie ↵ ❶.

3. Klicken Sie im Fenster **Datenträgerverwaltung** mit der rechten Maustaste auf das gewünschte Laufwerk ❷, und wählen Sie **Laufwerkbuchstaben und -pfade ändern** ❸.

4. Klicken Sie im erscheinenden Dialogfeld auf **Ändern** ❹.

5. Wählen Sie den gewünschten Buchstaben aus ❺, und klicken Sie auf **OK**.

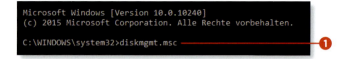

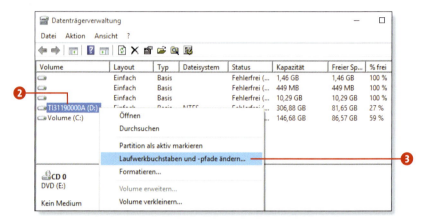

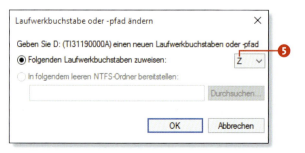

++ Vorsicht beim Ändern!

Ändern Sie keinesfalls leichtfertig Laufwerksbuchstaben, sondern nur, wenn Sie sich auch sicher sind, dass dadurch keinerlei Verknüpfungen und Pfade verlorengehen, die in Windows oder in Apps gespeichert sind. Sonst können Sie diese Programme nicht mehr benutzen oder riskieren einen Absturz.

Kapitel 8: Ihr ganz persönliches Windows

6. Wenn Sie auch den Namen ändern wollen, klicken Sie erneut mit der rechten Maustaste auf das Laufwerk und wählen **Eigenschaften** ❻.

7. Geben Sie auf der Registerkarte **Allgemein** die gewünschte Bezeichnung ein ❼, und schließen Sie dann das Dialogfeld mit **OK**.

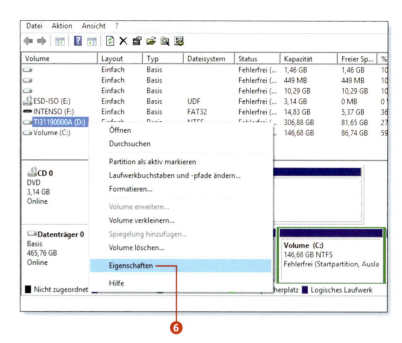

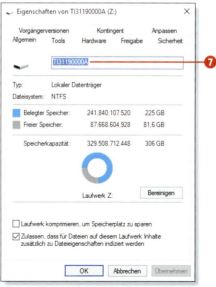

Laufwerksbuchstaben-Änderung kann Verweise retten

Wenn Sie auf einem externen Laufwerk Dateien speichern, auf die von anderen Dateien oder Programmen aus verwiesen wird, kann dies zu Problemen führen.

Wenn Sie die externe Festplatte irgendwann abkoppeln und später wieder anschließen, kann es passieren, dass Windows der Festplatte einen anderen Laufwerksbuchstaben zuteilt – und alle Verknüpfungen ungültig werden.

Besondere Ordner mit eigenem Symbol versehen

Im Explorer ist jeder Knoten mit einem Symbol ausgestattet, das entweder den Knotentyp kennzeichnet (z. B. Laufwerk, Ordner, Verknüpfung) oder Aufschluss über seinen Inhalt gibt. Wenn Sie möchten, können Sie diese Technik aufgreifen und dazu nutzen, spezielle Ordner grafisch zu kennzeichnen – beispielsweise als optische Gedächtnisstütze, welche Ihrer Ordner private Daten enthalten.

1. Starten Sie den Explorer. Drücken Sie dazu die Tasten ⊞ + E, oder klicken Sie unten in der Taskleiste auf das **Explorer**-Symbol.
2. Wechseln Sie zu dem Ordner, dessen Symbol Sie tauschen wollen ❶.
3. Klicken Sie mit der rechten Maustaste auf das Symbol, und wählen Sie **Eigenschaften** ❷.
4. Klicken Sie auf der Registerkarte **Anpassen** im **Eigenschaften**-Dialogfeld auf die Schaltfläche **Anderes Symbol** ❸.
5. Wählen Sie im Dialogfeld **Symbol für Ordner** ❹ ein passendes Symbol aus.
6. Verlassen Sie die Dialogfelder mit **OK**.
7. Das Symbol wird sofort getauscht.

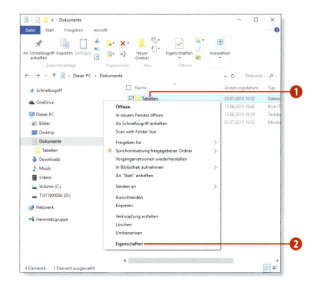

Es geht sogar noch individueller
Wenn Sie eigene Symbole kreieren möchten, benötigen Sie ein Grafikprogramm, das das *.ico*-Format unterstützt.

Das »Senden an«-Menü erweitern

Wenn Sie im Explorer mit der rechten Maustaste auf eine Datei klicken, wird im Kontextmenü der Befehl **Senden an** gezeigt, in dem mögliche Bearbeitungsprogramme oder Zielorte zum Kopieren oder Verschieben angeboten werden. Falls Sie beispielsweise immer wieder einen bestimmten Ordner als Ziel benötigen, sollten Sie ihn in dieses Menü aufnehmen.

1. Starten Sie den Explorer: Drücken Sie die Tastenkombination ⊞ + E, oder klicken Sie unten in der Taskleiste auf das **Explorer**-Symbol.

2. Tippen Sie in die Adressleiste den Befehl »shell:SendTo« ein ❶, und drücken Sie ↵.

3. Klicken Sie mit der rechten Maustaste in den rechten Bereich, und erstellen Sie mit dem Befehl **Neu > Verknüpfung** ❷ eine Verknüpfung auf den gewünschten Zielordner. Ein Dialogassistent wird Ihnen dabei helfen.

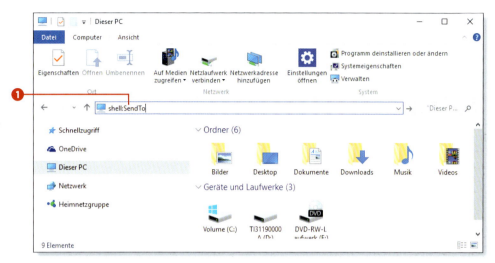

> **Mögliche Einträge sind Apps oder Ordner**
>
> Wenn Sie eine Verknüpfung zu einem Programm einrichten, können Sie im Explorer ausgewählte Dokumente über den Aufruf des betreffenden Programmeintrags im **Senden an**-Menü in dem Programm starten. Wenn Sie eine Verknüpfung zu einem Ordner einrichten, können Sie die ausgewählte Datei in diesen Ordner kopieren.

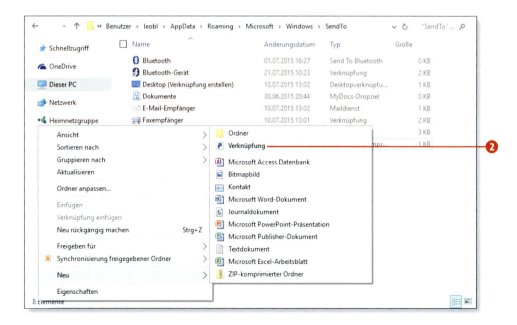

Persönliche Spracheinstellungen

Zusätzliche Sprache einrichten

Im Zuge der Windows-Installation haben Sie vermutlich Deutsch als Sprache festgelegt. Dies ist notwendig, um Anzeige, Tastatur sowie die Darstellung von Zahlen, Datumsangaben und Preisen korrekt zu konfigurieren. Aber wäre es nicht auch ganz angenehm, wenn Sie bei Bedarf zu einer anderen Sprache wechseln könnten – beispielsweise Schwedisch, damit Sie E-Mails an schwedische Freunde oder Geschäftspartner schreiben können, ohne die speziellen schwedischen Umlaute über irgendwelche Sonderzeichentabellen einkopieren zu müssen?

1. Rufen Sie die **Systemsteuerung** auf. Drücken Sie dazu die Tastenkombination ⊞ + X, und wählen Sie **Systemsteuerung**.

2. Klicken Sie unter **Zeit, Sprache und Region** auf **Sprache hinzufügen** ❶.

3. Klicken Sie auf der Seite **Sprache** auf **Sprache hinzufügen** ❷.

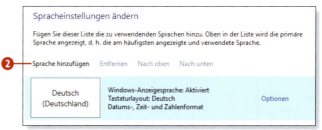

4. Wählen Sie auf der Seite **Sprachen hinzufügen** eine Sprache ❸ aus. Sieht das Symbol einer Sprache wie ein einfaches Blatt ❹ aus, genügt es, das Symbol anzuklicken.

   Sieht das Symbol wie ein Blattstapel aus, wandelt sich die Beschriftung des **Hinzufügen**-Schalters ❺ nach dem Anklicken der Sprache in **Öffnen**. Klicken Sie dann auf **Öffnen**, und wählen Sie anschließend die gewünschte Sprachuntergruppe.

5. Die Sprache ist nun ausgewählt, Sie können die **Systemsteuerung** schließen.

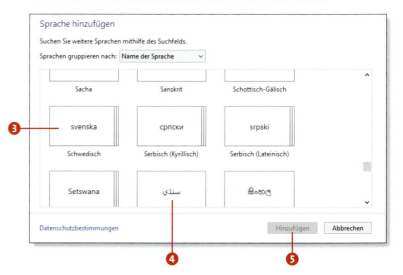

> **Sprachenwechsel leichtgemacht**
>
> Um die Eingabesprache zu wechseln, drücken Sie die Tastenkombination (linke) Alt + 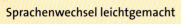.

Sprachenleiste zur Auswahl der Sprache anzeigen

Wenn sie mit mehreren Sprachen arbeiten, werden Sie sicherlich häufiger zwischen diesen Sprachen hin und her schalten wollen. Um das schnell erledigen zu können, sollten Sie die Sprachenleiste einblenden lassen, um dort eine schnelle Auswahl treffen zu können.

1. Rufen Sie die **Systemsteuerung** auf. Drücken Sie dann die Tastenkombination ⊞ + X, und wählen Sie den Befehl **Systemsteuerung**.
2. Klicken Sie unter **Zeit, Sprache und Region** auf **Sprache hinzufügen**.
3. Klicken Sie auf der Seite **Sprache** links auf **Erweiterte Einstellungen** ❶.
4. Aktivieren Sie im Dialogfeld **Erweiterte Einstellungen** die Option **Bei Verfügbarkeit Desktopsprachenleiste verwenden** ❷.
5. Klicken Sie auf **Speichern** ❸.
6. Über das betreffende Symbol in der Taskleiste können Sie nun das Popup-Menü zum Wechseln der Sprache einblenden ❹.
7. Mit dem Befehl **Sprachenleiste anzeigen** ❺ wird eine frei auf dem Bildschirm verschiebbare Leiste zum Wechseln der Sprache angezeigt.

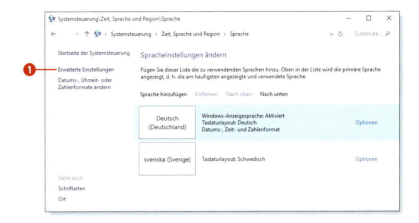

> **Wollen Sie noch schneller wechseln?**
>
> Wenn Sie noch schneller zwischen den Sprachen wechseln wollen, lesen Sie die nächste Anleitung. Denn es geht auch per Tastenkombination.

Die Sprache über Tastenkombinationen wechseln

Noch effizienter als, wie im letzten Tipp gezeigt, über die Sprachenleiste ist es natürlich, die einzelnen Sprachen mit Tastenkombinationen zu verbinden. Diese Möglichkeit haben Sie in wenigen Einstellungen eingerichtet:

1. Rufen Sie die **Systemsteuerung** auf. (Drücken Sie die Tastenkombination ⊞ + X , und wählen Sie den Befehl **Systemsteuerung**.)
2. Klicken Sie unter **Zeit, Sprache und Region** auf **Sprache hinzufügen**.
3. Klicken Sie auf der Seite **Sprache** links auf **Erweiterte Einstellungen**.
4. Klicken Sie im Dialogfeld **Erweiterte Einstellungen** auf **Abkürzungstasten der Sprachenleiste ändern** ❶.
5. Wählen Sie im Dialogfeld **Textdienste und Eingabesprachen** die Sprache aus, die Sie mit einer Tastenkombination verbinden möchten ❷.
6. Klicken Sie auf **Tastenkombination ändern** ❸.
7. Aktivieren Sie im Dialogfeld **Tastenkombination ändern** das Kontrollkästchen **Tastenkombination aktivieren** ❹.
8. Stellen Sie eine Tastenkombination ein ❺.
9. Verlassen Sie die Dialogfelder mit **OK** bzw. **Speichern**.

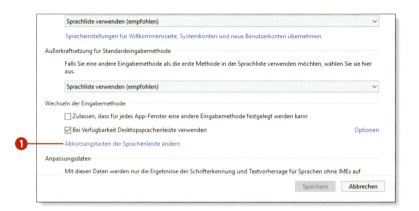

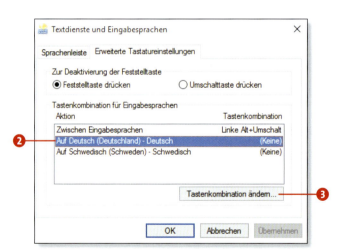

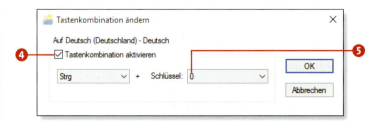

> **Welches Zeichen ist wo?**
>
> Die hier beschriebene Einstellung schaltet vor allem ihre Tastaturbelegung um, sodass Sie danach z. B. norwegische Texte aufsetzen können, ohne die norwegischen Sonderzeichen über die Windows-Zeichentabelle einfügen zu müssen. Welches Zeichen ist aber mit welcher Taste verbunden? Die Belegung praktisch sämtlicher nationalen Tastaturen können Sie unter http://ascii-table.com/keyboards.php nachschlagen.

Kapitel 8: Ihr ganz persönliches Windows

Die Eingabesprache nur für die aktuelle App wechseln

Per Voreinstellung wird die Sprache immer systemweit umgeschaltet. Sie können Windows aber auch so konfigurieren, dass die Umstellung der Sprache immer nur für das aktuell aktive Fenster gilt.

1. Rufen Sie die **Systemsteuerung** auf. (Drücken Sie die Tastenkombination ⊞ + X, und wählen Sie den Befehl **Systemsteuerung**.)

2. Klicken Sie unter **Zeit, Sprache und Region** auf **Sprache hinzufügen** ❶.

3. Klicken Sie auf der Seite **Sprache** links auf **Erweiterte Einstellungen** ❷.

4. Aktivieren Sie im Dialogfeld **Erweiterte Einstellungen** die Option **Zulassen, dass für jedes App-Fenster eine andere Eingabemethode festgelegt werden kann** ❸.

5. Klicken Sie auf **Speichern** ❹.

> **i Nicht den Überblick verlieren**
>
> Ich persönlich finde die Option zur individuellen Einstellung der Eingabesprache für die einzelnen Apps manchmal sehr nützlich, muss allerdings zugeben, dass man dabei auch schnell den Überblick verliert. Kombinieren Sie diese Option daher unbedingt mit dem Tipp »Sprachenleiste zur Auswahl der Sprache anzeigen« auf Seite 215, um jederzeit in der Taskleiste nachschauen zu können, welche Sprache gerade eingestellt ist.

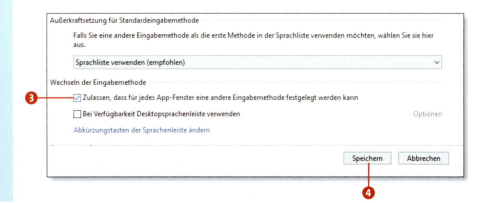

Schriftarten installieren

Windows wird mit einem soliden Grundstock von Schriftarten ausgeliefert. Weitere Schriften kommen in der Regel hinzu, wenn Sie Textverarbeitungs- oder andere Office-Anwendungen installieren. Sollte Ihnen das Angebot dennoch einmal nicht genügen, besteht die Möglichkeit, weitere Schriften hinzuzufügen. Sie benötigen dazu lediglich eine OTF- oder TTF-Datei, in der die Schrift definiert ist. Gehen wir von dem durchaus typischen Fall aus, dass Sie eine ZIP-Datei mit kostenlosen Schriften aus dem Internet heruntergeladen haben.

1. Starten Sie den Explorer. Drücken Sie dafür die Tastenkombination ⊞ + E, oder klicken Sie unten in der Taskleiste auf das **Explorer**-Symbol.

2. Wechseln Sie in den Ordner mit der ZIP-Datei.

3. Extrahieren Sie die ZIP-Datei. Klicken Sie dazu mit der rechten Maustaste auf die ZIP-Datei, und wählen Sie im Kontextmenü den Befehl **Alle extrahieren** ❶.

4. Wechseln Sie zu dem Ordner mit der oder den Schriftartendateien ❷.

5. Installieren Sie die Schrift. Klicken Sie dazu mit der rechten Maustaste auf die Schriftdatei, oder wählen Sie mehrere Dateien aus, und wählen Sie den Befehl **Installieren** ❸.

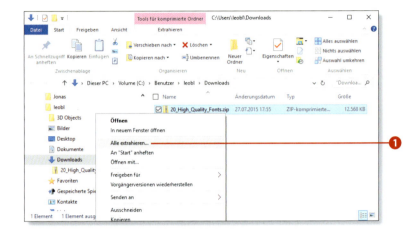

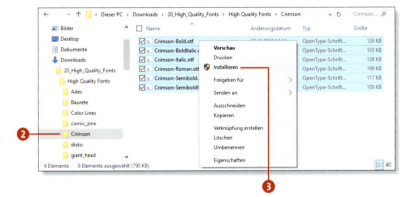

Vermeiden Sie Ärger mit Copyright

Beachten Sie vor der Installation und Verwendung neuer Schriften die für diese geltenden Copyrighthinweise und Lizenzbestimmungen.

6. Falls Sie das Fenster des Explorers schon geschlossen haben, öffnen Sie ein neues Fenster durch Drücken von ⊞ + E.

7. Tippen Sie in die Adressleiste ❹ den Befehl »shell:fonts« ein, und drücken Sie ⏎.

8. Scrollen Sie durch die Liste, und suchen Sie nach der neuen Schrift ❺. Wenn Sie zur **Details**-Ansicht wechseln, lässt sich die Liste der Schriften schneller durchsuchen.

9. Nach erfolgreicher Installation sollte die neue Schrift auch in den installierten Textverarbeitungsprogrammen verfügbar sein ❻.

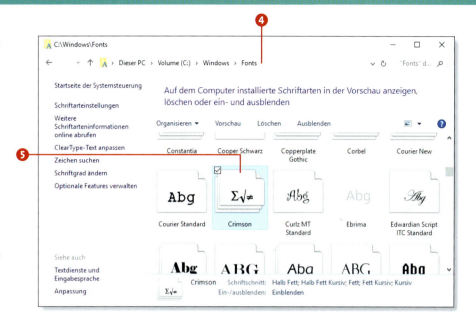

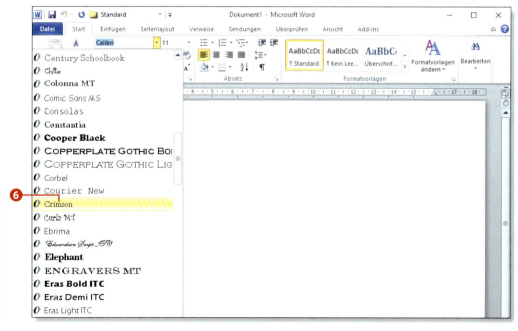

Die wichtigsten Schriftformate

Die am weitesten verbreiteten Schriftformate heutzutage sind OpenType (*.otf*) und TrueType (*.ttf*). Beide Formate werden von Windows 10 unterstützt.

Eine Diashow Ihrer Lieblingsbilder als Hintergrund

Haben Sie aus Ihrem letzten Urlaub tolle Bilder mitgebracht? Dann retten Sie doch etwas von Ihrem Urlaub in Ihren Alltag, indem Sie auf dem Desktop-Hintergrund eine Diashow Ihrer Bilder ablaufen lassen.

1. Starten Sie den Explorer. Drücken Sie zu diesem Zweck die Tastenkombination ⊞ + E, oder klicken Sie unten in der Taskleiste auf das **Explorer**-Symbol.

2. Öffnen Sie den Ordner **Dieser PC > Bilder** ❶.

3. Legen Sie einen Unterordner für Ihre Diashow an. Klicken Sie z. B. mit der rechten Maustaste in den rechten Inhaltsbereich, und rufen Sie im Kontextmenü den Befehl **Neu > Ordner** auf ❷. Benennen Sie diesen Ordner (beispielsweise »Blumen«).

4. Kopieren Sie die Bilder, die Teil der Diashow werden sollen, in den Ordner. Sie können diese Auswahl jederzeit überarbeiten.

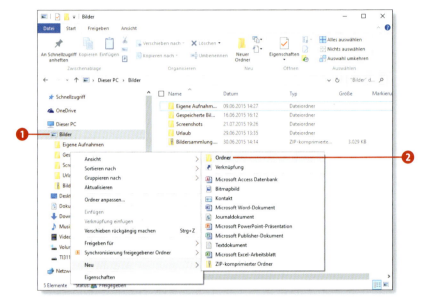

++ Diashow bei zwei angeschlossenen Monitoren

Wenn Sie mehrere Monitore angeschlossen haben, werden die Hintergründe der Monitore sukzessive aktualisiert. Bei zwei Monitoren sieht das dann so aus, dass das erste Bild auf dem ersten Monitor erscheint, das zweite Bild auf dem zweiten Monitor, das dritte Bild dann wieder auf dem ersten Monitor und so weiter.

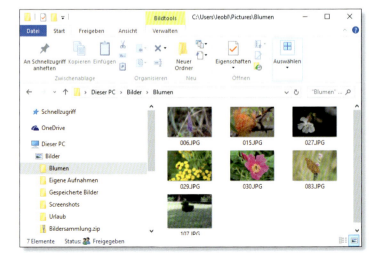

Kapitel 8: Ihr ganz persönliches Windows 221

5. Klicken Sie mit der rechten Maustaste auf eine freie Stelle auf dem Desktop, und wählen Sie **Anpassen**.

6. Öffnen Sie rechts unter der **Vorschau** das Dropdown-Listenfeld für **Hintergrund**, und wählen Sie den Eintrag **Diashow** ❸.

7. Über den Schalter **Durchsuchen** wählen Sie den Ordner aus, den Sie für die Diashow angelegt haben – in unserem Beispiel **Blumen** ❹.

8. Legen Sie unter dem **Bildänderungsintervall** fest, wie schnell die Bilder gewechselt werden sollen.

9. Bestimmen Sie unter **Anpassung auswählen**, wie die Bilder in das Format des Monitors eingepasst werden sollen.

10. Ihre Einstellungen werden sofort wirksam.

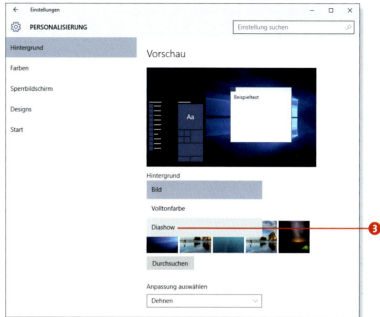

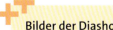

Bilderfolge

Die Reihenfolge, in der die Bilder in der Diashow abgespielt werden, entspricht der alphabetischen Abfolge der Bilddateinamen.

Bilder der Diashow überspringen

Wenn Sie in der laufenden Diashow schnell einmal ein oder zwei Bilder vorrücken möchten, klicken Sie in den Desktop-Hintergrund und rufen den Befehl **Nächster Desktophintergrund** auf.

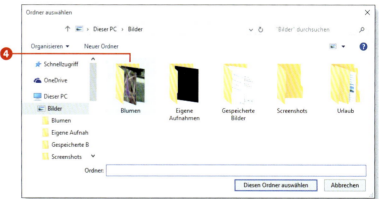

Der Einsatz von mehreren Monitoren

Mehrere Monitore an einen Rechner anzuschließen, wird immer populärer. Was früher vor allem Börsenmaklern, Grafik-Designern und hochbezahlten IT-Profis vorbehalten war, steht dank immer günstigerer Monitore und leistungsfähigerer Grafikarten heute praktisch jedem PC-Benutzer offen. Und so hat sich als Gegenbewegung zu den Ein-App-Benutzern eine langsam, aber stetig wachsende Gemeinde von Benutzern herausgebildet, die es schätzen, wenn Sie dank zweier Monitore zwei bis vier Programme in nicht zu kleinen Fenstern gleichzeitig im Blick behalten können. Grund genug für Microsoft, die betriebssystemseitige Unterstützung für mehrere Monitore weiter zu verbessern.

Erkennt Windows, dass mehrere Monitore angeschlossen sind, wechselt es automatisch in den Multi-Monitor-Modus und dehnt den Desktop über die zur Verfügung stehenden Monitore aus. Sollten Sie zufälligerweise doch einen anderen Modus vorziehen – beispielsweise das Duplizieren des Desktops auf alle angeschlossenen Monitore –, drücken Sie einfach die Tastenkombination ⊞ + P und wählen in dem sich öffnenden Menü den gewünschten Modus.

Das »Projizieren«-Menü von Windows 10

Wenn Sie zwei Monitore angeschlossen haben, ist einer immer der Hauptbildschirm. Auf dem Hauptbildschirm wird die Haupttaskleiste mit dem Datumsfeld angezeigt. Die einzelnen Monitore können Sie über die **Anzeige**-Einstellungen (Aufruf über **Startmenü > Einstellungen > Bildschirm**) konfigurieren. Sie müssen nur vorab den zu konfigurierenden Monitor im oberen Anzeigefeld auswählen.

Wie die Anzeigen auf die Bildschirme verteilt werden, können Sie auch über das **Projizieren**-Menü festlegen, das Sie durch Drücken von ⊞ + P aufrufen.

Monitore richtig anordnen

Mittlerweile erkennt Windows, wenn mehrere Monitore angeschlossen sind, und erstreckt den Desktop automatisch über beide Monitore. Pech nur, wenn Sie dann feststellen, dass Windows die Monitore so zugeordnet hat, dass Sie die Maus, um den Zeiger vom linken Monitor zum rechten Monitor zu bewegen, nicht wie erwartet und gewünscht nach rechts, sondern nach links bewegen müssen. Bevor Sie jetzt auf die Idee kommen, die Monitore umzustellen oder neu anzuschließen, teilen Sie doch einfach Windows mit, welcher Monitor rechts und welcher links steht.

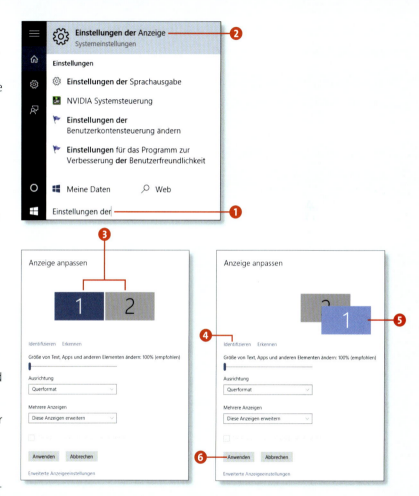

1. Geben Sie im Suchfeld »Einstellungen der« ein ❶, und wählen Sie in der Suchergebnisliste **Einstellungen der Anzeige** ❷.

2. Sie sehen nummerierte Symbole für die angeschlossenen Bildschirme ❸.

3. Klicken Sie auf **Identifizieren** ❹.

   Auf Ihren Monitoren erscheinen nun ebenfalls große Ziffern, die Ihnen anzeigen, welcher Bildschirm welche Nummer hat. Sie werden dabei feststellen, dass diese tatsächliche Nummerierung nicht mit der Nummerierung der Bildschirmsymbole im Dialogfeld übereinstimmt.

4. Verschieben Sie eines der Monitorsymbole, um die Reihenfolge der Monitore zu tauschen ❺.

5. Klicken Sie auf **Anwenden** ❻.

6. Kontrollieren Sie die Mausbewegung. Bei richtiger Anordnung sollte die Maus jetzt wie gewünscht von einem Monitor zum anderen zu bewegen sein.

> **Probleme mit der Ansicht**
> Falls Sie trotz zweier angeschlossener Monitore nur auf einem Monitor etwas sehen oder beide Monitore das Gleiche anzeigen, drücken Sie die Tastenkombination ⊞ + P und wählen die Einstellung **Erweitern**.

Festlegen, welche Fenster auf welcher Taskleiste erscheinen

Wenn Sie den Desktop auf mehrere Monitore erweitern, erhält jeder Monitor seine eigene Taskleiste, wobei die Haupttaskleiste (zu erkennen am Datumsfeld am rechten Ende) auf dem Hauptbildschirm angezeigt wird. Die Frage ist allerdings, auf welcher Taskleiste nun die Schaltfläche eines geöffneten Fensters angezeigt wird.

1. Klicken Sie mit der rechten Maustaste in den Hintergrund der Taskleiste.
2. Wählen Sie im Kontextmenü den Befehl **Eigenschaften**.
3. Öffnen Sie das Listenfeld **Schaltflächen der Taskleiste anzeigen auf** ❶, und wählen Sie eine der angebotenen Optionen.

   Taskleiste mit geöffnetem Fenster führt dazu, dass ein Fenster, das auf Monitor A zu sehen ist, auch nur in der Taskleiste des Monitors A mit einer Schaltfläche vertreten ist.

   Haupttaskleiste und Taskleiste mit geöffnetem Fenster bedeutet, ein Fenster, das auf Monitor A zu sehen ist, ist in der Taskleiste des Monitors A und in der Haupttaskleiste mit einer Schaltfläche vertreten, wobei beide Taskleisten natürlich auch identisch sein können.

   Alle Taskleisten heißt, dass die geöffneten Fenster auf jeder Taskleiste vertreten sind.

> **Nur eine Taskleiste**
> Wenn Sie lediglich die Haupttaskleiste auf dem Hauptbildschirm anzeigen lassen möchten, deaktivieren Sie die Option **Taskleiste auf allen Anzeigegeräten anzeigen**.

Ein Hintergrundbild für mehrere Monitore

Mit Hilfe der Optionen zum Anpassen des Hintergrundbilds können Sie ein Bild auch über mehrere Monitore strecken. Da Bilder aber selten Panoramaabmessungen haben, sollten Sie sich gegebenenfalls die Mühe machen, das Bild passend zurechtzuschneiden.

1. Geben Sie im Suchfeld »Bildschirmaufl« ein, und wählen Sie in der Suchergebnisliste **Bildschirmauflösung ändern**.
2. Klicken Sie nacheinander auf die beiden Monitorsymbole ❶, und notieren Sie sich die eingestellten Auflösungen ❷.
3. Laden Sie das gewünschte Bild in ein geeignetes Grafikprogramm (z. B. **Paint**), und schneiden Sie es ungefähr auf die gewünschte Größe zu (addierte Breiten × Höhe oder proportionale Maße).
4. Speichern Sie das Bild.
5. Rufen Sie im Kontextmenü des Desktops den Befehl **Anpassen** auf.
6. Wählen Sie über die Schaltfläche **Durchsuchen** ❸ das anzuzeigende Bild aus.
7. Klappen Sie das Listenfeld **Anpassung auswählen** auf, und wählen Sie die Option **Strecken** ❹ aus.
8. Schließen Sie die Einstellungen.

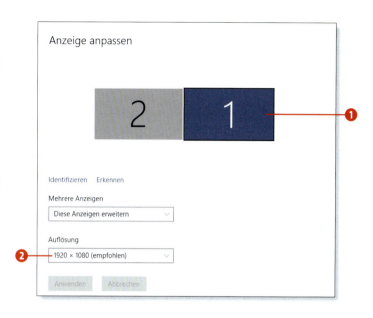

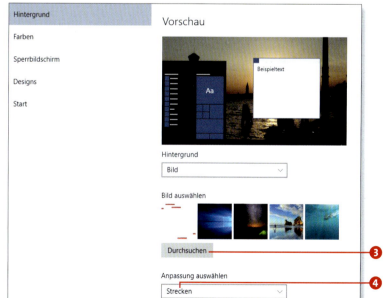

++ Optimale Arbeitsumgebung

Eine gute Wirkung eines gemeinsamen Hintergrundbildes ist verständlicherweise nur zu erzielen, wenn die beteiligten Monitore in etwa die gleiche Höhe haben.

Den »Godmode« aktivieren

Die Möglichkeiten zur Konfiguration von Windows sind zahlreich und über viele Untermenüs der **Systemsteuerung** verteilt, ja geradezu versteckt. Eine gute Unterstützung ist daher der sogenannte *Godmode*, der einen zentralen Zugriff auf alle Einstellungen bietet.

1. Klicken Sie mit der rechten Maus auf eine freie Stelle auf dem Desktop.
2. Wählen Sie im Kontextmenü den Befehl **Neu > Ordner** ❶.
3. Klicken Sie zweimal auf das Ordnersymbol, und geben Sie dem neuen Ordner folgenden Namen ❷:

   SysInfo.{ED7BA470-8E54-465E-825C-99712043E01C}

4. Mit einem Doppelklick auf den Ordner erhalten Sie in Zukunft den direkten Zugriff auf alle Optionen der **Systemsteuerung** ❸.

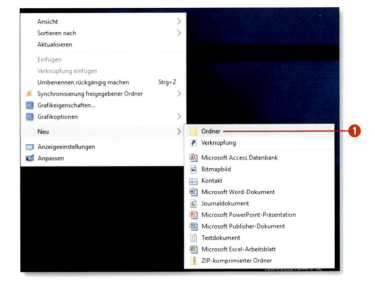

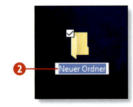

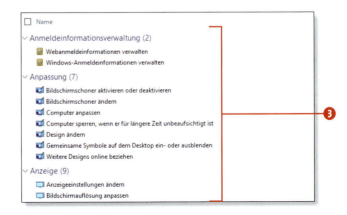

Alternativen der Namensgebung

Anstelle von »SysInfo« können Sie auch ein beliebiges anderes Präfix verwenden. Sie können den Ordner auch an anderer Stelle im Dateisystem anlegen, es muss nicht auf dem Desktop sein.

Schützen Sie Ihren Computer

In diesem Kapitel

- Den Datenschutz verbessern
- Den Dateiversionsverlauf aktivieren
- Auf frühere Dateiversion zugreifen
- Einen Wiederherstellungspunkt erstellen
- Eine Kennwortrücksetzdiskette erstellen
- Dateien spionagesicher löschen
- Die Liste der zuletzt verwendeten Dateien beim Abmelden löschen
- Kamera und Mikrofon deaktivieren
- Daten verschlüsseln
- Software installieren ohne SmartScreen
- Meldung zur Media-Player-Verwendung deaktivieren
- Den Browserverlauf und Cookies löschen
- Viren und andere Schädlinge im Griff

Absolute Sicherheit gibt es nicht. Nicht im echten Leben, nicht auf Ihrem Rechner und schon gar nicht beim Surfen im Internet. Sie können jedoch einiges tun, um sich abzusichern.

Grundregel Nr. 1: Dokumente, an denen Sie gerade arbeiten, sollten Sie in kurzen Abständen auf Festplatte und mindestens einmal am Tag als Sicherungskopie auf einem zweiten Medium (siehe Grundregel Nr. 2) abspeichern. Nichts ist ärgerlicher, als wenn Ihr Hund auf den Netzschalter tritt und plötzlich die Arbeit der letzten fünf Stunden weg ist, weil Sie zwischendurch nicht einmal die Tastenkombination [Strg] + [S] zum Speichern gedrückt haben.

Grundregel Nr. 2: Nutzen Sie als zweiten Speicherort nicht eine zweite Festplatte im Computer, sondern besser ein externes Medium, z. B. einen großen separaten USB-Stick oder eine USB-Festplatte. Dasselbe gilt für die Sicherungsdateien, die Windows für Sie anlegt, damit Sie Ihr System im Falle des Falles wiederherstellen können.

Grundregel Nr. 3: Wenn Sie sich mit dem Internet verbinden, achten Sie darauf, ein aktuelles Antivirenprogramm installiert zu haben. Und wer noch mehr tun möchte, um seine Daten und seine Privatsphäre zu schützen, für den haben wir in diesem Kapitel ein paar Tipps zusammengetragen.

Daten- und Systemsicherung

Moderne Computerhardware ist zwar in der Regel ziemlich stabil, aber manchmal passiert es doch: Die Festplatte versagt und funktioniert nicht mehr, oder durch einen Programmabsturz werden Dateien so beschädigt, dass Sie sie nicht mehr öffnen können. In diesem Zusammenhang bietet Windows 10 eine Reihe von Möglichkeiten an, Sicherungskopien von Dateien und Ordnern zu erstellen, auf die Sie dann im Notfall zurückgreifen können:

Der Dateiversionsverlauf hilft Ihnen, wenn Sie frühere Bearbeitungszustände Ihrer Dateien wiederherstellen wollen.

1. **Dateiversionsverlauf**: Wenn Sie den Dateiversionsverlauf aktivieren, speichert Windows verschiedene Bearbeitungszustände Ihrer Dateien. Sollten Sie dann feststellen, dass Sie in einer Datei eine wichtige Passage unwiderruflich gelöscht haben, können Sie dank des Dateiversionsverlaufs auf eine frühere Version zurückgreifen, in der die betreffende Passage noch vorhanden war.

2. **Systemabbild**: Das Systemabbild ist eine Kopie der für Windows notwendigen Laufwerke (also typischerweise C:) und kann in Notfällen zur Wiederherstellung des Systems verwendet werden.

3. **Wiederherstellungspunkt**: Wiederherstellungspunkte dienen dazu, das Windows-Betriebssystem in Notfällen auf einen früheren Zustand zurückzusetzen, als das System (hoffentlich) noch reibungslos funktionierte.

Den Datenschutz verbessern

Microsoft hat sich bei Windows 10 dazu entschlossen, standardmäßig sehr viele Informationen über den aktuellen Benutzer und sein Verhalten allen aktiven Apps zur Verfügung zu stellen oder sie gleich an seine eigenen Server für statistische Analysen zu übermitteln. Falls Sie dies stört und irgendwie ein ungutes Gefühl hervorruft, dann sollten Sie regulierend einschreiten.

1. Wählen Sie im Startmenü den Befehl **Einstellungen** aus oder drücken Sie ⊞ + I .
2. Wählen Sie die Rubrik **Datenschutz** und dann **Allgemein** ❶.
3. Setzen Sie alle Schiebeschalter auf **Aus** ❷.
4. Klicken Sie auf den Link **Microsoft-Werbung und andere Personalisierungsinfos verwalten** ❸.
5. Es wird automatisch eine Webseite geöffnet. Wählen Sie dort **Einstellungen für personalisierte Werbung** ❹.
6. Wählen Sie die Option **Aus** ❺, wenn Sie keine personalisierte Werbung im Browser sehen möchten.

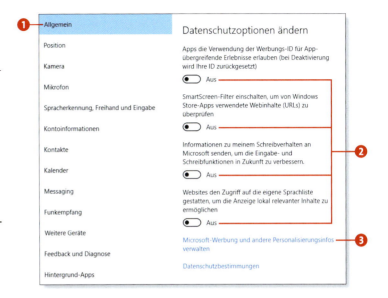

ℹ Werbung überall ausschalten

Um personalisierte Werbung überall abzuschalten, wählen Sie **Aus** ❻. Falls die Schaltfläche inaktiv ist, müssen Sie sich zuvor bei Ihrem Microsoft-Konto anmelden: klicken Sie auf **Zum Ändern anmelden** ❼. Sie müssen dann das Passwort Ihres Microsoft-Kontos eingeben. Danach können Sie **Aus** ❻ aktivieren.

Den Dateiversionsverlauf aktivieren

Windows 10 bietet eine automatische Sicherungsfunktionalität der persönlichen Daten namens *Dateiversionsverlauf* (auch bekannt als *File History*). Hierbei werden alle Änderungen an Dateien in den Benutzerbibliotheken (die Ordner für Bilder, Musik, Video und Dokumente im jeweiligen Benutzerordner) sowie OneDrive, Desktop, Kontakte und Favoriten auf einem externen Laufwerk (USB- oder Netzwerklaufwerk) gesichert.

1. Verbinden Sie das USB-Laufwerk, bzw. stellen Sie sicher, dass eine Verbindung zu einem Netzlaufwerk vorhanden ist. (Netzlaufwerke werden hierbei allerdings nicht in allen Windows-Versionen unterstützt.)

2. Rufen Sie die **Systemsteuerung** auf: Drücken Sie ⊞ + X , und wählen Sie **Systemsteuerung**, oder geben Sie im Suchfeld »System« ein, und wählen Sie in der Ergebnisliste **Systemsteuerung**.

3. Wählen Sie die Kategorie **System und Sicherheit** und dann **Dateiversionsverlauf** ❶.

4. Klicken Sie auf **Laufwerk auswählen** ❷, und wählen Sie das externe Laufwerk für die Sicherung aus.

5. Es beginnt sofort eine erste Sicherung der Daten.

6. Klicken Sie im **Dateiversionsverlauf**-Fenster links auf die Option **Erweiterte Einstellungen** ❸, um festzulegen, wie häufig der Dateiversionsverlauf aktualisiert werden soll. Außerdem können Sie festlegen, wie lange gespeicherte Versionen aufbewahrt werden sollen ❹.

Speicherort

Die gesicherten Daten finden Sie auf dem externen Laufwerk im Ordner *FileHistory*. Natürlich müssen Sie dieses externe Laufwerk immer angeschlossen lassen, damit die automatische Sicherung auch durchgeführt werden kann.

Auf frühere Dateiversion zugreifen

Wenn Sie bei der Arbeit mit einem Dokument bemerken, dass Sie eigentlich eine ältere Version benötigen, dann können Sie darauf jederzeit zugreifen – vorausgesetzt, der automatische Dateiversionsverlauf ist für diese Datei aktiviert (siehe vorheriger Tipp).

1. Wählen Sie im Explorer die Datei, für die Sie eine ältere Version benötigen, öffnen Sie via rechtem Mausklick das Kontextmenü, und wählen Sie **Vorgängerversionen wiederherstellen** ❶.

2. Wählen Sie die Registerkarte **Vorgängerversionen** ❷. Sie sehen nun die verfügbaren Versionen; wählen Sie die gewünschte aus.

3. Wählen Sie in der Pfeilschaltfläche zwischen **Öffnen** ❸ zum einfachen Anschauen des Dateiinhalts oder **Öffnen in Versionsverlauf** ❹. Letzteres führt dazu, dass Sie sich in einem Vorschaufenster durch die verschiedenen Versionen der Datei klicken können ❺.

4. Alternativ (und wenn Sie sicher sind) können Sie die Datei überschreiben. Wählen Sie hierzu **Wiederherstellen** ❻, um die Datei durch die gewählte Version zu ersetzen, oder **Wiederherstellen in** ❼, um eine Kopie der Datei in der gewählten Version in einem anderen Verzeichnis zu erstellen.

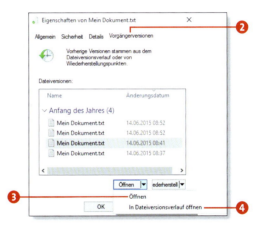

> **Nur für Bibliotheken**
>
> Der Dateiversionsverlauf ist nur für die Dateien in den sogenannten Bibliotheken verfügbar (standardmäßig die Verzeichnisse *Dokumente*, *Bilder*, *Videos*, *Musik*, *Desktop*, *Kontakte* sowie *OneDrive*). Sie können aber auch neue Bibliotheken erstellen. Klicken Sie dazu im Explorer einfach mit der rechten Maustaste auf den Ordner, und wählen Sie im Kontextmenü den Eintrag **In Bibliothek aufnehmen > Neue Bibliothek erstellen** aus.

Einen Wiederherstellungspunkt erstellen

Wenn Sie mit Ihrem Windows rundherum zufrieden sind und alles gut funktioniert, sollten Sie die aktuelle Konfiguration sichern. Wenn es später einmal Probleme geben sollte, können Sie dann Windows wieder auf diesen Stand zurücksetzen. Lesen Sie dazu auch den Tipp »Windows auf Wiederherstellungspunkt zurücksetzen« auf Seite 294.

1. Geben Sie im Suchfeld »Wiederherstellungspunkt« ein, und wählen Sie in der Ergebnisliste **Wiederherstellungspunkt erstellen**.

2. Stellen Sie sicher, dass auf der Registerkarte **Computerschutz** ❶ der Computerschutz für das Laufwerk *C:* und gegebenenfalls weitere Laufwerke aktiviert ist ❷.

   Falls nicht: Klicken Sie auf die Schaltfläche **Konfigurieren** ❸, und wählen Sie **Computerschutz aktivieren** ❹. Legen Sie außerdem mit Hilfe des Schiebereglers fest, wie viel Speicherplatz Sie maximal dafür opfern wollen ❺; 5 % sind meist ausreichend. Schließen Sie den Dialog mit **OK** ❻.

3. Klicken Sie auf **Erstellen** ❼, um einen Wiederherstellungspunkt zu erzeugen. Geben Sie im erscheinenden Dialog einen aussagekräftigen Namen ein, und klicken Sie dann auf **Erstellen** ❽.

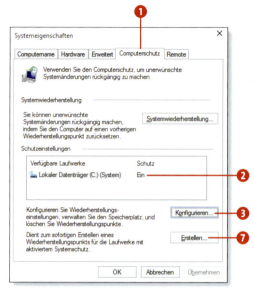

> **++**
>
> **Wiederherstellungspunkt betrifft nur Windows-Daten**
>
> Verwechseln Sie die Funktion *Wiederherstellungspunkt* nicht mit einer vollen Datensicherung. Es werden hier nur Windows-Einstellungen und interne Windows-Daten gesichert, nicht Ihre eigenen Daten von Programmen und Verzeichnissen.

Eine Kennwortrücksetzdiskette erstellen

Wenn Sie Windows 10 mit einem lokalen Benutzerkonto verwenden und nicht mit einem Microsoft-Konto, dann sollten Sie unbedingt eine sogenannte *Kennwortrücksetzdiskette* erstellen für den Fall, dass Sie das Kennwort einmal vergessen.

1. Schließen Sie einen USB-Stick an den Computer an.

2. Rufen Sie die **Systemsteuerung** auf: Drücken Sie ⊞ + X , und wählen Sie **Systemsteuerung**; oder geben Sie im Suchfeld »System« ein, und klicken Sie in der Ergebnisliste auf **Systemsteuerung**.

3. Klicken Sie auf **Benutzerkonten**. Falls Sie sich danach immer noch auf einer Übersichtsseite befinden, klicken Sie dort wiederum auf **Benutzerkonten**.

4. Klicken Sie auf **Kennwortrücksetzdiskette erstellen** ❶, und folgen Sie den Anweisungen des Assistenten.

5. Wählen Sie den USB-Stick aus ❷, den Sie in Schritt 1 angeschlossen haben, und klicken Sie **Weiter**.

6. Identifizieren Sie sich auf Nachfrage mit dem Kennwort des aktuell angemeldeten Benutzers.

7. Beenden Sie den Assistenten, und bewahren Sie den USB-Stick an einem sicheren Ort auf.

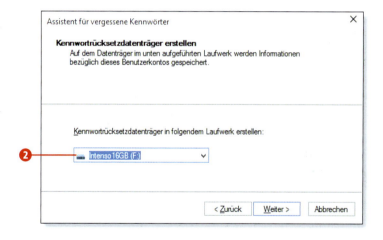

Passwortdatei

Auf dem USB-Stick befindet sich nach Beendigung des Assistenten die Datei *userkey.psw*. Verwahren Sie den Stick an einem sicheren Ort, und nutzen Sie ihn im Fall der Fälle (siehe den Tipp »Ich habe mein Kennwort vergessen, aber eine Rücksetzdiskette (lokales Konto)« auf Seite 285).

Dateien spionagesicher löschen

Das normale Löschen von Dateien unter Windows ist im Prinzip wie das Durchstreichen eines Wortes auf einem Zettel – es bereitet einem halbwegs erfahrenen PC-Anwender keine große Mühe, die Datei wiederherzustellen. Wenn Sie spionagesicher löschen wollen (z. B. vor Verkauf des Computers), dann sollten Sie etwas mehr tun. Voraussetzung hierfür ist allerdings, dass Sie mindestens eine Pro-Version von Windows besitzen.

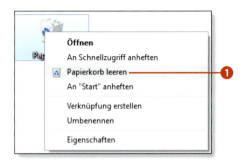

1. Löschen Sie zunächst wie gewohnt die gewünschten Dateien und Ordner.

2. Leeren Sie den Papierkorb. Klicken Sie dazu mit der rechten Maustaste auf das Desktop-Symbol des Papierkorbs, und wählen Sie im Kontextmenü den Befehl **Papierkorb leeren** ❶.

3. Drücken Sie ⊞ + X , und wählen Sie **Eingabeaufforderung (Administrator)** ❷. Gegebenenfalls müssen Sie das Administratorkennwort eingeben.

4. Geben Sie den Befehl »cipher /w:c:\« ein ❸, wenn Sie auf Laufwerk C: sicher löschen wollen; für andere Laufwerke verwenden Sie entsprechend einen anderen Laufwerksbuchstaben, z. B. »cipher /w:d:\« für Laufwerk D:. Drücken Sie ↵ .

Wie »cipher« arbeitet

Das Tool *cipher* löscht nicht, sondern überschreibt gelöschte Segmente auf dem angegebenen Laufwerk mit nutzlosen Informationen, so dass die gelöschten Dateien nicht mehr korrekt wiederhergestellt werden können.

Mit Ordner verwenden

Sie können *cipher* statt eines ganzen Laufwerks auch nur einen speziellen Ordner übergeben, z. B.: »cipher /w:c:\Windows«.

Die Liste der zuletzt verwendeten Dateien beim Abmelden löschen

Windows 10 merkt sich für die **Schnellzugriff**-Ansicht ❶ des Explorers, welche Dateien und Ordner Sie zuletzt verwendet ❷ haben, das heißt, Sie hinterlassen auf dem Rechner eine Datenspur so breit wie eine Autobahn. Sie können aber dafür sorgen, dass beim Abmelden diese Informationen automatisch gelöscht werden. Voraussetzung hierfür ist allerdings, dass Sie mindestens eine Pro-Version von Windows besitzen.

1. Drücken Sie ⊞ + X, und wählen Sie **Eingabeaufforderung (Administrator)**; gegebenenfalls müssen Sie das Administratorkennwort eingeben.

2. Geben Sie den Befehl »gpedit.msc« ein ❸, und drücken Sie ⏎.

3. Öffnen Sie links den Ordner **Benutzerkonfiguration > Administrative Vorlagen > Startmenü und Taskleiste** ❹.

4. Doppelklicken Sie rechts auf den Eintrag **Beim Beenden die Liste der zuletzt geöffneten Dokumente leeren** ❺.

5. Wählen Sie die Option **Aktiviert** ❻, und klicken Sie dann auf **Übernehmen**.

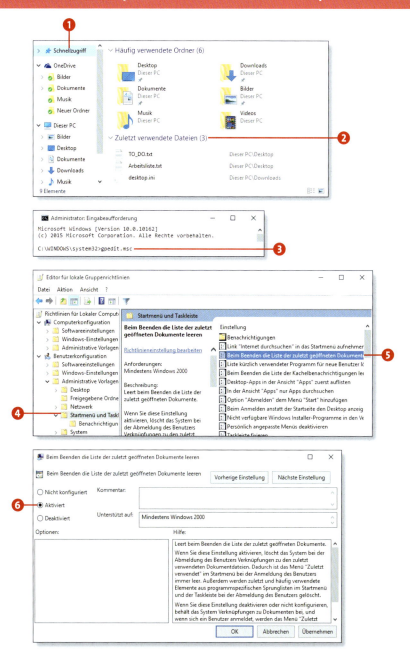

> **Den Dateiverlauf manuell löschen**
>
> Sie können die Liste der gemerkten Dateien und Ordner auch manuell löschen. Öffnen Sie dazu im Explorer das Menü **Datei**, und wählen Sie den Befehl **Ordner- und Suchoptionen ändern**. Klicken Sie im erscheinenden Dialog auf der Seite **Allgemein** auf die **Löschen**-Schaltfläche im Bereich **Datenschutz**.

Kamera und Mikrofon deaktivieren

Waren Sie schon mal bei einem Bekannten und ist Ihnen dabei aufgefallen, dass er die Kamera am Deckel seines Notebooks mit undurchsichtigem Klebestreifen abgeklebt hat, damit er sicher sein kann, nicht ausspioniert zu werden? Effektiv, aber nicht sehr schön. Zumal immer noch die theoretische Möglichkeit besteht, dass das Mikrofon des Notebooks angezapft wird. Dies lässt sich durch Abkleben kaum verhindern. Aber ein Ausspionieren, das immer wieder mal spektakulär von den Medien aufgegriffen wird, lässt sich in Windows 10 sehr einfach verhindern, indem Sie Kamera und Mikrofon in den Windows-Einstellungen deaktivieren.

1. Wählen Sie im Startmenü den Befehl **Einstellungen** aus oder drücken Sie ⊞ + I.
2. Wählen Sie die Rubrik **Datenschutz** ❶ und dann **Kamera** ❷.
3. Stellen Sie den Schiebeschalter auf **Aus** ❸.
4. Gehen Sie nun zur Rubrik **Mikrofon** ❹ und stellen Sie auch dort den Schiebeschalter auf **Aus**.

Selektive Deaktivierung

Anstelle Kamera und Mikrofon wie gezeigt komplett zu aktivieren können Sie auch den Zugriff allgemein erlauben (Schiebeschalter auf **Ein** lassen) und stattdessen für einzelne Apps das Recht erlauben oder entziehen ❺. Allerdings müssen Sie sich dann darauf verlassen, dass alle Apps sich für den Kamera- oder Mikrofonzugriff bei Windows registriert haben.

Daten verschlüsseln

Dateien und Ordner verschlüsseln

Wenn Sie sicherstellen möchten, dass bestimmte Dateien nur von Ihnen gelesen werden können und nicht auch von anderen Benutzern desselben PCs, dann sollten Sie sie verschlüsseln. Hierzu benötigen Sie keinerlei Zusatzprogramme, da Windows 10 dies direkt schon unterstützt.

1. Wählen Sie im Explorer die gewünschte Datei bzw. den Ordner aus.
2. Klicken Sie mit der rechten Maustaste auf die Datei, und wählen Sie im Kontextmenü den Befehl **Eigenschaften** ❶.
3. Wechseln Sie zu der Registerkarte **Allgemein** ❷.
4. Klicken Sie auf die Schaltfläche **Erweitert** ❸.
5. Aktivieren Sie die Option **Inhalt verschlüsseln, um Daten zu schützen** ❹. Schließen Sie dann alle geöffneten Dialogfelder jeweils mit **OK**.

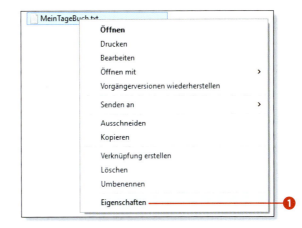

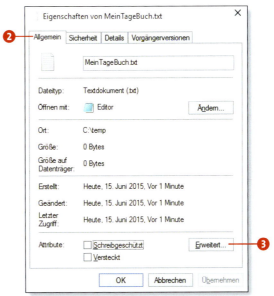

Farbliche Markierung verschlüsselter Daten

Die verschlüsselte Datei wird von nun an im Explorer in einer anderen Farbe angezeigt.

Schneller verschlüsseln

Wie Sie mit Hilfe eines eigenen Kontextmenüeintrags Dateien und Ordner schneller verschlüsseln, erfahren Sie im folgenden Tipp.

238 Windows 10 – Tipps und Tricks

Bequem verschlüsseln via Kontextmenü

Wenn Sie des Öfteren einzelne Dateien und Ordner verschlüsseln möchten, dann ist die Aktivierung der Verschlüsselung wie im vorangehenden Tipp beschrieben recht umständlich und zeitraubend. Ein eigener Eintrag im Kontextmenü wäre doch viel eleganter!

1. Rufen Sie den **Registrierungs-Editor** auf: Drücken Sie ⊞ + R, und geben Sie im Dialogfeld **Ausführen** den Befehl »regedit« ❶ ein; oder suchen Sie über das Suchfeld nach »regedit«.

2. Öffnen Sie links den Ordner **HKEY_CURRENT_USER\Software\Microsoft\Windows\CurrentVersion\Explorer**.

3. Klicken Sie mit rechts auf den Ordner **Advanced** ❷, und wählen Sie im Kontextmenü den Befehl **Neu > DWORD-Wert (32-Bit)** ❸.

4. Geben Sie »EncryptionContextMenu« ❹ als Namen des neuen Eintrags an, und beenden Sie mit ⏎.

5. Klicken Sie mit der rechten Maustaste auf den neuen Eintrag, und wählen Sie **Ändern** ❺.

6. Im Feld **Wert** geben Sie die Zahl 1 ❻ ein; klicken Sie dann auf **OK**.

7. Schließen Sie die Registrierdatenbank, und starten Sie den Rechner neu. Nach dem Neustart sind die Änderungen gültig, und Sie finden im Kontextmenü von Dateien und Ordnern den Befehl **Verschlüsseln**.

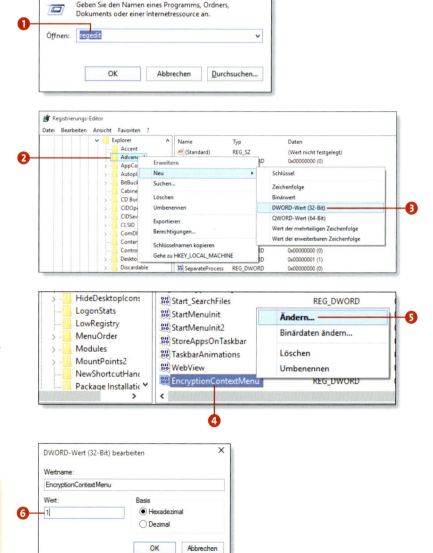

> **Sicherheitskopie der Registrierdatenbank**
> Bitte sichern Sie die Registrierdatenbank, bevor Sie Änderungen daran vornehmen, mit dem Befehl **Datei > Exportieren**. Siehe den Tipp »Registrierdatenbank sichern« auf Seite 270.

USB-Sticks oder Festplatten verschlüsseln mit Bitlocker

Wenn Ihnen ein USB-Stick oder Ihr Notebook oder Tablet-PC verlorengeht oder gestohlen wird, kann dies – abgesehen vom Verlust des Geräts – noch weit unangenehmere Folgen haben: Der Dieb verschafft sich möglicherweise Zugang zu Ihren Daten und verwendet diese Informationen. Sicherheit bietet in solchen Fällen die Verschlüsselung der gesamten Festplatte bzw. des USB-Sticks. Windows 10 stellt Ihnen hierfür – vorausgesetzt, Sie verfügen mindestens über die Pro-Edition – das Programm *Bitlocker* zur Verfügung.

1. Rufen Sie die **Systemsteuerung** auf. Drücken Sie dazu ⊞ + X , und wählen Sie **Systemsteuerung**; oder geben Sie im Suchfeld »System« ein, und klicken Sie in der Ergebnisliste auf **Systemsteuerung**.

2. Wählen Sie **System und Sicherheit** und dann **Bitlocker-Laufwerkverschlüsselung** ❶.

3. Klicken Sie im Dialogfeld **Bitlocker-Laufwerkverschlüsselung** auf **Bitlocker aktivieren** ❷.

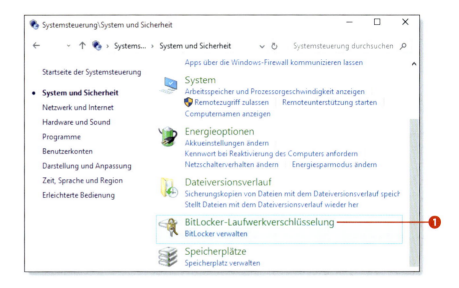

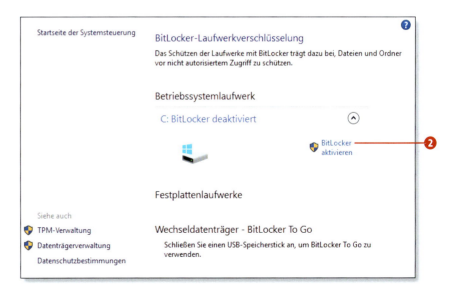

Bitlocker-Voraussetzung

Bitlocker kann nur auf Rechnern aktiviert werden, die einen sogenannten TPM-Chip (*Trusted Platform Module*) haben. Sie sollten auch leistungsfähige Hardware haben, da die Verschlüsselung jeden Lese- und Schreibzugriff etwas verzögert.

Software installieren ohne SmartScreen

Windows besitzt seit einiger Zeit ein Feature, das vielen Anwendern gar nicht bewusst ist: *SmartScreen*. Das klingt recht positiv, führt aber bei Datenschützern zu Stirnrunzeln, und auch Sie sollten darüber nachdenken, ob Sie das wirklich wollen: Bei aktiviertem SmartScreen meldet Windows unter anderem jede Software-Installation über das Internet an Microsoft und lässt prüfen, ob es sich um ein ungefährliches Programm handelt. Wenn diese Prüfung negativ ausfällt, verlangt Windows vor der Installation eine autorisierte Bestätigung.

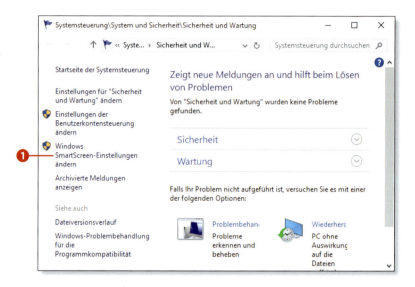

1. Geben Sie im Suchfeld »Wartung« ein, und wählen Sie in der Ergebnisliste **Sicherheit und Wartung**.

2. Klicken Sie im **Info-Center** links auf den Link **Windows SmartScreen-Einstellungen ändern** ❶. Wenn Sie nicht als Administrator angemeldet sind, müssen Sie jetzt das Administratorpasswort eingeben.

3. Wählen Sie die Option **Keine Aktion (Windows SmartScreen deaktivieren)** ❷, und klicken Sie dann auf **OK**.

Ignorieren oder folgen – es gilt abzuwägen

Sie haben sich nach langer Internetrecherche oder auf Empfehlung durch einen Bekannten für ein bestimmtes Freeware-Programm entschieden, das Sie nun installieren möchten. Plötzlich meldet SmartScreen, dass dieses Programm eine Gefahr darstellen könnte. Was werden Sie tun? Werden Sie nach einem anderen Programm suchen, vielleicht einer Bezahlversion, oder werden Sie die SmartScreen-Meldung ignorieren? Wenn Sie zu Letzterem tendieren, wird SmartScreen kaum zur Verbesserung der Sicherheit beitragen, und Sie sollten es besser deaktivieren, um nicht auch noch zum gläsernen Benutzer zu werden.

Meldung zur Media-Player-Verwendung deaktivieren

Das Programm Windows Media Player zum Abspielen von Musik und Videos berichtet bei vorhandener Internetverbindung munter an Microsoft, was Sie da gerade abspielen. Wer das nicht möchte, sollte den geschwätzigen Media Player etwas bremsen.

1. Geben Sie im Suchfeld »media« ein, und wählen Sie in der Ergebnisliste **Windows Media Player**.
2. Wählen Sie im Menü zur Schaltfläche **Organisieren** ganz unten den Befehl **Optionen** ❶.
3. Deaktivieren Sie auf der Registerkarte **Medienbibliothek** das Kontrollkästchen **Ergänzende Informationen aus dem Internet abrufen** ❷.
4. Deaktivieren Sie auf der Registerkarte **Datenschutz** alle Kontrollkästchen der Kategorie **Erweiterte Wiedergabe- und Gerätefunktion** ❸ sowie die Kontrollkästchen **Eindeutige Player-ID an Inhaltsanbieter senden** ❹ und **Daten zur Player-Verwendung an Microsoft senden** ❺.
5. Klicken Sie auf **OK**.

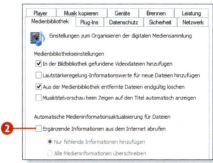

VLC – eine hervorragende Alternative

Der Media Player ist nicht das einzige Programm, mit dem Sie Musik und Filme abspielen können. Sollten Sie eine kostenlose und gute Alternative suchen, empfehlen wir Ihnen den **VLC**-Player: *www.videolan.org/vlc/*.

Anonym surfen

Wie andere Browser auch speichern die Windows-Browser **Microsoft Edge** und Internet Explorer viele Daten über die besuchten Webseiten. Bei aktiviertem SmartScreen-Schutz wird sogar an Microsoft gesendet, welche Seiten Sie ansteuern. Falls Ihnen dies missfällt, finden Sie hier ein paar Tipps, wie Sie sich etwas weniger ausspionierbar machen.

1. Deaktivieren Sie SmartScreen.

   Folgen Sie dem Tipp zur SmartScreen-Deaktivierung auf Seite 240.

2. Starten Sie den anonymen Surfmodus (*InPrivate-Browsing*).

   Starten Sie den Internet Explorer oder **Microsoft Edge**, und drücken Sie dann bei laufendem Browser die Tastenkombination [Strg]+[⇧]+[P]. Es wird daraufhin ein neues Browser-Fenster mit dem InPrivate-Zeichen geöffnet, mit dem Sie anonym im Internet surfen können. Es werden keinerlei Cookies auf der lokalen Festplatte gespeichert, und die besuchten Seiten werden nicht in den Browser-Verlauf aufgenommen. Gänzlich anonym unterwegs sind Sie deshalb aber immer noch nicht, denn auch im InPrivate-Modus protokollieren Internet-Provider und Proxy-Server, welche Internetseiten bzw. welche Server Sie besuchen.

3. Suchen Sie anonym.

   Verwenden Sie zum Suchen anstatt Google oder Bing eine Suchseite wie *www.ixquick.de*, die möglichst wenige Informationen über Sie und Ihre Suchanfragen speichert. (Ixquick verzichtet darauf, persönliche Daten über ihre Nutzer zu sammeln. Es ist zwar keine staatliche Website, aber sie besitzt das Europäische Datenschutz-Gütesiegel und steht im Besitz eines niederländischen Unternehmens, das keine weiteren Geschäftsfelder verfolgt als den Betrieb von Ixquick.

Der Browser Edge im anonymen Surfmodus

Den Browserverlauf und Cookies löschen

Verlaufsdaten, im Falle eines Browsers also die zuletzt besuchten Webseiten, können ebenfalls viel über den PC-Besitzer bzw. den angemeldeten Benutzer verraten. Und Cookies, so harmlos sie manchmal erscheinen mögen, erlauben ein perfektes Nachverfolgen Ihrer Aktivitäten im Web.

1. Starten Sie **Microsoft Edge** durch Klicken auf das **Edge**-Symbol in der Taskleiste.
2. Klicken Sie auf das sogenannte **Hub**-Symbol ❶ und dann auf **Gesamtverlauf löschen** ❷.
3. Setzen Sie Häkchen, was Sie alles löschen wollen ❸, und klicken Sie dann auf **Löschen** ❹.

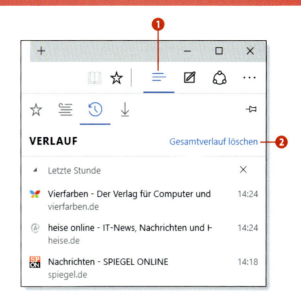

Verlauf und Cookies im Internet Explorer

Für den Internet Explorer gehen Sie so vor, dass Sie den Internet Explorer starten, danach `Strg` + `⇧` + `Entf` drücken, um die Liste der bisher besuchten Webseiten und weitere Informationen anzuzeigen, und dann auswählen, welche der Voreinstellungen Sie löschen wollen bzw. was noch zusätzlich gelöscht werden soll.

Cookie

Ein Cookie ist eine kleine Datei, die ein Browser im Auftrag einer besuchten Webseite auf Ihre lokale Festplatte schreibt. In dieser Datei stehen verschiedene Informationen, die es einer Webseite beim erneuten Besuch erlauben, Sie wiederzuerkennen und darauf in geeigneter Weise zu reagieren, z. B. zur Wiederherstellung eines beim letzten Besuch angelegten Warenkorbs.

Viren und andere Schädlinge im Griff

Malware aufspüren

Bei Malware handelt es sich um Programme, die sich selbst installiert haben – meistens als Seiteneffekt von besuchten Webseiten oder vom arglosen Öffnen von PDF-Anhängen in E-Mails. Der beste Weg, Malware zu entdecken oder ihr entgegenzuwirken, sind professionelle Antiviren- oder Anti-Malware-Programme. Manche Malware verrät sich aber auch schon bei einem Blick in den **Task-Manager**.

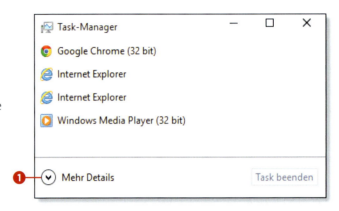

1. Rufen Sie den **Task-Manager** auf: Drücken Sie ⊞ + ⇧ + Esc ; oder geben Sie im Suchfeld »Task« ein, und klicken Sie in der Ergebnisliste auf **Task-Manager**.

2. Klicken Sie gegebenenfalls auf **Mehr Details** ❶, um in die erweiterte Ansicht zu wechseln.

3. Beobachten Sie vor allem die Werte unter **CPU** ❷ und **Netzwerk** ❸. Sie sollten misstrauisch werden, wenn ein Ihnen unbekannter Prozess im Hintergrund aktiv wird und über das Netzwerk Daten austauscht. Kann sein, dass es sich um ein harmloses Update-Programm handelt, kann sein, dass hier eine Malware Ihre persönlichen Daten ausspioniert.

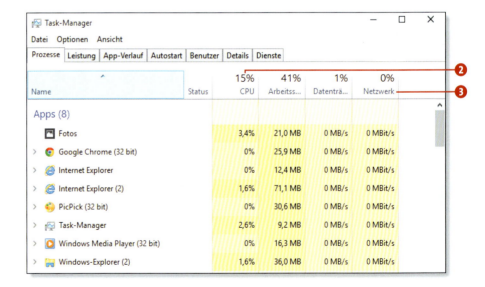

> **Die Aktualisierungsgeschwindigkeit anpassen**
> In Ihrer Anzeige tut sich überhaupt nichts? Dann setzen Sie die Aktualisierungsgeschwindigkeit über den gleichnamigen Befehl im Menü **Ansicht** herauf.

Windows-Firewall einstellen

Die Windows-Firewall dient dazu, den Zugriff von Programmen auf Ihrem Rechner auf das Internet zu kontrollieren sowie unerlaubte Anfragen von fremden Rechnern zu blockieren. Sie können hier für einzelne Apps festlegen, was sie genau dürfen.

1. Rufen Sie die **Systemsteuerung** auf: Drücken Sie ⊞ + X , und klicken Sie dann auf den Befehl **Systemsteuerung**; oder geben Sie »System« im Suchfeld ein, und wählen Sie in der Ergebnisliste **Systemsteuerung**.
2. Wählen Sie **System und Sicherheit** und dann **Windows-Firewall**.
3. Klicken Sie auf **Eine App oder ein Feature durch die Windows-Firewall zulassen** ❶.
4. Klicken Sie im Fenster **Zugelassene Apps** auf die Schaltfläche **Einstellungen ändern** ❷. Geben Sie, falls verlangt, nun das Administratorkennwort ein, und ändern Sie die Zugriffsrechte der betreffenden App.
5. Aktivieren Sie die Änderung durch Klicken auf **OK**.

Privat und Öffentlich

Die Spalten **Privat** und **Öffentlich** stehen für das Zugriffsrecht im jeweiligen Netzwerktyp. Für den öffentlichen Typ sollten Sie vorsichtshalber nur ein Häkchen setzen, wenn es unbedingt für die Kommunikation notwendig ist.

Weitere Apps/Programme zulassen

Wenn die App, deren Rechte Sie festlegen möchten, nicht im Fenster **Zugelassene Apps** aufgelistet wird, klicken Sie unten im Fenster auf die Schaltfläche **Andere App zulassen** ❸, und fügen Sie die App hinzu.

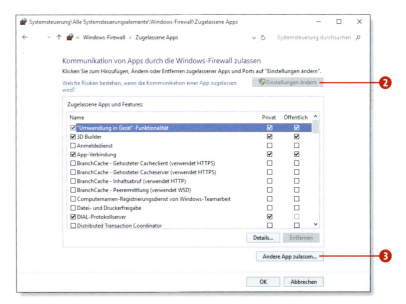

Windows Defender durch andere Antiviren-Software ersetzen

Windows besitzt eine integrierte Antiviren-Software, die auf den Microsoft Security Essentials basiert und nach Testberichten einen recht guten Schutz bietet. Falls auf Ihrem PC oder Tablet keine Antiviren-Software oder eine veraltete Version installiert ist, wird sie von Windows automatisch deaktiviert und durch Windows Defender ersetzt. Falls Sie einen anderen Virenscanner installieren wollen, müssen Sie eventuell zuvor Windows Defender deaktivieren, falls das Installationsprogramm des Drittanbieters in Probleme gerät. Sie müssen hierzu mit Administratorrechten angemeldet sein.

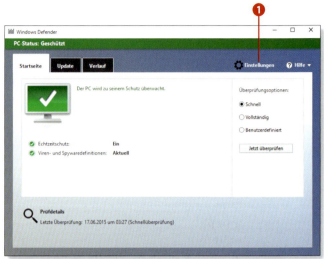

1. Geben Sie im Suchfeld »Defender« ein, und wählen Sie in der Ergebnisliste **Windows Defender**.

2. Klicken Sie in Windows Defender auf **Einstellungen** ❶.

3. Klicken Sie in der Rubrik **Echtzeitschutz** auf den **Ein**-**Aus**-Schiebeschalter, um ihn auf **Aus** ❷ zu stellen.

4. Anschließend können Sie Ihre eigene Antiviren-Software installieren.

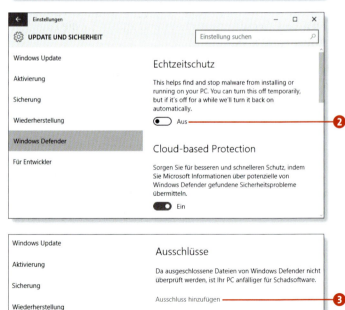

Einzelne Dateien/Ordner von der Virenüberprüfung ausschließen

Manchmal ist Windows Defender der Überzeugung, dass eine bestimmte Datei von Viren oder Trojanern befallen ist, obwohl dies nicht der Fall ist. Wenn Sie ganz sicher sind, dass diese Einstufung ein Fehler ist, können Sie die Datei als Ausnahme markieren. Klicken Sie hierzu im **Einstellungen**-Dialog in der Rubrik **Ausschlüsse** auf **Ausschluss hinzufügen** ❸.

Den Hashwert prüfen

Beim Herunterladen von Dateien kann es passieren, dass Schadsoftware in die heruntergeladene Datei eingeschleust wird. Um dies zu erkennen, gibt es diverse Prüfsummen (beispielsweise MD5 oder SHA-1), die sich beim Einschleusen von Viren etc. verändern. Manche Download-Seiten bieten spezielle Hilfsprogramme zum Herunterladen an, die die Prüfsummen automatisch prüfen, andere geben nur die Prüfsummen an. Mit der Freeware HashTab können Sie die Prüfsummen aber bequem selbst kontrollieren.

1. Gehen Sie zur Webseite *http://implbits.com/products/hashtab/* oder *http://www.chip.de/downloads/HashTab_30990651.html*, laden Sie die kostenlose Version von **HashTab** herunter und führen Sie, ggf. nach Entpacken der ZIP-Datei, das heruntergeladene Installationsprogramm aus.

2. Starten Sie den Explorer und wechseln Sie zu dem Ordner mit der Datei, deren Prüfsumme Sie checken möchten.

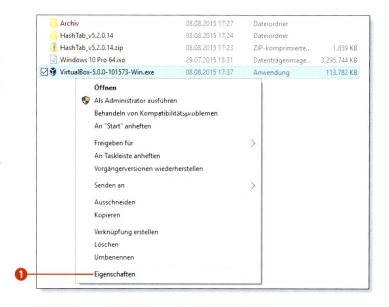

3. Klicken Sie mit der rechten Maustaste auf die Datei und wählen Sie im Kontextmenü den Befehl **Eigenschaften** aus ❶.

4. Wechseln Sie zur Registerkarte **Hashwerte** ❷. Nach wenigen Sekunden werden Ihnen daraufhin bereits die für die Datei ermittelten Prüfsummen angezeigt ❸. Sie können nun Sie die Prüfsumme von der Download-Seite mit dem angezeigten Wert vergleichen.

5. Oder kopieren Sie die Prüfsumme in das Eingabefeld **Hash-Vergleich** und lassen Sie **HashTab** die beiden Werte vergleichen ❹. HashTab vergleicht den Wert mit allen berechneten Prüfsummen, und zeigt im Falle einer Übereinstimmung ein grünes Häkchen an ❺.

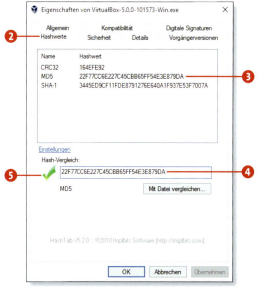

Prüfsummen machen Virenscanner nicht überflüssig!

Hashtab ist eine wunderbare Hilfe, die das Herunterladen sicherer macht. Das bedeutet aber nicht, dass Sie auf Virenscanner ganz verzichten können. Lesen Sie dazu Seite 246.

Windows mit mehreren Benutzern

In diesem Kapitel

- Einen Benutzer anlegen
- Das Benutzerpasswort ändern
- Ein Konto mit Administratorrechten ausstatten
- Programme als Administrator starten
- Ein Programm immer als Administrator ausführen
- Die Sicherheitsabfrage abschalten – ohne Netz und doppelten Boden
- Konten für Kinder und Jugendliche einrichten
- Die Benutzereinstellungen von Konten für Kinder ändern
- Die Benutzereinstellungen synchronisieren

Das Teilen von Inhalten, Bildern, Links und anderen Informationen ist derzeit sehr populär und erreicht dank sozialer Medien immer größere Personenkreise. Nicht ganz so beliebt, aber manchmal einfach unumgänglich, ist das Teilen von PCs, Notebooks oder Tablets. Dabei stellen das ungeheure Potential des PCs und die auf dem PC befindlichen sensiblen Daten ein nicht zu unterschätzendes Sicherheitsrisiko dar. Windows setzt diesen Gefahren das Konzept der Benutzerkonten entgegen, das kurz gefasst auf folgenden Säulen basiert:

- Jeder, der mit dem PC arbeiten möchte, muss sich mit Passwort bei einem Benutzerkonto anmelden – so wird Unbefugten der Zugriff verwehrt.
- Jedem Benutzer wird seine eigene Windows-Umgebung zugeteilt – so kann jeder Windows für sich individuell konfigurieren, und jeder verfügt über seine eigenen Kopien der Bibliotheksordner. Zudem wird der Benutzer automatisch zum Besitzer der von ihm angelegten Dateien und kann festlegen, welche anderen Benutzer auf sie mit welchen Rechten (Lesen, Schreiben, Ausführen) zugreifen können.
- Neben den normalen Benutzerkonten gibt es den Typ des Administratorkontos. Wer sich bei einem solchen Konto anmeldet, wird zum Super-User und besitzt erweiterte Rechte – wie z. B. die Möglichkeit, Konten für weitere Benutzer einzurichten und zu verwalten.

Die meisten der folgenden Tipps gehen daher davon aus, dass Sie als Administrator angemeldet sind oder zumindest das Passwort zu einem Administratorkonto kennen.

Einen Benutzer anlegen

Die Einrichtung von Benutzerkonten, die mit einem Microsoft-Konto verbunden sind – sei es, dass der zukünftige Benutzer bereits über ein Microsoft-Konto verfügt, sei es, dass Sie für ihn ein neues Microsoft-Konto einrichten möchten –, wird unter Windows ziemlich leicht gemacht. Etwas verwirrend dagegen ist der Einrichtungsweg, wenn Sie einen lokalen Benutzer ohne Microsoft-Konto einrichten möchten.

1. Wählen Sie im Startmenü den Befehl **Einstellungen** aus, oder drücken Sie ⊞ + I .
2. Klicken Sie im **Einstellungen**-Dialog auf **Konten**.
3. Klicken Sie in der linken Leiste auf **Familie und weitere Benutzer** ❶.
4. Klicken Sie auf **Diesem PC eine andere Person hinzufügen** ❷.

Benutzer mit Microsoft-Konto anlegen

Wenn Sie einen Benutzer mit Microsoft-Konto einrichten möchten, ist Schritt 5 übrigens die Gelegenheit, die E-Mail-Adresse des Microsoft-Kontos einzugeben. Findet Windows kein Microsoft-Konto, das mit der E-Mail-Adresse verbunden ist, erhalten Sie die Gelegenheit, ein neues Microsoft-Konto einzurichten.

Microsoft-Konto nur mit bestehender Internetverbindung

Es gibt einen Trick, wie Sie lokale Konten unter Umgehung der Dialoge zur Abfrage der E-Mail-Adresse anlegen können: Trennen Sie einfach vorab die Internetverbindung.

Kapitel 10: Windows mit mehreren Benutzern 251

5. Klicken Sie auf **Die Person, die ich hinzufügen möchte, besitzt keine E-Mail-Adresse** ❸.

6. Klicken Sie ganz unten auf den Link **Benutzer ohne Microsoft-Konto hinzufügen** ❹.

7. Geben Sie einen Benutzernamen ❺ für das Konto und ein Kennwort ❻ ein, über das auf das Konto zugegriffen werden kann, plus einen Hinweis ❼, falls Sie das Kennwort irgendwann vergessen sollten.

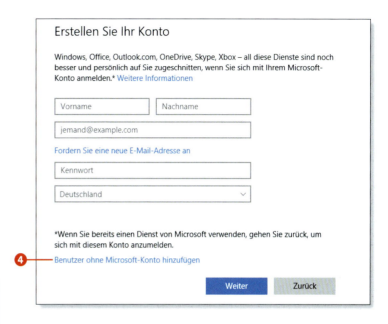

Microsoft-Konto und lokales Konto

Ohne Microsoft-Konto muss der Benutzer zwar auf einige Microsoft-Features verzichten, z. B. Synchronisierung der Daten, Nutzung von OneDrive und Einkaufen im Windows Store, aber dafür erfährt Microsoft auch nicht alles, was der Benutzer so treibt, und der Betrieb des Kontos ist ganz allgemein sicherer.

Wie Sie sich für ein Microsoft-Konto registrieren oder ein lokales Konto nachträglich in ein Microsoft-Konto umwandeln, erfahren Sie in den Tipps ab Seite 157.

Beschränkte Einstellungen für Kinder

Wenn Sie für Ihr Kind ein lokales Konto einrichten, haben Sie leider nur beschränkte Möglichkeiten, Einschränkungen vorzunehmen (siehe den Tipp »Konten für Kinder und Jugendliche einrichten« auf Seite 257).

Das Benutzerpasswort ändern

Als Nutzer eines lokalen Kontos können Sie nur Ihre eigenen Benutzereinstellungen ändern, das dafür aber jederzeit. Wurde Ihr Passwort ausspioniert, wählen Sie einfach ein neues. Oder richten Sie eine PIN oder einen Bildcode statt Passwort ein. (Lesen Sie dazu die Tipps ab Seite 37.) Auch das Bild, das mit Ihrem Konto verknüpft ist, können Sie selbst aussuchen. Nur die anderen Konten sind für Sie tabu. Dazu müssen Sie schon über Administratorrechte verfügen.

1. Wählen Sie im Startmenü den Befehl **Einstellungen** aus, oder drücken Sie 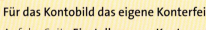 + [I].

2. Klicken Sie im **Einstellungen**-Dialog auf **Konten**.

3. Klicken Sie in der linken Leiste auf **Anmeldeoptionen** ❶.

4. Klicken Sie unter **Kennwort** auf **Ändern** ❷.

5. Geben Sie im ersten Dialogfeld Ihr **Aktuelles Kennwort** zur Bestätigung ein ❸, und verlassen Sie das Fenster über die Schaltfläche **Weiter** ❹.

6. Legen Sie im zweiten Dialogfeld Ihr **Neues Kennwort** ❺ und einen **Kennworthinweis** ❻ fest.

7. Im letzten Dialogfeld bestätigen Sie Ihre Änderung über die Schaltfläche **Fertig stellen** ❼.

> **Für das Kontobild das eigene Konterfei**
>
> Auf der Seite **Einstellungen > Konten > Ihr Konto** können Sie nach einem Bild suchen oder, sofern eine Kamera angeschlossen ist, ein Foto von sich erstellen und dieses als Erkennungsbild verwenden.

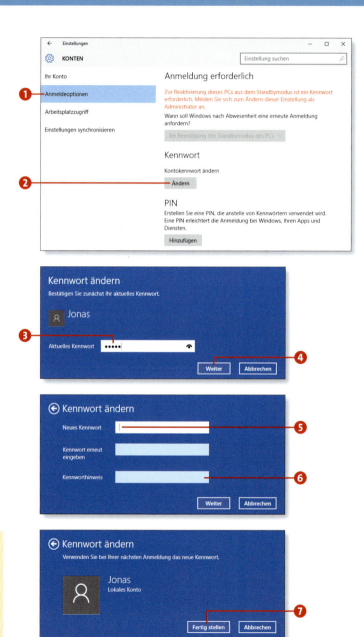

Ein Konto mit Administratorrechten ausstatten

Um ein Konto mit Administratorrechten auszustatten, müssen Sie vor allem selbst mit einem Administratorkonto angemeldet sein. Denn nur als Administrator haben Sie Zugriff auf andere Konten und können Konten anlegen, löschen etc.

1. Wählen Sie im Startmenü den Befehl **Einstellungen** aus, oder drücken Sie ⊞ + I .
2. Klicken Sie im **Einstellungen**-Dialog auf **Konten**.
3. Klicken Sie in der linken Leiste auf **Familie und weitere Benutzer** ❶.
4. Klicken Sie dann auf das Benutzerkonto, das Sie bearbeiten möchten ❷.
5. Klicken Sie auf die Schaltfläche **Kontotyp ändern** ❸.
6. Wählen Sie aus dem Listenfeld als neuen Kontotyp **Administrator** aus ❹.
7. Klicken Sie auf **OK**.

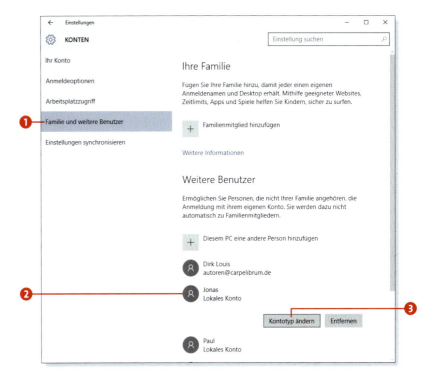

Administrator bedeutet Verwalter

Wenn Sie häufig als Administrator angemeldet sind, erhöht dies die Gefahr, dass Ihr Administratorkonto gehackt oder Malware mit Administratorrechten auf Ihrem PC platziert wird. Nutzen Sie Administratorkonten im Idealfall also möglichst nur zur Wartung des PCs.

Programme als Administrator starten

Aus Sicherheitsgründen ist es ratsam, sich grundsätzlich über ein einfaches Konto ohne Administratorrechte auf dem Rechner anzumelden – außer Sie sind weder mit dem Internet noch einem Netzwerk verbunden und es kann niemand sonst an Ihren Rechner. Dumm bloß, dass manche Programme – häufig sind es Installationsprogramme – nur von Administratoren ausgeführt werden können oder für bestimmte Befehle Administratorrechte benötigen. Um diese dennoch bequem ausführen zu können, ohne sich erst umständlich bei einem Administratorkonto anmelden zu müssen, gibt es im Kontextmenü von Programmen einen speziellen Menübefehl.

1. Klicken Sie mit der rechten Maustaste auf das Programm. Dies funktioniert für Programmsymbole auf dem Desktop ebenso wie für die Programmdatei, die Sie an der Erweiterung *.exe* erkennen, im Explorer oder die App-Kachel im Startmenü.

2. Wählen Sie im Kontextmenü den Befehl **Als Administrator ausführen** ❶.

3. Melden Sie sich im Dialogfeld **Benutzerkontensteuerung** bei einem der angezeigten Administratorkonten an ❷.

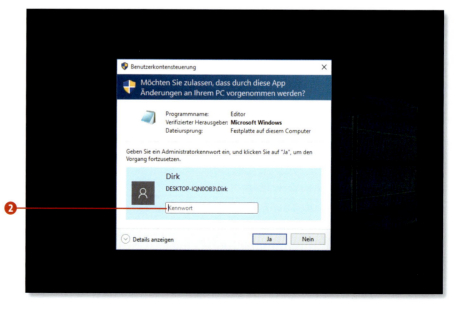

Kennwortabfrage überflüssig

Wenn Sie bereits mit einem Administratorkonto angemeldet sind, erkennt Windows dies, und die Kennwortabfrage entfällt.

Ein Programm immer als Administrator ausführen

1. Wenn Sie ein bestimmtes Programm häufiger mit Administratorrechten ausführen, können Sie das Programm auch so konfigurieren, dass es automatisch als Administrator ausgeführt wird.
2. Wechseln Sie im Explorer (Aufruf z. B. mit der Tastenkombination ⊞ + E) zu dem Programm.
3. Klicken Sie mit der rechten Maustaste auf das Programm, und wählen Sie im Kontextmenü den Befehl **Eigenschaften** ❶.
4. Wechseln Sie zur Registerkarte **Kompatibilität** ❷.
5. Aktivieren Sie anschließend die Option **Programm als Administrator ausführen** ❸.
6. Schließen Sie das Dialogfeld mit **OK**.

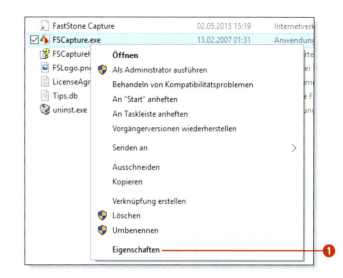

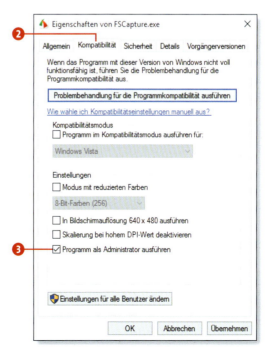

Passwortschutz bleibt

Keine Angst: Die obige Einstellung führt nicht dazu, dass das Programm automatisch mit Administratorrechten gestartet wird. Sie bewirkt nur, dass die Abfrage des Administratorkennworts aufgerufen wird. Erst wenn das richtige Kennwort eingegeben wurde, startet das Programm mit Administratorrechten.

Die Sicherheitsabfrage abschalten – ohne Netz und doppelten Boden

Melden Sie sich einmal unter einem Administratorkonto an, und versuchen Sie, eine beliebige Datei in den *Programme*-Ordner von Windows zu kopieren. Windows wird ein Meldungsfenster einblenden, in dem Sie die Aktion bestätigen müssen. Sollten Sie sich unnötig gegängelt fühlen, können Sie diese Abfrage abschalten.

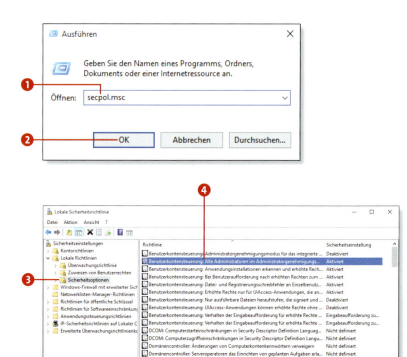

1. Rufen Sie das Dialogfeld **Ausführen** auf. Drücken Sie dazu die Tastenkombination ⊞ + R, oder wählen Sie den gleichlautenden Befehl aus dem Kontextmenü der Start-Schaltfläche.

2. Geben Sie den Befehl »secpol.msc« ein ❶, und klicken Sie auf **OK** ❷.

3. Klicken Sie links unter **Lokale Richtlinien** auf **Sicherheitsoptionen** ❸.

4. Doppelklicken Sie rechts auf **Benutzerkontensteuerung: Alle Administratoren im Administratorgenehmigungsmodus ausführen** ❹.

5. Deaktivieren Sie die Sicherheitsrichtlinie ❺.

6. Starten Sie den Rechner neu.

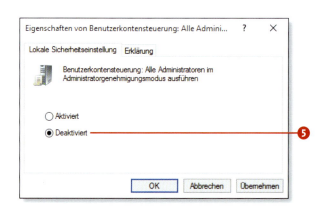

Sinn und Zweck der Sicherheitsabfrage

Welchen Sinn hat diese Sicherheitsabfrage überhaupt? Nun, stellen Sie sich vor, ein Malware-Programm hat es geschafft, sich auf Ihrem Rechner zu installieren und sich Administratorrechte zu verschaffen. Führt dieses Programm dann eine Aktion aus, für die Administratorrechte notwendig sind, würde die Sicherheitsabfrage erscheinen, und Sie würden misstrauisch, da Sie die betreffende Aktion ja nicht angestoßen haben. Ein klares Pro also für die Sicherheitsabfrage.

Konten für Kinder und Jugendliche einrichten

Sie wollen Ihren Kindern die Nutzung Ihres PC erlauben, gleichzeitig aber auch Ihre Daten schützen? Oder Sie haben für Ihre Kinder nur einen PC angeschafft, den diese sich teilen müssen? Dann richten Sie am besten mehrere Konten ein – für sich selbst ein Administratorkonto und für jedes Kind separat ein Standardbenutzerkonto (d. h. ein Microsoft-Konto ohne Administratorrechte). Anschließend können Sie für jedes Konto individuell die Zugriffsrechte und Nutzungsdauer festlegen. So schützen Sie nicht nur Ihre Daten, sondern sorgen auch für eine kollisionsfreie Nutzung des PCs.

1. Wählen Sie im Startmenü **Einstellungen** oder drücken Sie ⊞ + I .
2. Klicken Sie im **Einstellungen**-Dialog auf **Konten**.
3. Klicken Sie in der linken Leiste auf **Familie und weitere Benutzer** ❶.
4. Klicken Sie auf **Familienmitglied hinzufügen** ❷.
5. Klicken Sie auf **Kind hinzufügen** ❸, und geben Sie die E-Mail-Adresse des Kindes an, oder lassen Sie sich weiterleiten, wenn Ihr Kind noch nicht über eine E-Mail-Adresse verfügt ❹.
6. Machen Sie Angaben zum Kind ❺, und lassen Sie von Microsoft eine E-Mail-Adresse unter *outlook.de* anlegen ❻, das heißt, Ihr Provider ist dann Microsoft. Legen Sie ein Kennwort fest ❼.
7. Nach zwei weiteren Dialogseiten, die Sie mit **Weiter** bestätigen müssen, erhalten Sie die Information, dass eine E-Mail-Adresse angelegt und ein Konto eingerichtet wurde.

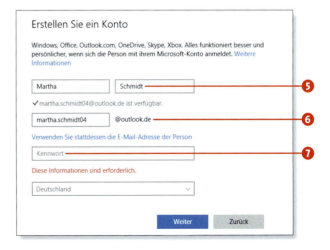

Microsoft-Konto versus lokales Konto

Wenn Sie ein neues Konto für Ihr Kind einrichten, denken Sie daran, dass Sie nur bei einem Microsoft-Konto die Zugriffsrechte und Nutzungsdauer etc. ändern können.

Die Benutzereinstellungen von Konten für Kinder ändern

Als Administrator haben Sie selbstverständlich Zugriff auf alle Konten. Sie können Konten anlegen, löschen und ein Konto zu einem Administratorkonto heraufstufen. Darüber hinaus können Sie aber zum Beispiel Zugriffsrechte und Nutzungsdauer festlegen, das Webbrowsen einschränken und sich Aktivitätsberichte zusenden lassen.

1. Wählen Sie im Startmenü den Befehl **Einstellungen** aus, oder drücken Sie ⊞ + I.
2. Klicken Sie im **Einstellungen**-Dialog auf **Konten**.
3. Klicken Sie in der linken Leiste auf **Familie und weitere Benutzer** ❶.
4. Klicken Sie auf **Weitere Informationen** ❷.
5. Wählen Sie bei Ihrem Microsoft-Konto, für welches Kind Sie Einstellungen vornehmen möchten ❸. Das angemeldete Kind sollte zuvor die Einladung angenommen und sich ebenfalls bei Microsoft angemeldet haben.
6. Legen Sie über Schalter fest, ob Aktivitätsberichte erstellt und an Sie geschickt werden sollen ❹.
7. Klicken Sie z. B. links auf **Computerzeit**, um die zeitliche Nutzung einzuschränken ❺.
8. Legen Sie für jeden Wochentag fest, innerhalb welchen Zeitraums und wie lange Ihr Kind den Computer nutzen darf ❻.

Die Benutzereinstellungen synchronisieren

Windows 10 bietet für Benutzer, die an mehreren wechselnden Rechnern arbeiten, eine tolle Erleichterung: Vorausgesetzt, Sie verwenden ein Microsoft-Konto – also ein Konto, das auf einem Microsoft-Konto basiert (siehe den Tipp »Ein Microsoft-Konto anlegen« auf Seite 158) –, dann können Sie ganz komfortabel sicherstellen, dass auf jedem Rechner die gleichen Einstellungen gesetzt werden.

1. Wählen Sie im Startmenü den Befehl **Einstellungen** aus, oder drücken Sie ⊞ + I .

2. Klicken Sie im **Einstellungen**-Dialog auf **Konten** ❶.

3. Klicken Sie in der linken Leiste auf **Einstellungen synchronisieren** ❷.

4. Legen Sie auf der rechten Seite fest, was genau auf allen Rechnern für das aktuelle Benutzerkonto synchronisiert werden soll ❸.

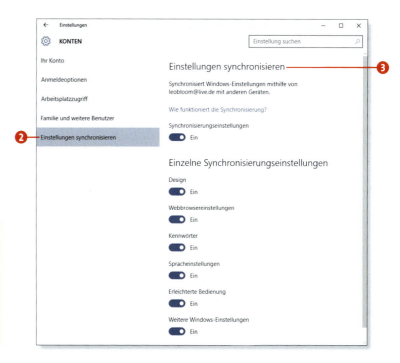

OneDrive synchronisieren

Wie Sie OneDrive synchronisieren, erfahren Sie im Tipp »OneDrive-Ordner lokal speichern« auf Seite 174. Und wenn Sie bereits mit Windows 8 oder 8.1 Daten in OneDrive gespeichert haben, können Sie diese bei der Einrichtung von OneDrive ebenfalls mit Ihrem PC synchronisieren.

Auch Windows braucht Pflege

In diesem Kapitel

- Temporäre Dateien löschen
- Besonders große Ordner und Dateien identifizieren
- Das Dateisystem überprüfen
- Die Ruhezustandsdatei löschen
- Die Festplatte defragmentieren
- Die vorherige Windows-Version löschen
- Die Registrierdatenbank sichern
- Die Registrierdatenbank säubern
- Die Papierkorbgröße sinnvoll einstellen
- Die ClearType-Textdarstellung optimieren
- Partition verkleinern oder vergrößern
- Eine neue Partition erstellen
- Stromfressende Apps und Programme aufspüren
- Speicherintensive Apps ermitteln

Auch an Ihrem Windows-System geht die Zeit nicht spurlos vorbei. Während Sie Dateien anlegen, kopieren oder löschen, Programme installieren und deinstallieren, Webseiten besuchen, Webinhalte herunterladen, sich Viren einfangen und hoffentlich wieder beseitigen, sammeln sich auf Ihrem System immer mehr Altlasten an. Daher hier ein paar Tipps, wie Sie Ihr System pflegen und »frisch« halten können.

Glücklicherweise gehören die meisten »Pflegemittel«, die Sie dafür benötigen, zur Grundausstattung von Windows. Einige davon finden Sie auch im Startmenü unter **Alle Apps > Windows-System** und **Alle Apps > Windows-Verwaltungsprogramme**. Lediglich das Tool zur Entrümpelung der Registrierdatenbank müssen Sie aus dem Internet herunterladen. Wir können Ihnen hierfür aber ein zuverlässiges Freeware-Tool empfehlen.

Krempeln wir also die Ärmel auf, und gehen wir ans Werk!

Temporäre Dateien löschen

Viele Anwendungen, die Sie benutzten, legen im Hintergrund – ohne dass Sie es so richtig bemerken – temporäre Dateien an. Manchmal löschen die Anwendungen diese Dateien wieder, manchmal bleiben diese jedoch auf der Festplatte. Im Lauf der Zeit können sich daher viele Gigabyte an Datenmüll ansammeln. Räumen Sie also ruhig ab und an mal Ihre Festplatte auf.

1. Starten Sie den Explorer, indem Sie ⊞ + E drücken oder in der Taskleiste auf das **Explorer**-Symbol klicken.

2. Klicken Sie mit der rechten Maustaste auf das Symbol einer lokalen Festplatte, und wählen Sie **Eigenschaften** ❶.

3. Klicken Sie im Dialogfeld **Eigenschaften von Lokaler Datenträger** auf der Registerkarte **Allgemein** ❷ auf die Schaltfläche **Bereinigen** ❸.

4. Es findet eine Überprüfung des Datenträgers statt, anschließend wird das Dialogfeld **Datenträgerbereinigung** angezeigt.

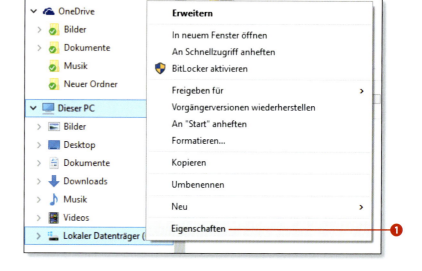

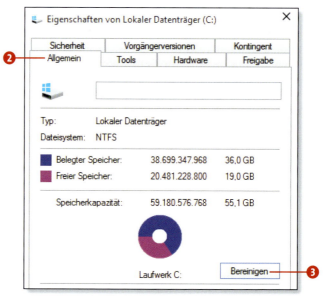

Manuelles Löschen

Aufgrund von Sicherheitseinstellungen (z. B. Schreibschutz für Dateien oder weil die Dateien aktuell in Benutzung sind) werden nicht immer alle Dateien gelöscht. In solchen Fällen müssen Sie die Dateien notfalls manuell löschen, beispielsweise die Inhalte der Ordner *C:\Benutzer\<benutzername>\temp* oder *C:\Benutzer\<benutzername>\AppData\Local\Temp*. (*<benutzername>* ersetzen Sie dabei durch den Namen Ihres Benutzerkontos).

Kapitel 11: Auch Windows braucht Pflege 263

5. Aktivieren Sie im Dialogfeld **Datenträgerbereinigung** die Kontrollkästchen der Kategorien von Dateien, die Sie löschen möchten ❹.

   Grundsätzlich können Sie alle Kategorien auswählen. Ein wenig Vorsicht ist vielleicht beim Papierkorb geboten – falls Sie kürzlich wichtige Daten gelöscht haben, werfen Sie lieber vorher einen Blick hinein.

6. Klicken Sie auf **OK**, um die Dateien zu löschen ❺.

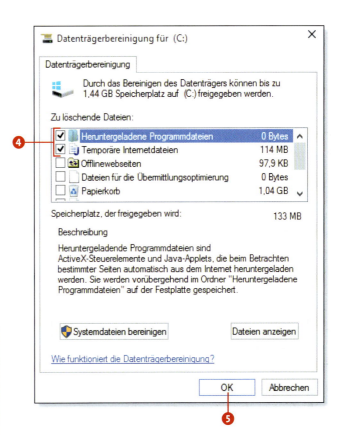

Zu löschende Dateien prüfen

Zu manchen Löschkandidaten gibt es im Dialogfeld **Datenträgerbereinigung** die Schaltfläche **Dateien anzeigen**, mit der der Ordner geöffnet wird, in dem sich diese Dateien befinden. Sie können dann noch einmal prüfen, ob Sie die Dateien wirklich löschen möchten.

Temporäre Dateien von Browsern

Gerade Browser legen viele temporäre Dateien auf der Festplatte ab. Da die Browser dafür nicht die Standardordner von Windows verwenden, kann die Windows-Datenträgerbereinigung nicht löschen. Forschen Sie also in den Einstellungen Ihres Browsers nach Möglichkeiten, die Chroniken, temporären Dateien und Caches zu leeren.

Besonders große Ordner und Dateien identifizieren

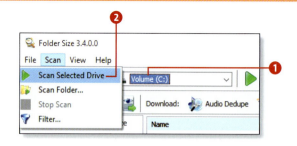

Sicherlich wissen Sie, dass Sie sich zu jedem Laufwerk, Ordner oder jeder Datei die Größe anzeigen lassen können, indem Sie das zugehörige Symbol im Explorer mit der rechten Maustaste anklicken und im Kontextmenü den Befehl **Eigenschaften** aufrufen. Um sich eine Übersicht darüber zu verschaffen, welche Ordner besonders groß oder klein sind, ist das allerdings ein recht mühsames Verfahren.

1. Gehen Sie zur Website *www.mindgems.com/products/Folder-Size/Folder-Size.html*, laden Sie das Freeware-Programm **Folder Size** herunter, und führen Sie das heruntergeladene Installationsprogramm aus.

2. Starten Sie am Ende der Installation das Programm.

3. Wählen Sie im Listenfeld aus, für welches Laufwerk die Ordnergrößen ermittelt werden sollen ❶.

4. Rufen Sie im Menü **Scan** den Befehl **Scan Selected Drive** ❷ auf.

5. Hier sehen Sie die absoluten Ordnergrößen ❸.

6. Dies sind die relativen Ordnergrößen ❹, bezogen auf die Gesamtgröße des Laufwerks.

7. Hier sehen Sie eine grafische Aufbereitung der Ordnergrößen ❺.

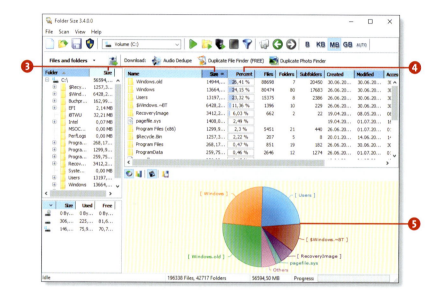

Größe eines einzelnen Ordners ermitteln
Um die Größe eines einzelnen Ordners und der darin enthaltenen Unterordner zu überprüfen, rufen Sie im Menü **Scan** den Befehl **Scan Folder** auf und wählen dann den Ordner aus.

Eine Minimallösung im Explorer
Wer sich nur einen kleinen Überblick über die Ordnergröße verschaffen möchte, dem reicht es wahrscheinlich auch, mit der Maus über den Ordner zu fahren und etwas zu verweilen, bis eine Quickinfo mit der Größenangabe eingeblendet wird.

Das Dateisystem überprüfen

Insbesondere bei einem Systemabsturz oder Stromausfall kann es passieren, dass sich im Dateisystem Fehler einschleichen, manche Dateien nicht mehr geöffnet werden können oder zumindest teilweise beschädigt sind. Bis zu einem gewissen Grad kann Windows Selbstheilungskräfte mobilisieren und die Schäden wieder beheben.

1. Rufen Sie die Systemsteuerung auf. Drücken Sie ⊞ + X drücken und wählen Sie **Systemsteuerung**. Oder geben Sie im Suchfeld »System« ein und klicken Sie in der Ergebnisliste **Systemsteuerung**.

2. Wählen Sie den Eintrag **Eingabeaufforderung (Administrator)** ❶; ggf. müssen Sie das Administrator-Passwort eingeben.

3. Geben Sie den Befehl »chkdsk c: /f« ❷ für eine Überprüfung mit Reparatur von Laufwerk C ein. Für ein anderes Laufwerk müssen Sie den entsprechenden Laufwerksbuchstaben anstelle von »c« einsetzen. Drücken Sie dann ⏎.

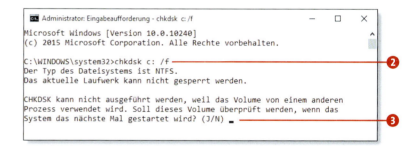

Das Laufwerk wird gerade verwendet

Wenn das angegebene Laufwerk in Verwendung ist – dies ist immer der Fall bei Laufwerk C – können Sie durch Drücken der Taste J gefolgt von ⏎ festlegen, dass nach dem nächsten Neustart die Überprüfung automatisch stattfinden soll ❸.

Die Ruhezustandsdatei löschen

Windows legt zur Unterstützung des Ruhezustands standardmäßig auf dem Windows-Laufwerk (üblicherweise *C:*) eine Datei namens *hiberfil.sys* an, die meist mehrere Gigabyte groß ist. Lesen Sie den Tipp »Start mit der letzten Sitzung« auf Seite 44 und den Tipp »Schneller Systemstart mit Hybrid-Boot« auf Seite 115, wenn Sie mehr erfahren wollen über den Hybrid-Modus und den Ruhezustand. Wenn Sie beides nicht nutzen, können Sie diese Datei löschen und auf diese Weise viel Speicher auf Ihrem Windows-Laufwerk freigeben.

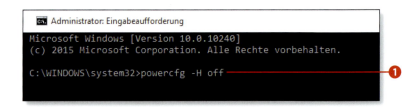

1. Rufen Sie die **Eingabeaufforderung** mit Administratorrechten auf – drücken Sie dazu die Tastenkombination ⊞ + X , und wählen Sie den Befehl **Eingabeaufforderung (Administrator)**.

2. Tippen Sie den folgenden Befehl ein: »powercfg -H off« ❶.

3. Schicken Sie den Befehl durch Drücken von ⏎ ab.

4. Kontrollieren Sie im Explorer, ob die Datei korrekt gelöscht wurde ❷. Sortieren Sie die Dateien am besten nach Namen und lassen Sie auch versteckte Dateien anzeigen (siehe Kasten).

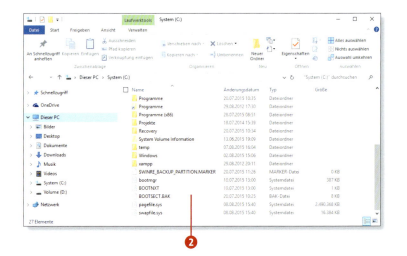

Größe der Ruhezustandsdatei prüfen

Die *hiberfil.sys*-Datei ist eine versteckte Systemdatei, die sich auf dem Laufwerk *C:* befindet. Damit Sie sie im Explorer sehen können, müssen Sie in den **Ordner-Optionen** (Aufruf über das Menü **Datei**) auf der Registerkarte **Ansicht** die Option **Geschützte Systemdateien ausblenden** aus- und die Option **Versteckte Dateien und Ordner > Ausgeblendete Dateien, Ordner und Laufwerke anzeigen** anschalten.

Ruhezustandsdatei erneut anlegen lassen

Um die *hiberfil.sys*-Datei wieder anlegen zu lassen, schicken Sie einfach auf dem gleichen Weg den Befehl »powercfg -H on«.

Die Festplatte defragmentieren

Gerade größere Dateien werden auf der Festplatte oftmals nicht am Stück, sondern als Sammlung mehrerer kleiner Segmente gespeichert. Windows verwendet diese Technik, um Lücken, die durch Löschoperationen entstanden sind, möglichst effizient wiederzuverwenden. Dies reduziert den Platzverbrauch, erhöht aber etwas die Zeit zum Laden und Schreiben von Dateien. Windows versucht daher, diese Segmente von Zeit zu Zeit wieder zusammenfassen (*Defragmentierung*). Es lohnt sich aber gelegentlich, das Ergebnis zu kontrollieren und gegebenenfalls selbst einmal eine Defragmentierung anzustoßen.

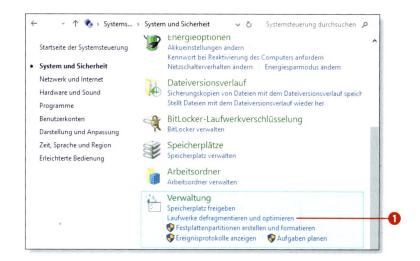

1. Rufen Sie die **Systemsteuerung** auf. Drücken Sie dafür ⊞ + X , und klicken Sie auf **Systemsteuerung**; oder geben Sie im Suchfeld »System« ein, und wählen Sie in der Ergebnisliste **Systemsteuerung**.

2. Wählen Sie die Kategorie **System und Sicherheit**.

3. Klicken Sie unter **Verwaltung** auf **Laufwerke defragmentieren und optimieren** ❶.

4. Wählen Sie das gewünschte Laufwerk aus ❷, und klicken Sie auf **Analysieren** ❸.

5. Ist eine Optimierung erforderlich, klicken Sie auf **Optimieren** ❹ und lassen die Defragmentierung durchführen.

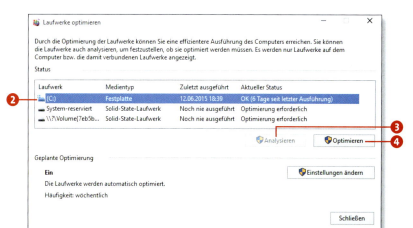

Keine Defragmentierung von SSDs

Solid-State-Festplatten (SSDs) sollten nicht defragmentiert werden, da aufgrund ihrer Speichertechnik die Zerstückelung von Dateien keine spürbaren negativen Auswirkungen hat. Die Defragmentierung würde daher nur unnötige Schreibzyklen verursachen und die Lebensdauer verringern.

Aufräumen vor der Defragmentierung

Löschen Sie vor der Defragmentierung alle temporären Dateien. Siehe den Tipp auf Seite 262.

Die vorherige Windows-Version löschen

Wenn Sie Ihren PC oder Tablet nicht mit vorinstalliertem Windows 10 gekauft haben, dann haben Sie vermutlich das Upgrade-Angebot von Microsoft in Anspruch genommen und sind von Windows 7 oder 8 auf Windows 10 gewechselt. Falls Sie nach einigen Wochen mit Windows 10 zufrieden sind und dabei bleiben wollen, dann können Sie einige Gigabyte Festplattenspeicher auf Laufwerk C freibekommen, indem Sie die letzten Reste der vorigen Windows-Version löschen. Aber Achtung: nach dem Löschen gibt es kein Zurück mehr und Sie müssen bei Windows 10 bleiben.

1. Geben Sie im Suchfeld »Datenträgerbereinigung« ein und wählen Sie in der Ergebnisliste den entsprechenden Eintrag.
2. Klicken Sie auf **Systemdateien bereinigen** ❶. Ggf. müssen Sie das Administratorkennwort eingeben.
3. Windows prüft, welche Dateien bereinigt werden können. Dies kann einige Sekunden dauern ❷.
4. Scrollen Sie in der Liste bis **Vorherige Windows-Installation(en)** und setzen Sie dort ein Häkchen ❸.
5. Klicken Sie auf **OK**, um die Bereinigung durchzuführen ❹.

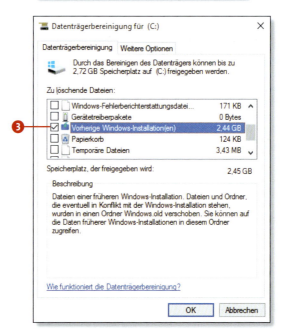

> **Nicht manuell löschen**
>
> Versuchen Sie nicht, den *Windows.old*-Ordner einfach im Windows Explorer zu löschen – Sie handeln sich nur lauter Meldungen wegen fehlender Zugriffsrechte ein.

Die Registrierdatenbank

Die *Registrierdatenbank* (*Registry*) ist eine Windows-interne Datenbank, die von Windows und vielen installierten Programmen verwendet wird, um diverse Konfigurationseinstellungen und Hilfsdaten abzuspeichern. Für zahlreiche dieser Einstellungen gibt es passende Dialogfelder, die bequem und sicher zu bedienen sind, und die dann die von Ihnen gewünschten Einstellungen in die Registrierdatenbank schreiben. Für andere Einstellungen gibt es keine andere Alternative, als die gewünschten Werte direkt in die Registrierdatenbank einzutragen.

Vorsicht ist geboten!

Direkte Manipulationen an der Registrierdatenbank scheinen auf den ersten Blick recht kompliziert, doch tatsächlich können auch Laien solche Manipulationen in der Regel problemlos und sicher vornehmen. Ein wenig Respekt und Vorsicht sind allerdings dennoch angesagt. Wenn Sie das interne Format der Datenbank zerstören, wird sie unbrauchbar, und die aktuelle Windows-Installation kann nicht mehr ordnungsgemäß hochgefahren werden. Umso wichtiger ist es daher, sich an die Anweisungen zu halten und zudem vor jeder Änderung eine Sicherungskopie zu erstellen. Treten dann im Nachhinein Probleme auf, können Sie die abgespeicherte funktionierende Version der Registrierdatenbank wiederherstellen.

Wartung

Fehler bei der Deinstallation von Programmen, nachlässig geschriebene Deinstallationsroutinen und andere Ursachen können dazu führen, dass sich mit der Zeit in der Registrierdatenbank zahllose unnötige und veraltete Eintragungen ansammeln. Es lohnt daher, gelegentlich eine Reinigung vorzunehmen. Eine schlankere Registrierdatenbank spart Festplattenspeicher und beschleunigt viele Prozesse.

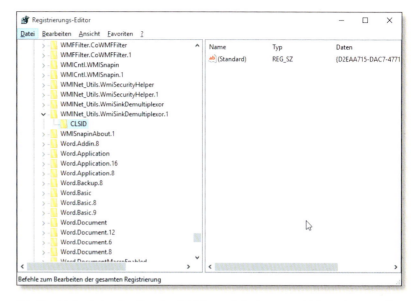

Die Registrierdatenbank – sie sieht kompliziert aus und ist auch nur mit Vorsicht zu bedienen. Deshalb sollten Sie unbedingt unseren Anleitungen Schritt für Schritt folgen und vorher vor allem den Tipp auf der nächsten Seite befolgen: eine Sicherung der Datenbank erstellen.

Die Registrierdatenbank sichern

Falls die Registrierdatenbank beschädigt wird oder durch eigenes Herumbasteln korrupt wird, dann haben Sie ein echtes Problem. Daher sollten Sie unbedingt **regelmäßig** eine Sicherung der Registrierdatenbank erstellen.

1. Rufen Sie den **Registrierungs-Editor** auf. Drücken Sie dazu die Tasten ⊞ + R, und geben Sie im Dialogfeld **Ausführen** den Befehl »regedit« ❶ ein. Alternativ können Sie auch über das Suchfeld nach »regedit« suchen.
2. Wählen Sie im Menü **Datei** den Befehl **Exportieren**.
3. Wählen Sie als Exportbereich **Alles**.
4. Geben Sie einen aussagekräftigen Dateinamen ein ❷.
5. Klicken Sie auf **Speichern** ❸.

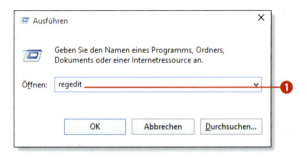

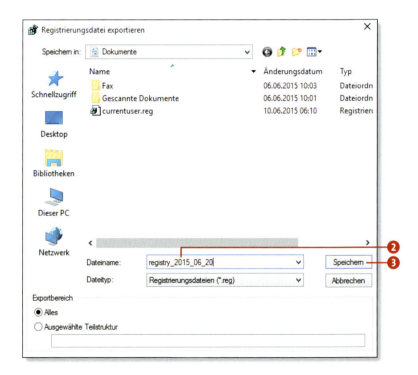

++ Wählen Sie einen aussagekräftigen Dateinamen

Nehmen Sie in den Dateinamen eine Datumsangabe auf, am besten nach dem Muster Jahr_Monat_Tag (in Zahlen), also z. B. *registry_2015_08_31*. Dadurch ergibt die alphabetische Sortierung durch den Explorer automatisch auch eine zeitliche Sortierung, so dass Sie später leichter die richtige Datei für ein eventuell notwendiges Importieren finden.

Die Registrierdatenbank säubern

Schon seit Windows 95 gibt es die Registrierdatenbank, und seitdem fordert Microsoft die Hersteller von Anwender-Software auf, programmspezifische Parameter in diese Datenbank einzutragen, statt in irgendwelchen Dateien im Anwendungsordner abzulegen. Einer der Nachteile dieses Verfahrens ist jedoch, dass durch fehlerhafte Programmierung oder abgebrochene oder nicht vorschriftsmäßige Deinstallationen auf die Dauer viel Müll in der Registrierdatenbank zurückbleibt. Es lohnt daher, die Registrierdatenbank ab und an aufräumen zu lassen.

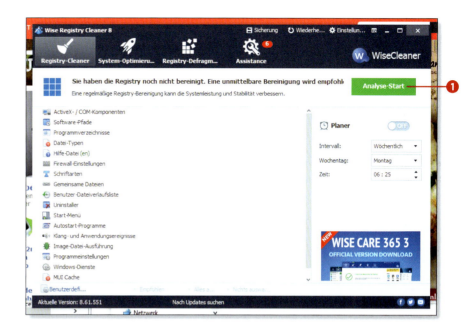

1. Suchen Sie im Internet nach einem Programm zum Säubern der Registrierdatenbank für Windows 10, beispielsweise **Wise Registry Cleaner**, das Sie unter *http://www.chip.de/downloads/Wise-Registry-Cleaner_27156719.html* herunterladen können.

2. Erstellen Sie zunächst eine Sicherung der Registrierdatenbank wie im vorangehenden Tipp beschrieben.

3. Installieren und starten Sie das Programm zur Bereinigung der Registrierdatenbank.

4. Lassen Sie zuerst eine Analyse durchführen ❶.

5. Starten Sie danach die Bereinigung.

Augen auf beim Downloaden

Achten Sie darauf, dass Sie kostenlose Freeware immer von einer vertrauenswürdigen Adresse herunterladen (z. B. *www.chip.de* oder *www.pcwelt.de*).

Registrierdatenbank wiederherstellen

Sollte es nach dem Säubern wider Erwarten Schwierigkeiten mit der Ausführung von Windows oder bestimmten Programmen geben, stellen Sie die alte Registrierdatenbank wieder her, indem Sie den **Registrierungs-Editor** wieder starten (über ⊞ + R und den Befehl »regedit«) und **Datei > Importieren** aufrufen. Sollte dies nicht fruchten, versuchen Sie, Windows auf einen Systemwiederherstellungspunkt oder den Auslieferungszustand zurückzusetzen. Siehe dazu auch den Tipp »Windows auf Wiederherstellungspunkt zurücksetzen« auf Seite 294.

Die Papierkorbgröße sinnvoll einstellen

Der Papierkorb wird standardmäßig pro Partition auf ca. 5 % der Gesamtgröße eingestellt. Bei den mittlerweile sehr großen Festplatten sind dann schnell einmal 25 oder auch 50 GB nur für das Löschen reserviert. Falls Sie Platz brauchen, können Sie dies leicht ändern.

1. Klicken Sie mit der rechten Maustaste auf den **Papierkorb**, und wählen Sie **Eigenschaften** ❶.
2. Wählen Sie nacheinander auf Ihrem Rechner die vorhandenen Datenträger aus, und legen Sie für jeden die gewünschte Papierkorbgröße fest ❷.

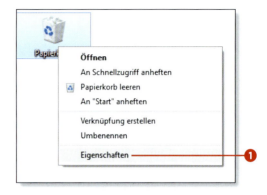

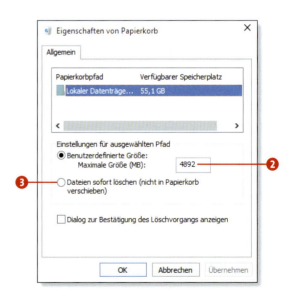

Papierkorb abschalten

Sie können in diesem Dialog über die Option **Dateien sofort löschen** ❸ den Papierkorb komplett abschalten, so dass Dateien direkt und unwiderruflich gelöscht werden. Die Erfahrung zeigt allerdings, dass man dies früher oder später bereut; wir raten daher eher davon ab, zumal Sie jederzeit auch mit Hilfe der Tastenkombination ⇧ + Entf endgültig löschen können.

Bestätigungsdialog

Wenn Sie bei eingeschaltetem Papierkorb mit Hilfe der Tastenkombination ⇧ + Entf endgültig löschen, werden Sie immer noch einmal vorab aufgefordert, den Löschvorgang zu bestätigen. Bei ausgeschaltetem Papierkorb erscheint die Bestätigungsaufforderung dagegen nur, wenn Sie die zugehörige Option ❸ setzen.

Die ClearType-Textdarstellung optimieren

ClearType ist eine Technik, die die Darstellung von Texten auf LCD-Monitoren verbessert. Oft sind die Voreinstellungen schon recht gut. Falls Sie aber das Gefühl haben, dass Texte schlecht lesbar sind, sollten Sie überprüfen, ob ClearType richtig konfiguriert ist.

1. Geben Sie im Suchfeld »cttune« ein, und wählen Sie aus der Ergebnisliste den entsprechenden Eintrag ❶ aus; oder rufen Sie das Dialogfeld **Ausführen** mit der Tastenkombination ⊞ + R auf, und geben Sie dort den Befehl »cttune« ein.

2. Stellen Sie sicher, dass das Kontrollkästchen **ClearType aktivieren** ❷ gesetzt ist, und klicken Sie auf **Weiter** ❸.

3. Folgen Sie den weiteren Anweisungen des Assistenten.

   Der Assistent führt Sie durch eine Reihe von Dialogseiten, die an den Sehtest beim Optiker erinnern, das heißt, Sie bekommen zwei oder mehr alternative Darstellungen präsentiert und müssen entscheiden, welche Ihnen schärfer und kontrastreicher erscheint.

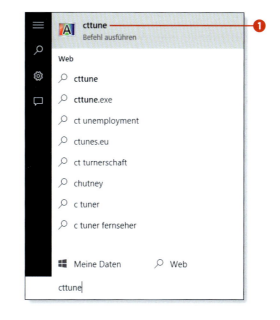

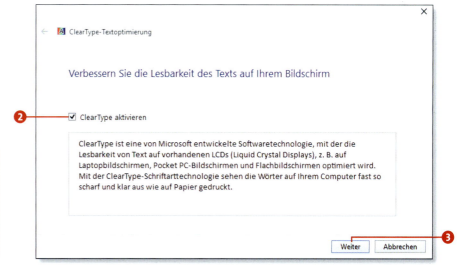

i Mit dem Ergebnis unzufrieden?

Wenn Sie mit den neuen Einstellungen nicht zufrieden sind, können Sie die ClearType-Konfiguration natürlich jederzeit erneut durchführen oder ClearType zur Probe einmal ganz ausschalten.

Partition verkleinern oder vergrößern

Windows ordnet jeder angeschlossenen Festplatte ein eigenes Laufwerk zu. Ist eine Festplatte in mehrere Partitionen unterteilt, erhält jede Partition ihr eigenes Laufwerk. Mehrere Partitionen haben den Vorteil, dass Sie die einzelnen Laufwerke z. B. getrennt voneinander sichern (Stichwort Systemwiederherstellung) oder zur Installation mehrerer paralleler Betriebssysteme nutzen können. Auch können Sie spezielle Partitionen nur für Daten nutzen. Nachteilig ist, dass man sich bei der Aufteilung der Partitionen schon mal verschätzt und dann irgendwann vor dem Problem steht, dass die eine Partition aus allen Nähten platzt, während eine andere Partition noch halb leer ist. Aber keine Sorge: Sie können Partitionen nachträglich verkleinern oder vergrößern.

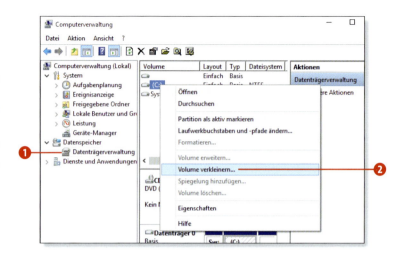

1. Wenn möglich, führen Sie vor dem Partitionieren eine Datenträgerbereinigung durch (siehe den Tipp »Temporäre Dateien löschen« auf Seite 262), und defragmentieren Sie dann das zu teilende Laufwerk (siehe den Tipp »Festplatte defragmentieren« auf Seite 267).

2. Geben Sie im Suchfeld »compmgmt.msc« ein, und wählen Sie aus der Ergebnisliste den entsprechenden Eintrag aus (oder rufen Sie das Dialogfeld **Ausführen** mit der Tastenkombination ⊞ + R auf, und geben Sie den Befehl »compmgmt.msc« ein).

3. Klicken Sie links unter **Datenspeicher** auf **Datenträgerverwaltung** ❶.

4. Klicken Sie mit der rechten Maustaste auf das gewünschte Laufwerk, und wählen Sie **Volume verkleinern** ❷ bzw. **Volume erweitern**.

5. Geben Sie an, um wie viel MB das Laufwerk verkleinert bzw. erweitert werden soll (1 GB = 1.024 MB) ❸.

6. Klicken Sie auf **Verkleinern** bzw. **Erweitern** ❹.

Dateisystem NTFS

In fast allen Fällen sollten Sie NTFS als Standarddatei-System wählen. Nur bei NTFS-Laufwerke ist beispielsweise eine spätere Größenänderung (Verkleinern/Erweitern) der Partitionen möglich, und Sie profitieren von weiteren Vorteilen wie Zugriffsrechteverwaltung und fast unbegrenzte Dateigrößen. Das ältere FAT32-Dateisystem bietet all dies nicht, arbeitet dafür unter Umständen etwas schneller bei Lese- und Schreiboperationen.

Eine neue Partition erstellen

Falls Sie eine bestehende Partition verkleinert haben und dadurch Platz gemacht haben, können Sie nun eine andere Partition vergrößern (Schritt 4 im vorangehenden Tipp) oder eine zusätzliche Partition anlegen:

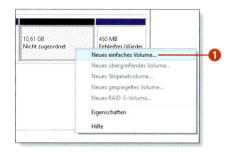

1. Geben Sie im Suchfeld »compmgmt.msc« ein, und wählen Sie aus der Ergebnisliste den entsprechenden Eintrag ❶ aus; oder rufen Sie das Dialogfeld **Ausführen** mit der Tastenkombination ⊞ + R auf, und geben Sie den Befehl »compmgmt.msc« ein.

2. Klicken Sie im mittleren Bereich des Fensters **Computerverwaltung** mit der rechten Maustaste auf die freie, nicht zugeordnete Partition, und wählen Sie **Neues einfaches Volume** ❶.

3. Folgen Sie den Anweisungen des Assistenten.

4. Für die Größe des neuen Laufwerks (Volume) können Sie in der Regel die voreingestellte maximale Größe übernehmen ❷.

5. Wählen Sie aus, mit welchem Laufwerksbuchstaben die Partition unter Windows sichtbar sein soll ❸.

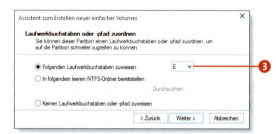

6. Lassen Sie das Laufwerk als NTFS-Laufwerk formatieren ❹.

7. Benennen Sie das Laufwerk. Mit diesem Namen ❺ wird das Laufwerk im Explorer angezeigt.

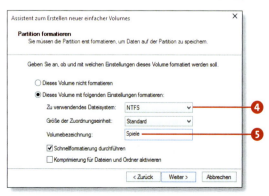

> **Verwendbarer Speicherplatz**
>
> Der maximal auf einem Laufwerk freizugebende oder verwendbare Speicherplatz ist oft geringer, als man erwarten würde. Dies liegt meist daran, dass sich auf dem Laufwerk Dateien befinden, die nicht verschoben werden können (z. B. die Systemdateien auf Laufwerk C:). Für die Repartitionierung steht dann nur der freie Speicher links oder rechts dieser Dateien zur Verfügung.

Stromfressende Apps und Programme aufspüren

Insbesondere für die Besitzer von Laptops oder Tablet-PCs kann es durchaus interessant sein, wie stark die Ausführung einer bestimmten App oder eines Programms den Rechner und damit die Batterie belastet. Alte Windows-Füchse werden jetzt an die Registerkarte **Prozesse** des **Task-Managers** denken. Doch diese eignet sich nur zur Kontrolle von Programmen und Hintergrundprozessen, nicht von Apps.

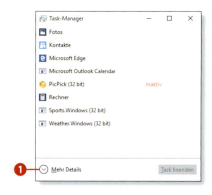

1. Rufen Sie den **Task-Manager** auf: Drücken Sie die Tastenkombination [Strg] + [⇧] + [Esc], oder wählen Sie den gleichnamigen Befehl im Kontextmenü der Start-Schaltfläche.

2. Klicken Sie gegebenenfalls auf **Mehr Details** ❶, um in die erweiterte Ansicht zu wechseln.

3. Kontrollieren Sie die Leistungsdaten für das Programm. Beobachten Sie vor allem den **CPU**-Wert. Die meisten Programme führen überwiegend kurze Aktionen aus, nach deren Abarbeitung ihr **CPU**-Wert auf 0 % fällt. Arbeitet ein Programm ständig, oder wird es immer wieder von sich aus aktiv, sollte es dafür einen Grund geben.

4. Stellen Sie fest, dass Sie das Programm nicht länger benötigen, können Sie hier mit Rechtsklick das Kontextmenü dazu aufrufen und es mit **Task beenden** ❷ von hier aus schließen.

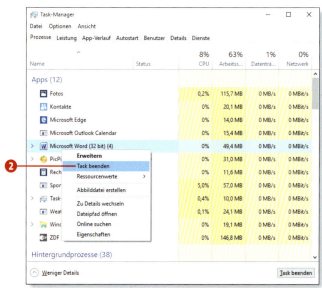

Und so geht es für Apps

Apps können Sie auf diese Weise nicht kontrollieren, da sie nur dann aktiv sind, wenn sie im Vordergrund sind. Mit anderen Worten, wenn Sie zum **Task-Manager** wechseln, werden diese Apps inaktiviert, und ihr CPU-Wert ist folglich immer 0 %. Sie können aber zur Registerkarte **App-Verlauf** wechseln und dort einsehen, wie viel CPU-Zeit die einzelnen installierten Apps seit dem Beginn der letzten Messung verbraucht haben. Um eine neue Messung zu beginnen, klicken Sie einfach auf **Auslastungsverlauf löschen**.

Aktualisierungsgeschwindigkeit ist anpassbar

In Ihrer Anzeige tut sich überhaupt nichts? Dann setzen Sie die Aktualisierungsgeschwindigkeit über den gleichnamigen Befehl im Menü **Ansicht** herauf.

Speicherintensive Apps ermitteln

Interessiert es Sie, wie viel Speicher eine App nach der Installation auf Ihrem Rechner belegt? Vielleicht stehen Sie ja vor dem Problem, dass sich Ihre Festplatte unaufhaltsam füllt. Vielleicht sind Sie stolzer Besitzer einer unschlagbar schnellen, aber wegen ihres stolzen Preises eben auch eher im Speicherplatz begrenzten SSD-Festplatte. Dann lassen Sie sich doch von Windows verraten, bei welcher App sich die Deinstallation lohnt.

1. Wählen Sie im Startmenü den Befehl **Einstellungen** aus, oder drücken Sie ⊞ + I .
2. Wählen Sie links oben **System** ❶ aus.
3. Wechseln Sie links zur Seite **Apps & Features** ❷.
4. Warten Sie einen Augenblick, bis die App-Größen ermittelt werden ❸, und scrollen Sie dann durch die Liste der Apps.

> **SSD**
>
> SSD ist die Abkürzung für *Solid State Disk* und bezeichnet einen besonders schnellen Typus von Festplatte. Da SSDs allerdings um ein Vielfaches teurer sind als gewöhnliche Festplatten, können Sie viel Geld sparen, wenn Sie sich bei der Plattengröße bescheiden oder einer kleinen SSD-Hauptfestplatte eine Nicht-SSD-Platte als zweite Festplatte für die Datenspeicherung zur Seite stellen. Leider besteht dann natürlich die Gefahr, dass sich die Festplatte durch Betriebssystem, Updates, Windows-Apps und häufig benötigte Daten bald füllt.

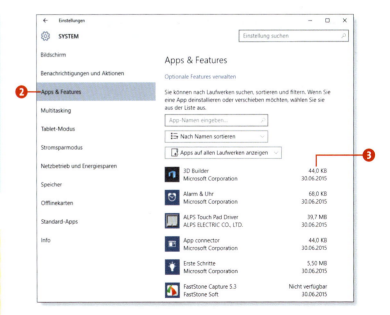

Platzbedarf der Programme kontrollieren

Für manche Desktop-Apps können Sie den Speicherbedarf auch in der **Systemsteuerung** kontrollieren: Wählen Sie die Anzeige als **Kleine Symbole**, und klicken Sie auf **Programme und Features**.

Fehlersuche und Reparatur

In diesem Kapitel

- Harmlose Ereignisfehler, nervige Trickbetrüger
- Probleme beim Start beheben
- Kennwort vergessen?
- Apps im Kompatibilitätsmodus starten
- Welches Windows habe ich?
- Die Ereignisanzeige prüfen
- Grafikprobleme bei Spielen lösen
- Installierte Treiber bestimmen
- Das DVD-Laufwerk ist verschwunden
- Beschädigte Systemdateien reparieren
- Die Registrierdatenbank wiederherstellen
- Windows zurücksetzen
- Den Arbeitsspeicher überprüfen
- Die eigene IP-Adresse herausfinden
- Internetprobleme
- Der Explorer reagiert nicht mehr
- Probleme mit USB-Geräten
- Probleme dokumentieren
- Fernzugrif

Wenn die Windows-Installation sich unerwartet verhält oder Programme häufig längere Zeit nicht mehr reagieren oder gar vollständig abstürzen oder sich der Rechner komplett aufhängt, dann kommen Sie nicht darum herum und müssen sich daran wagen, Windows einmal genauer unter die Lupe zu nehmen.

In diesem Kapitel zeigen wir Ihnen eine Reihe von Tipps, die Ihnen dabei helfen können. Wenn Sie gar nicht weiterkommen und Sie auch keinen Fachkundigen konsultieren können, wird Ihnen wahrscheinlich nichts anderes übrigbleiben, als Windows zurückzusetzen – auf den Anfangszustand nach der Installation.

Aber Vorsicht, wenn Ihnen Fremde via Telefon oder über Internet suggerieren, mit Ihrem System wäre etwas nicht in Ordnung! Dahinter verbirgt sich in der Regel entweder eine perfide Werbemasche oder aber der Versuch, Sie zu unüberlegten Aktionen zu verleiten, die das Hacken Ihres Systems erst erlauben. In unserem ersten Tipp geht es um eine Werbemasche, die fast schon kriminell ist, denn die Betrüger geben sich als Microsoft-Mitarbeiter aus.

Harmlose Ereignisfehler, nervige Trickbetrüger

Seit einiger Zeit räubern hierzulande Trickbetrüger mit einer Masche, die zuvor in England erfolgreich eingesetzt wurde: Die Täter geben sich am Telefon als Microsoft-Mitarbeiter aus und behaupten, Microsoft hätte vom PC der Betroffenen Statusmeldungen erhalten, die auf eine potentielle Gefährdung des PCs hindeuteten. Zum Beweis leiten die Täter dann die Betroffenen an, die **Ereignisanzeige** zu prüfen, wo tatsächlich etliche Fehlermeldungen zu finden sind. Wie hätte der Anrufer dies wissen können? Ganz einfach: Diese Fehlermeldungen gibt es auf praktisch jedem System.

1. Rufen Sie die **Ereignisanzeige** auf: Drücken Sie ⊞ + X, und klicken Sie auf **Ereignisanzeige**.

2. Erweitern Sie links den Knoten **Windows-Protokolle**, und klicken Sie auf **System** ❶.

3. Scrollen Sie im mittleren Bereich ❷ durch die Liste der aufgezeichneten Ereignisse.

4. Obwohl Ihr PC vermutlich tadellos läuft, werden Sie in der Liste viele Fehlermeldungen und Warnungen finden ❸. Dies ist nicht weiter schlimm und daher in gewisser Hinsicht normal.

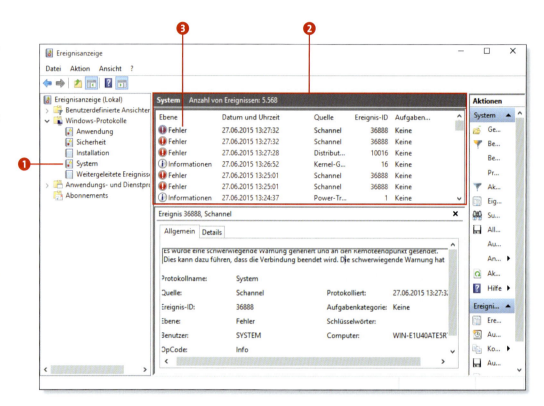

Ereignisfehler nachschlagen

Wenn Sie die Fehlermeldungen genauer prüfen wollen, klicken Sie doppelt auf den Eintrag und kopieren Sie den Errorcode. Sie können nun einfach über Google oder Bing nach diesem Code suchen oder direkt ein Website wie *http://eventid.net/* aufrufen, wo Sie nachlesen können, was andere Nutzer über diesen Fehler wissen.

Probleme beim Start beheben

Das BIOS/UEFI beim PC-Start aufrufen

Manche Computer-Probleme haben ihren Grund nicht in Windows, sondern im sogenannten BIOS (in neueren Rechnern heißt es UEFI), das die grundlegende Schnittstelle zwischen Hardware und Betriebssystem bildet. Ein Blick ins BIOS bzw. UEFI kann daher manchmal nicht schaden.

1. Stellen Sie sicher, dass der Computer wirklich ausgeschaltet ist, sich also nicht etwa im Stand-by-Betrieb, Ruhezustand oder einem ähnlichen Modus befindet.

2. Starten Sie den Rechner, und halten Sie während der ersten Sekunden die vom jeweiligen PC-Hersteller hierfür vorgesehene Taste gedrückt. Schauen Sie im Handbuch Ihres Rechners nach. Häufig ist es eine der folgenden Tasten: `Entf`, `F1`, `F2`, `F8`, `F10` oder `F12`.

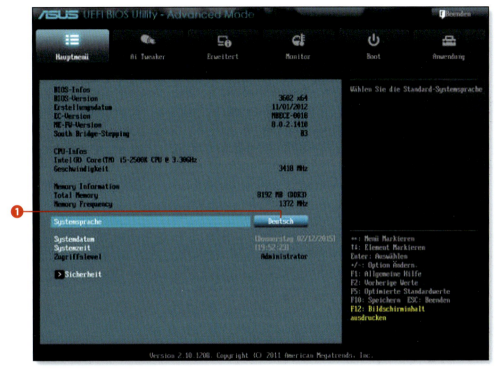

Englische Tastaturbelegung

Wenn Sie Änderungen der BIOS/UEFI-Einstellungen gemacht haben und diese dann speichern wollen (oft über die Taste `F10`), dann werden Sie in der Regel um eine Bestätigung gebeten. Beachten Sie in diesem Zusammenhang, dass im BIOS/UEFI oft nur eine englische Tastaturbelegung vorhanden ist, also beispielsweise die Tasten `Y` und `Z` vertauscht sind. Manchmal kann man auch Deutsch als Sprache festlegen ❶.

UEFI aus Windows aufrufen

Wenn Ihr PC das neuere UEFI besitzt und Sie ein funktionierendes Windows haben, dann können Sie festlegen, dass beim nächsten PC-Start automatisch in das UEFI gewechselt wird.

1. Wählen Sie im Startmenü den Befehl **Einstellungen** aus, oder drücken Sie ⊞ + I .
2. Wählen Sie **Update und Sicherheit** ❶.
3. Klicken Sie auf **Wiederherstellung** ❷ und dann auf **Jetzt neu starten** ❸.
4. Nach einiger Zeit erscheint der blaue Optionenbildschirm. Wählen Sie nun **Problembehandlung**.
5. Klicken Sie auf **Erweiterte Optionen**.
6. Klicken Sie auf **UEFI-Firmware-Einstellungen** ❹, und folgen Sie den weiteren Anweisungen.

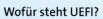

Wofür steht UEFI?

UEFI ist eine Abkürzung für *Unified Extensible Firmware Interface* und bezeichnet eine moderne Variante des BIOS. UEFI soll leichter zu bedienen sein und mittels *Secure Boot* – einer Technologie, die die Ausführung von Schadsoftware beim Systemstart verhindern soll – die Systemsicherheit verbessern.

Im abgesicherten Modus starten

Wenn Windows sich seltsam verhält oder nicht mehr richtig startet oder beim Start hängenbleibt, sind oft nicht einwandfrei arbeitende Treiberprogramme die Ursache. Sie können Windows dann anweisen, mit einer Minimalkonfiguration zu starten, die sehr wahrscheinlich funktioniert.

1. Falls Windows noch einigermaßen funktioniert, können Sie den abgesicherten Modus für den nächsten Neustart vormerken. Rufen Sie mit ⊞ + R das **Ausführen**-Dialogfeld auf, und geben Sie den Befehl »msconfig« ein ❶.

2. Klicken Sie dann auf **OK**.

3. Aktivieren Sie auf der Registerkarte **Start** das Kontrollkästchen **Abgesicherter Start** ❷.

4. Klicken Sie auf **OK**.

5. Starten Sie Windows neu.

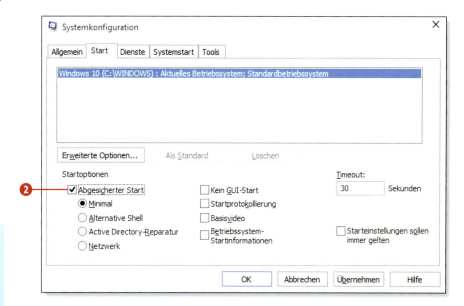

Windows direkt im abgesicherten Modus starten

Sie können auch direkt im abgesicherten Modus hochfahren, wenn der Rechner vorher ausgeschaltet war. Halten Sie dazu beim Start die Tastenkombination ⇧ + F8 gedrückt, sobald der Windows-Ladebildschirm angezeigt wird. Es ist allerdings oft schwierig, den richtigen Zeitpunkt zu erwischen!

Kennwort vergessen?

Ich habe das Kennwort meines Microsoft-Kontos vergessen

Wenn Sie Ihr Kennwort nicht mehr wissen und es sich um ein Microsoft-Konto handelt (siehe den Tipp »Ein Microsoft-Konto anlegen« auf Seite 158), erhalten Sie über das Internet Hilfe:

1. Gehen Sie über einen anderen Computer ins Internet, und rufen Sie in einem Browser die folgende Adresse auf: *https://account.live.com/password/reset* ❶. Wählen Sie die Option **Ich habe mein Kennwort vergessen** ❷, und klicken Sie auf **Weiter**.

2. Geben Sie den Namen des Microsoft-Kontos sowie die angezeigte Zeichenfolge ein ❸ – das dient zur Verhinderung von automatisierten Hacker-Angriffen –, und klicken Sie auf **Weiter**.

3. Bestätigen Sie Ihre Identität. Hierzu müssen Sie eine hinterlegte E-Mail-Adresse eingeben ❹ und dann auf **Code senden** klicken.

4. Melden Sie sich in einem anderen Browser-Fenster bei Ihrem E-Mail-Konto an, und warten Sie auf die E-Mail von Microsoft mit dem Sicherheitscode. Schauen Sie auch im Spam-Ordner nach, falls keine Nachricht kommt.

5. Geben Sie den erhaltenen Code ein, und klicken Sie auf **Weiter**.

6. Vergeben Sie ein neues Passwort. Schließen Sie die Passwortvergabe durch Klicken auf **Weiter** ab.

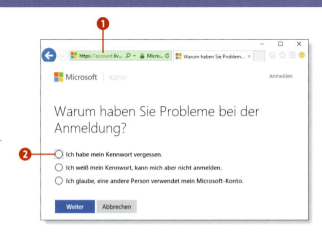

> **Alternative Anmeldeoptionen**
>
> Sollten Sie irgendwann einmal eine PIN oder einen Bildcode für das Konto erstellt haben (siehe Tipps zur Anmeldung ab Seite 38), dann können Sie auch versuchen, sich darüber anzumelden. Klicken Sie auf **Anmeldeoptionen**, und wählen Sie dann den entsprechenden Anmeldetyp aus.

Ich habe mein Kennwort vergessen, aber eine Rücksetzdiskette (lokales Konto)

Falls Sie vor Ihrem Computer sitzen und sich einloggen wollen, aber das Kennwort für das lokale Benutzerkonto vergessen haben, gibt es trotzdem Hoffnung – vorausgesetzt, Sie haben irgendwann eine Kennwortrücksetzdiskette auf einem USB-Stick erstellt. Lesen Sie dazu den Tipp »Kennwortrücksetzdiskette erstellen« auf Seite 233.

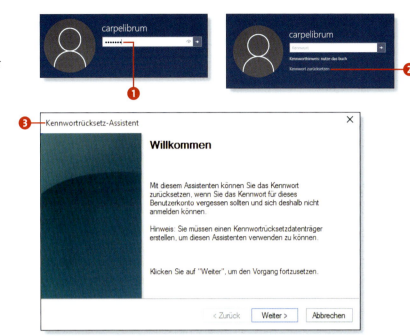

1. Schließen Sie den USB-Stick mit den Kennwortdaten (Datei *userkey.psw*) an den Computer an.
2. Geben Sie im Anmeldebildschirm ein beliebiges (falsches) Kennwort ein ❶, und drücken Sie ⊞, oder klicken Sie auf den Pfeil.
3. Wenn die Meldung erscheint, dass das Kennwort falsch war, drücken Sie auf **OK**.
4. Klicken Sie auf **Kennwort zurücksetzen** ❷.
5. Es erscheint der **Kennwortrücksetz-Assistent** ❸. Folgen Sie den weiteren Anweisungen, und wählen Sie das Laufwerk mit dem USB-Stick aus.
6. Dann legen Sie ein neues Kennwort an ❹. Der Assistent autorisiert sich mit dem alten Kennwort und ersetzt es auf dem USB-Stick und bei Windows durch das neue Kennwort.
7. Melden Sie sich mit dem neuen Kennwort an.

Alternative Anmeldeoptionen

Sollten Sie schon einmal eine PIN oder einen Bildcode für das Konto erstellt haben (siehe Tipps zur Anmeldung ab Seite 38), können Sie auch versuchen, sich über die betreffenden Daten oder den Bildcode anzumelden, indem Sie auf **Anmeldeoptionen** klicken und den entsprechenden Anmeldetyp auswählen.

Apps im Kompatibilitätsmodus starten

Vielleicht haben Sie ein altes PC-Spiel, das Sie gerne mal wieder spielen möchten, das aber unter Windows 10 nicht ausgeführt werden kann? Oder Sie ärgern sich, weil eines Ihrer alten Windows-7-Programme unter Windows 10 nicht mehr korrekt ausgeführt wird? Nun, dafür gibt es möglicherweise eine Lösung. Wenn Sie Glück haben, können Sie das Programm einfach im Kompatibilitätsmodus ausführen.

1. Starten Sie den Explorer.
2. Wechseln Sie zu dem Ordner mit der Programmdatei.
3. Klicken Sie mit der rechten Maustaste auf die Programmdatei, und rufen Sie im Kontextmenü den Befehl **Eigenschaften** ❶ auf.
4. Wechseln Sie zur Registerkarte **Kompatibilität** ❷.
5. Aktivieren Sie das Kontrollkästchen **Programm im Kompatibilitätsmodus ausführen für** ❸, und wählen Sie die Windows-Version, für die das Programm ursprünglich vorgesehen war ❹.
6. Falls das Programm volle Administratorrechte erwartet, was für Installationsprogramme immer empfehlenswert ist, aktivieren Sie noch die Option **Programm als Administrator ausführen** ❺.

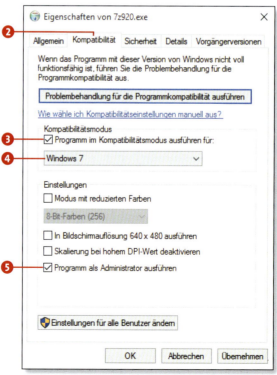

> **Letzter Ausweg: virtueller Rechner**
>
> Sollte der obige Tipp nicht zum gewünschten Erfolg führen, können Sie versuchen, für das alte Betriebssystem einen virtuellen Rechner zu installieren, und das Programm auf diesem ausführen. Eine gute Software zum Einrichten und Verwalten virtueller Rechner ist die Freeware **VirtualBox** von Oracle, siehe *https://www.virtualbox.org*.

Welches Windows habe ich?

Zum Lösen mancher Computerprobleme ist es erforderlich zu wissen, mit welcher Version von Windows Sie arbeiten. Die genauen Angaben inklusive Edition, Build-Nummer und Service Pack können Sie schnell herausfinden:

1. Rufen Sie das Dialogfeld **Ausführen** auf (⊞ + R), und geben Sie den Befehl »winver« ein ❶. Klicken Sie dann auf **OK**, oder drücken Sie ↵, um den Befehl auszuführen.

2. Im erscheinenden Dialog ❷ sind alle Informationen über die installierte Windows-Version aufgeführt.

Windows-Edition

Steht hinter der Betriebssystembezeichnung im Text keine nähere Angabe zur Edition (z. B. **Professional** oder **Enterprise**), dann handelt es sich um die Standard-Edition.

Sie möchten noch mehr über Ihre Windows-Version erfahren?

Wenn Sie noch detailliertere Informationen über Windows und Ihren Rechner einsehen möchten, tippen Sie im Suchfeld »System« ein und wählen in der Ergebnisliste die Desktop-App **Systeminformationen**.

Die Ereignisanzeige prüfen

Um mehr Informationen bei Problemen zu erhalten, lohnt sich oft ein Blick in die **Ereignisanzeige** von Windows, in der von Programmen und Windows ausgegebene Zusatzinformationen gesammelt werden.

1. Drücken Sie ⊞ + X, und wählen Sie **Ereignisanzeige** ❶.
2. In den verschiedenen Kategorien, insbesondere unter **Windows-Protokolle** ❷, finden Sie nun die verfügbaren Ereignismeldungen.

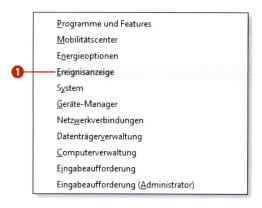

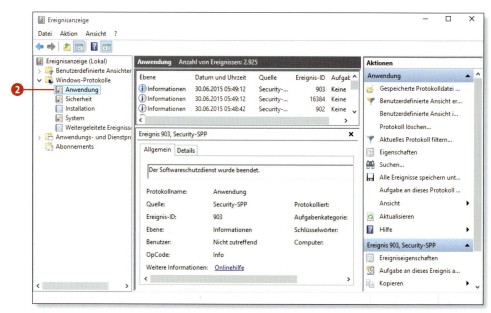

> **Die Startzeit kontrollieren**
>
> Unter den vielen Ereignissen, die in der **Ereignisanzeige** ausgeführt werden, findet sich unter anderem das Ereignis 100 der Leistungsüberwachung. Dieses Ereignis informiert über die Startzeit. Öffnen Sie links im Fenster der **Ereignisanzeige** den Knoten **Anwendungs- und Dienstprotokolle > Microsoft > Windows > Diagnostics-Performance > Betriebsbereit**. Klicken Sie im mittleren Fensterbereich auf den aktuellsten Eintrag mit der Ereignis-ID 100, dann können Sie im mittleren unteren Fenster die bereinigte Startzeit ablesen – ohne die Zeiten für Startbildschirm und Anmeldung. Lesen Sie dazu auch den Tipp auf Seite 112.

Grafikprobleme bei Spielen lösen

Wenn Sie Grafikprobleme bei grafikintensiven Spielen oder der Wiedergabe von Filmen haben, könnte die Ursache im Zusammenspiel von Grafikkarte und Windows liegen. Die verantwortliche Windows-Komponente nennt sich DirectX, und Sie können sie mit einem speziellen Analyseprogramm untersuchen.

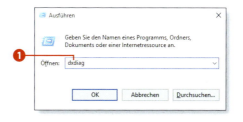

1. Rufen Sie das Dialogfeld **Ausführen** auf (⊞ + R), geben Sie den Befehl »dxdiag« ❶ ein, und lassen Sie ihn durch Klicken auf **OK** ausführen.

2. Beim allerersten Start der Diagnose könnte eine Frage nach der Überprüfung von digitalen Treibersignaturen erscheinen. Wählen Sie **Ja** ❷, falls Sie mit dem Internet verbunden sind.

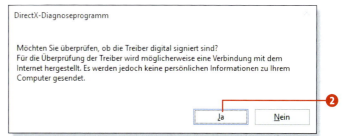

3. Sehen Sie sich die Informationen auf den verschiedenen Registerkarten ❸ an, um Details über das System und die verwendete DirectX-Version zu erhalten.

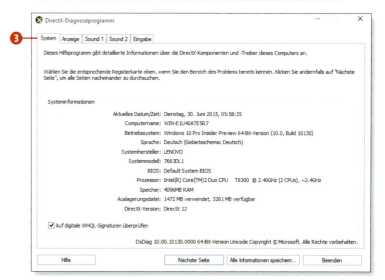

Fehlende Hardware-Beschleunigung

Viele Probleme (z. B. ruckelnde Darstellung) sind darauf zurückzuführen, dass die Hardware-Beschleunigung nicht aktiviert ist. Prüfen Sie daher auf der Registerkarte **Anzeige**, ob die Beschleunigungen für **DirectDraw**, **Direct3D** und **AGP** aktiviert sind ❹. Bei älteren Spielen kann es außerdem helfen, sie im Kompatibilitätsmodus zu installieren und auszuführen (siehe Seite 286).

Installierte Treiber bestimmen

Um herauszufinden, welche Treiber für die angeschlossene Hardware installiert sind, können Sie sich recht schnell eine Liste in der **Eingabeaufforderung** ausgeben lassen.

1. Drücken Sie ⊞ + X, und wählen Sie **Eingabeaufforderung**.
2. Tippen Sie den folgenden Befehl ein, und drücken Sie ⏎:

   `driverquery > treiber.txt` ❶.

3. Öffnen Sie die erzeugte Datei, z. B. durch Eingabe von »notepad treiber.txt« ❷ und Drücken von ⏎. Der Texteditor wird geöffnet, und Sie erhalten eine Auflistung der aktiven Treiber ❸.

Beschädigte Systemdateien reparieren

Bei einem Windows-Absturz oder einer fehlgeschlagenen Programminstallation kann es passieren, dass wichtige Windows-Systemdateien beschädigt werden. Wenn Sie noch die Windows-Installations-DVD besitzen, können Sie diese Dateien neu einspielen:

1. Drücken Sie ⊞ + X, und wählen Sie **Eingabeeinforderung (Administrator)**.
2. Geben Sie den Befehl »sfc /scannow« ein ❹, und drücken Sie ⏎.

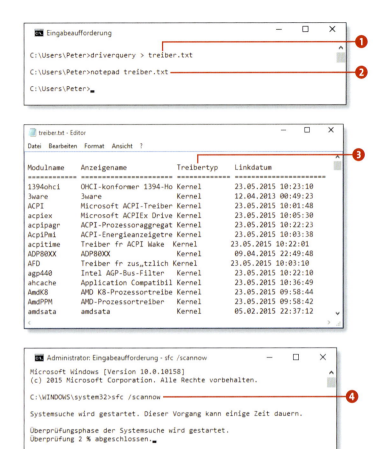

Einzelne Treiber im Geräte-Manager nachschlagen

Wenn Sie nur an Informationen zu einzelnen Treibern interessiert sind oder die Treiber bei Bedarf gleich aktualisieren oder austauschen möchten, empfiehlt sich der Weg über den **Geräte-Manager**. Tippen Sie »Treiber« in das Suchfeld in der Taskleiste ein, und wählen Sie in der Ergebnisliste den Eintrag »Gerätetreiber aktualisieren«. Es erscheint der **Geräte-Manager** mit einer hierarchischen Anzeige der vorhandenen Hardware. Wählen Sie eines der Geräte aus, öffnen Sie das zugehörige Kontextmenü, und wählen Sie den Befehl **Eigenschaften**. In dem daraufhin erscheinenden Dialog müssen Sie dann nur noch zur Seite **Treiber** wechseln.

Das DVD-Laufwerk ist verschwunden

Gelegentlich gerät Windows aus dem Tritt und hat Probleme, das DVD-Laufwerk zu erkennen, so dass Sie im Explorer nicht mehr darauf zugreifen können. Meistens lässt sich dies leicht beheben.

1. Drücken Sie ⊞ + R, geben Sie den Befehl »devmgmt.msc« ❶ ein, und führen Sie ihn durch Klicken auf **OK** oder Drücken von ↵ aus.

2. Erweitern Sie den Eintrag **DVD-Laufwerke** ❷, klicken Sie dann mit der rechten Maus auf das Laufwerk, und wählen Sie **Deinstallieren** ❸.

3. Bestätigen Sie die Warnung mit **OK** ❹, und starten Sie den Rechner neu. Der Treiber für das DVD-Laufwerk wird dabei automatisch wieder installiert.

Das DVD-Laufwerk wird nicht aktualisiert?

Dieser Tipp ist wirklich nur für Fälle gedacht, in denen das CD- oder DVD-Laufwerk überhaupt nicht im Explorer aufgeführt wird. Wenn Sie einen Eintrag für das Laufwerk sehen, Sie aber nicht auf die eingelegte CD oder DVD zugreifen können, liegt das Problem meist an Beschädigungen oder Verschmutzungen auf der CD/DVD.

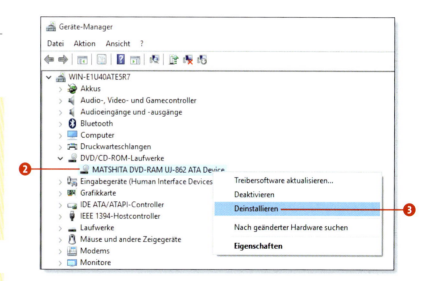

System lahmgelegt durch fehlerhafte CD oder DVD?

Wenn Sie fehlerhafte CDs oder DVDs einlegen, versucht der Explorer immer wieder vergeblich, die Mediuminformationen einzulesen. Dies legt den Explorer und große Teile des Windows-Systems für einige Zeit lahm. Um den Lesevorgang abzubrechen, öffnen Sie am besten das CD/DVD-Laufwerk über die Taste am Laufwerk.

Die Registrierdatenbank wiederherstellen

Wenn Windows oder bestimmte installierte Programme »spinnen«, dann könnte eine beschädigte Registrierdatenbank der Grund sein. Sie haben hoffentlich regelmäßig eine Sicherungskopie der Registrierdatenbank angelegt (siehe den Tipp »Registrierdatenbank sichern« auf Seite 270)? Wenn ja, dann können Sie die Registrierdatenbank leicht wiederherstellen:

1. Stellen Sie sicher, dass Sie mit einem Benutzerkonto mit Administratorrechten angemeldet sind.

2. Schließen Sie alle geöffneten Programme.

3. Rufen Sie den **Registrierungs-Editor** auf: Drücken Sie die Tastenkombination ⊞ + R, und geben Sie im Dialogfeld **Ausführen** den Befehl »regedit« ein; alternativ können Sie auch über das Suchfeld nach »regedit« suchen.

4. Wählen Sie im Menü **Datei** den Befehl **Importieren** ❶.

5. Wählen Sie die gewünschte Version einer vormals gespeicherten Registrierdatenbank ❷, und klicken Sie auf **Öffnen** ❸.

6. Schließen Sie den **Registrierungs-Editor**. Beim nächsten Neustart von Windows sind die Änderungen gültig.

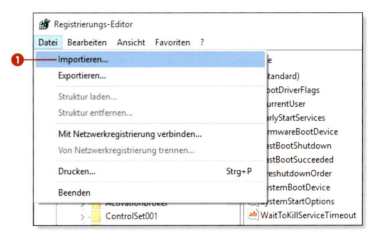

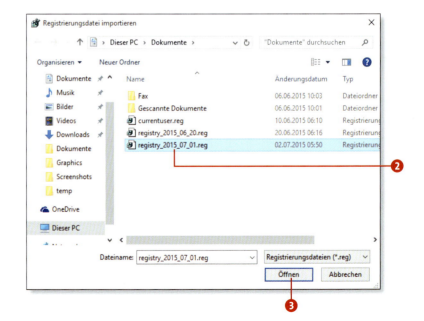

Zwischenzeitlich installierte Programme

Falls Sie in dem Zeitraum zwischen der letzten Sicherung und der Wiederherstellung neue Programme installiert haben, müssen Sie diese möglicherweise neu installieren. Überlegen Sie sich dann, ob es nicht besser ist, gleich auf einen Wiederherstellungspunkt zurückzusetzen (siehe Seite 294).

Den Arbeitsspeicher überprüfen

Wenn Ihr PC instabil arbeitet und oft abstürzt oder einfriert, könnte es sein, dass die Chips für den Arbeitsspeicher (RAM) beschädigt sind. Glücklicherweise enthält Windows ein Diagnosetool, mit dem Sie weitere Informationen zu diesem Problem erhalten.

1. Schließen Sie alle laufenden Programme.
2. Rufen Sie das Dialogfeld **Ausführen** auf (⊞ + R).
3. Geben Sie den Befehl »mdsched« ein, und klicken Sie auf **OK** ❶.
4. Starten Sie die Diagnose mit Klick auf **Jetzt neu starten und nach Problemen suchen** ❷.

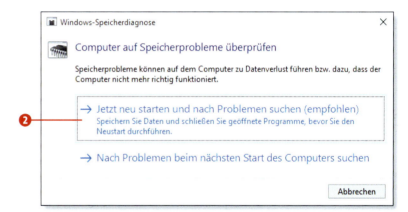

Automatischer Neustart

Die Analyse dauert einige Minuten. Anschließend wird der Rechner automatisch neu gestartet. Im **Info-Center** erhalten Sie einen Bericht mit dem Ergebnis ❸.

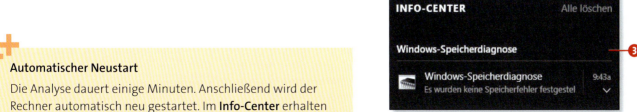

Windows zurücksetzen

Windows auf einen Wiederherstellungspunkt zurücksetzen

Wenn Ihre Windows-Konfiguration nicht mehr rundläuft und Sie nicht mehr weiterkommen, sollten Sie auf einen früheren Stand zurückgehen, den Sie hoffentlich zuvor als Wiederherstellungspunkt gesichert haben. Lesen Sie hierzu die Anleitung »Wiederherstellungspunkt erstellen« auf Seite 232.

1. Schließen Sie, um Datenverlust zu vermeiden, alle anderen Programme. Dies ist notwendig, da der Rechner im Zuge der Systemwiederherstellung neu gestartet wird.

2. Geben Sie im Suchfeld »Wiederherstellungspunkt« ein, und wählen Sie in der Ergebnisliste **Wiederherstellungspunkt erstellen**. Falls Sie keine Administratorrechte haben, müssen Sie nun gegebenenfalls das Administratorkennwort eingeben.

3. Klicken Sie im Dialogfeld **Systemeigenschaften** auf der Registerkarte **Computerschutz** ❶ auf die Schaltfläche **Systemwiederherstellung** ❷ und im nächsten Dialogfeld auf **Weiter**.

4. Wählen Sie im Dialogfeld **Systemwiederherstellung** den gewünschten Wiederherstellungspunkt aus ❸, und klicken Sie dann auf **Weiter**.

5. Starten Sie die Wiederherstellung mit einem Klick auf **Fertig stellen** ❹.

6. Bestätigen Sie die abschließende Warnung mit **OK**.

Auswirkungen auf betroffene Programme

In Schritt 4 können Sie nach der Auswahl eines Wiederherstellungspunkts über die Schaltfläche **Nach betroffenen Programmen suchen** herausfinden, welche Programme seit dem Wiederherstellungspunkt installiert wurden. Diese müssen Sie nach dem Neustart dann neu installieren.

Windows zurücksetzen

Wenn Ihre Windows-Installation nicht mehr richtig funktioniert und alle Bemühungen keinen Erfolg gebracht haben, dann können Sie Windows auf den Auslieferungszustand zurücksetzen. Dies entspricht in seiner Wirkung einer Neuinstallation, allerdings mit dem Vorteil, dass Ihre persönlichen Dateien wie Dokumente, Fotos und Videos dabei nicht entfernt werden, wenn Sie dies wünschen.

1. Wählen Sie im Startmenü den Eintrag **Einstellungen** aus, oder drücken Sie ⊞ + I.
2. Klicken Sie auf die Kategorie **Update und Sicherheit**.
3. Wählen Sie **Wiederherstellung** ❶.
4. In der Rubrik **Diesen PC zurücksetzen** klicken Sie nun auf **Los geht's** ❷.
5. Wählen Sie den gewünschten Modus. Die Option **Eigene Dateien behalten** bewirkt, dass die persönlichen Dateien aus dem Benutzerverzeichnis (*C:\Benutzer\<Benutzername>*) erhalten bleiben.
6. Folgen Sie den weiteren Anweisungen. Eventuell erscheint eine Fehlermeldung wegen fehlender Systemdateien. Brechen Sie in diesem Fall ab, legen Sie das Windows-10-Installationsmedium ein, und beginnen Sie erneut.
7. Starten Sie das Zurücksetzen Ihrer Windows-Installation durch Klicken auf **Zurücksetzen**.

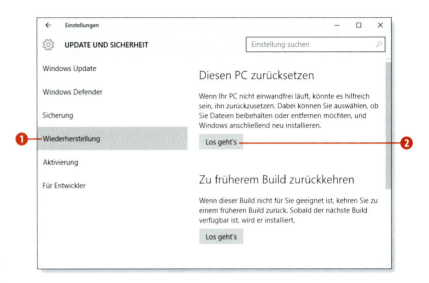

> **Beim Microsoft-Konto liegen die eigenen Dateien in der Cloud**
>
> Nur bei Verwendung eines lokalen Kontos liegen die Dateien in *C:\Benutzer\<Benutzername>*; bei einem Microsoft-Konto liegen diese Daten in der Cloud und nicht lokal auf Ihrer Festplatte.

Die eigene IP-Adresse herausfinden

Bei Verbindungsproblemen mit anderen Computern und insbesondere dem Internet hilft oft die Kenntnis der eigenen Netzwerkadresse, die sogenannte *IP-Adresse*.

1. Drücken Sie ⊞ + X, und wählen Sie **Eingabeaufforderung** ❶.

2. Im Fenster der **Eingabeaufforderung** geben Sie den Befehl »ipconfig« ein und drücken dann ↵.

3. Sie sehen eine Auflistung der verschiedenen Netzwerkadapter. Suchen Sie nach den Einträgen **Ethernet-Adapter Ethernet** (bei Verbindung mit Netzwerkkabel) und **Drahtlos-LAN-Adapter** (für WLAN). Der Eintrag **IPv4-Adresse** oder **IPv6-Adresse** ist Ihre IP-Adresse ❷.

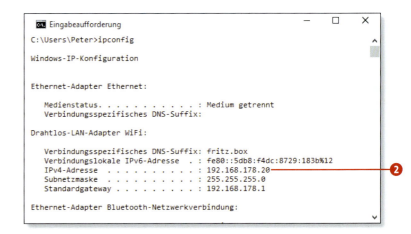

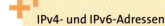

IPv4- und IPv6-Adressen

Mit hoher Wahrscheinlichkeit werden Sie noch sogenannte IPv4-Adressen verwenden (z. B. 192.168.178.20). In nicht allzu ferner Zukunft wird Ihr DSL-Router bzw. Internetanbieter auf IPv6 umsteigen. Dann müssen Sie nach den IPv6-Angaben schauen, die leider nicht mehr so leicht zu merken sind.

Keine Einträge vorhanden

Wenn keine IP-Adresse angezeigt wird (nur **Medium getrennt** oder ähnlich), wissen Sie immerhin schon einmal ein bisschen mehr: Sie haben gar keine Netzwerkverbindung!

Internetprobleme

Keine Netzwerk- oder Internetverbindung

Wenn Sie keine Verbindung zu anderen Computern und zum Internet herstellen können, dann können Sie die Netzwerkdiagnose von Windows zum Einkreisen des Problems zu Hilfe nehmen.

1. Rufen Sie das Dialogfeld **Ausführen** auf ([⊞] + [R]).

2. Geben Sie den Befehl »ncpa.cpl« ein, und klicken Sie auf **OK**.

3. Wenn die zu untersuchende Netzwerkverbindung (**Ethernet** für Netzwerkkabel, **WiFi** für drahtloses WLAN) mit einem roten Kreuz markiert ist, gibt es ein Problem. Klicken Sie dann mit der rechten Maus auf die Verbindung, und wählen Sie **Diagnose** ❶.

4. Folgen Sie den Anweisungen der **Windows-Netzwerkdiagnose** ❷.

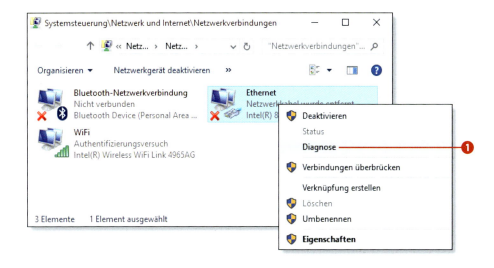

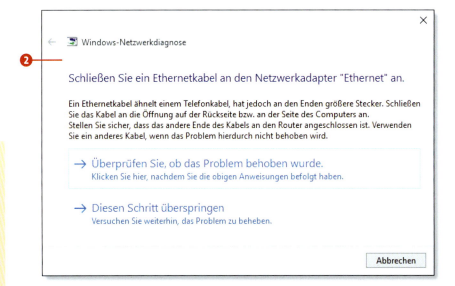

Leider hilft die Diagnose selten

Unserer Erfahrung nach hilft die Netzwerkdiagnose in den meisten Fällen leider nicht weiter. Wenn Ihr Provider eine gute Support-Hotline hat, können Sie dort eher Hilfe erwarten. Prüfen Sie aber vorher unbedingt, ob alle Kabel gemäß der Anleitung Ihres Providers angeschlossen sind.

Immer noch keine Netzwerk- oder Internetverbindung

Wenn Sie öfter das Problem haben, dass es nach einer Phase der Inaktivität des Rechners (insbesondere bei Ruhezustand oder Energiesparmodus) nicht mehr möglich ist, eine Internetverbindung herzustellen, liegt dies oft an den Energiesparoptionen des entsprechenden Treibers.

1. Öffnen Sie den **Geräte-Manager**. Geben Sie dazu im Suchfeld »Geräte-Manager« ein, und klicken Sie dann auf den entsprechenden Eintrag in der Ergebnisliste.

2. Erweitern Sie den Eintrag **Netzwerkadapter** ❶, und öffnen Sie die Eigenschaften des gewünschten Adapters. Für WLAN ist das typischerweise ein Eintrag mit »WiFi« im Namen. Klicken Sie doppelt darauf, oder rufen Sie das Kontextmenü auf ❷.

3. Wählen Sie die Registerkarte **Energieverwaltung** ❸.

4. Entfernen Sie das Häkchen beim Eintrag **Computer kann das Gerät ausschalten** ❹, und schließen Sie den Dialog via **OK**.

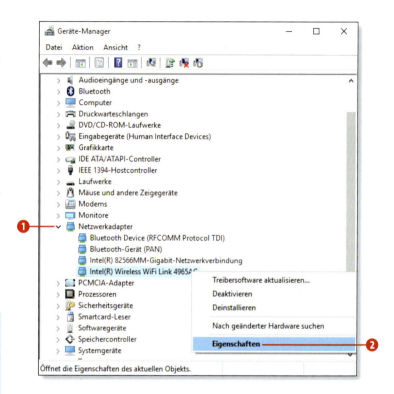

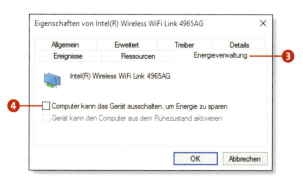

Netzwerkadapter

Für Probleme, die mit dem Netzwerkadapter zusammenhängen, bietet Windows eine besondere Reparaturfunktionalität: Geben Sie im Suchfeld »Problembehandlung« ein, und wählen Sie in der Ergebnisliste den gleichnamigen **Systemsteuerung**-Eintrag. Klicken Sie auf **Netzwerk und Internet**, anschließend auf den Link **Netzwerkadapter** und schließlich im daraufhin angezeigten Dialogfeld auf **Weiter**.

Nicht mehr reagierende Apps beenden

Auf die gleiche Weise können Sie auch Apps beenden, die abgestürzt sind und sich anders nicht mehr beenden lassen. Klicken Sie auf der Registerkarte **Prozesse** mit der rechten Maustaste auf die App, und wählen Sie im Kontextmenü **Task beenden**.

Probleme mit USB-Geräten

Datei kann nicht auf USB-Stick kopiert werden

Falls Sie sehr große Dateien auf eine externe USB-Festplatte oder einen USB-Stick kopieren, kann folgende Situation entstehen: Windows meldet, dass nicht ausreichend Platz auf dem Zieldatenträger vorhanden ist – obwohl Sie sicher sind, dass genügend Platz zur Verfügung steht. Meistens liegt die Ursache für dieses Problem darin, dass die zu kopierende Datei mehr als 4 GB groß ist und der Zieldatenträger noch mit dem Dateisystem FAT32 formatiert ist. Sie müssen dann die Formatierung in NTFS ändern.

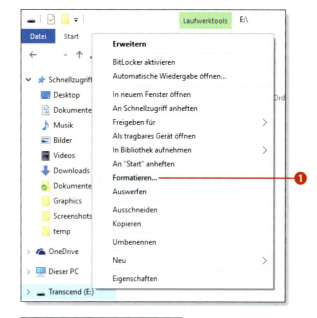

1. Starten Sie den Explorer, indem Sie ⊞ + E drücken oder in der Taskleiste auf das **Explorer**-Symbol klicken.
2. Klicken Sie mit der rechten Maustaste auf den betreffenden Datenträger, und wählen Sie **Formatieren** ❶.
3. Setzen Sie den Typ des Dateisystems auf **NTFS** ❷, und klicken Sie auf **Starten**.

> **Formatieren löscht alle Daten!**
>
> Bei der Formatierung gehen alle Daten auf dem Datenträger verloren. Kopieren Sie daher bei Bedarf vorhandene Dateien um, bevor Sie formatieren. Und achten Sie darauf, nicht versehentlich den falschen Datenträger zu formatieren!

Ein USB-Gerät wird nicht mehr erkannt

Wenn ein angeschlossenes USB-Gerät plötzlich nicht mehr erkannt wird, dann probieren Sie zunächst einmal, ob sich das Problem durch Herausziehen und Wiedereinstecken lösen lässt. Funktioniert das Gerät danach wieder, war wahrscheinlich die Energieverwaltung von Windows schuld, die nach einiger Zeit der Inaktivität das Gerät in einen Schlafmodus versetzt, aus dem manche Geräte nicht wieder aufwachen. Diese Energiesparfunktion können Sie aber deaktivieren.

1. Öffnen Sie den **Geräte-Manager**. Suchen Sie dazu im Suchfeld nach »Geräte-Manager«, und wählen Sie den entsprechenden Eintrag aus.

2. Erweitern Sie den Eintrag **USB-Controller** ❶, und öffnen Sie per Doppelklick den **Eigenschaften**-Dialog des ersten Eintrags mit dem Namen **USB-Root-Hub** ❷.

3. Wählen Sie die Registerkarte **Energieverwaltung** ❸.

4. Entfernen Sie das Häkchen bei **Computer kann das Gerät ausschalten** ❹, klicken Sie auf **OK**.

5. Wiederholen Sie dieses Vorgehen für alle weiteren **USB-Root-Hub**-Einträge.

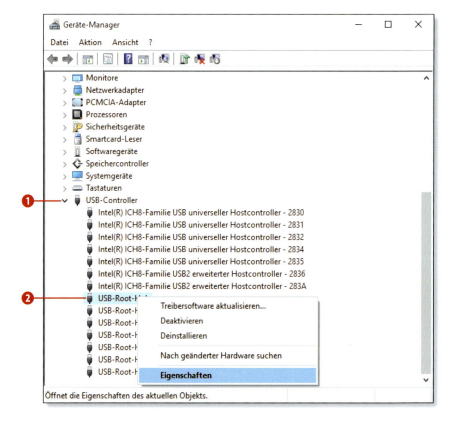

USB-Geräte immer auswerfen

Sie sollten USB-Geräte immer »auswerfen«, bevor Sie sie vom Rechner trennen. Vor allem externe Festplatten können sonst Schaden nehmen. Klicken Sie dazu auf das kleine USB-Symbol in der Taskleiste unten rechts.

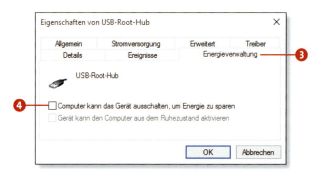

Probleme dokumentieren

Screenshots zur Problemanalyse erstellen

Wenn Sie bei Software-Problemen mit Ihrem Computer Hilfe bei Dritten suchen (z. B. über eine Support-Hotline), kann es nützlich sein, ein Bild von dem Problem oder der Fehlermeldung vorliegen zu haben – ein Bild sagt bekanntlich mehr als 1000 Worte. Dies nennt man im Fachjargon einen »Screenshot machen«; diese Funktion wird von Windows 10 direkt unterstützt.

1. Drücken Sie die Taste `Druck`. Eine Kopie der gesamten Bildschirmansicht befindet sich nun in der Zwischenablage.

    Wenn Sie nicht den gesamten Bildschirm, sondern nur das aktive Fenster fotografieren wollen, drücken Sie `Alt` + `Druck`.

2. Fügen Sie mit `Strg` + `V` den Screenshot anschließend in eine geöffnete E-Mail-Nachricht, ein Grafikprogramm oder ein Textdokument ein.

Screenshot als Grafikdatei speichern

Alternativ können Sie `⊞` + `Druck` drücken. Der Screenshot wird dann automatisch im Format PNG in einem separaten Ordner *Screenshots* in Ihrem *Bilder*-Ordner ❶ gespeichert. Anschließend können Sie im Explorer zum Ordner *Dieser PC\Bilder\Screenshots* wechseln und den erstellten Screenshot bearbeiten oder gleich per E-Mail weiterleiten.

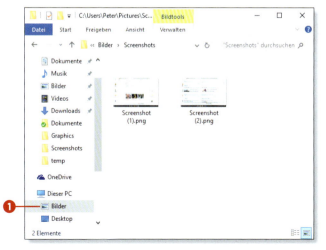

Problem als Klickfolge aufzeichnen

Wenn Sie bei einem Computerproblem selbst nicht weiterkommen, kann es helfen, die Aktionen schrittweise aufzuzeichnen und sie einem fachkundigen Freund oder einem Support-Mitarbeiter zukommen zu lassen, damit dieser nachvollziehen kann, was Sie an Ihrem Rechner genau klicken und was das Problem ist. Hierfür bietet Windows direkte Unterstützung:

1. Öffnen Sie das Dialogfeld **Ausführen**, indem Sie ⊞ + R drücken.

2. Geben Sie den Befehl »psr« ein, und klicken Sie auf **OK**.

3. Wählen Sie im Menü zur Schaltfläche **Hilfe** den Befehl **Einstellungen** ❶.

4. Legen Sie im Dialogfeld **Einstellungen für Problemaufzeichnung** die Ausgabedatei fest (ein ZIP-Archiv) ❷, und schließen Sie den Dialog mit **OK** ❸.

5. Klicken Sie auf **Aufzeichnung starten** ❹.

6. Führen Sie die Aktionen durch, bei denen ein Fehler oder ein Problem auftritt.

7. Klicken Sie auf **Aufzeichnung beenden** ❺.

8. Übermitteln Sie die erstellte Datei an die gewünschte Person.

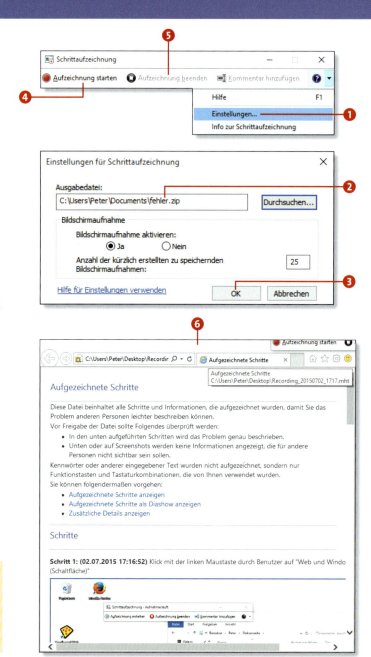

Ansicht mit Browser

Das erzeugte ZIP-Archiv enthält eine MHTML-Datei, die in jedem normalen Browser geöffnet werden kann und alle durchgeführten Schritte erläutert sowie grafisch anzeigt ❻.

Fernzugriff

Rechner für einen Fernzugriff vorbereiten

Bei manchen Computerproblemen ist es sehr hilfreich, einen Dritten anzurufen und zu fragen. Meist kann der aber nur sinnvoll helfen, wenn er sieht, was auf dem Rechner tatsächlich passiert. Hierzu bietet Windows eine besondere Funktionalität namens *Remoteunterstützung*, mit der sich Ihr Helfer über das Internet auf Ihrem Rechner einloggt. Natürlich ist diese Funktion auch für Sie selbst praktisch, wenn Sie sich von einem anderen Standort aus auf Ihrem Computer einloggen möchten.

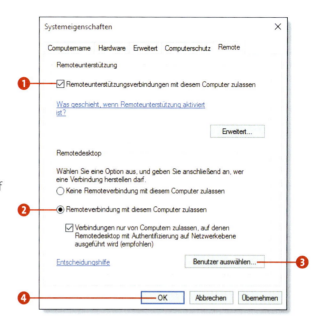

1. Geben Sie im Suchfeld »Remote« ein, und wählen Sie in der Ergebnisliste **Remotezugriff auf den Computer zulassen**.

2. Aktivieren Sie das Kontrollkästchen **Remoteunterstützungsverbindungen mit diesem Computer zulassen** ❶.

3. Wenn Sie über Windows Pro oder eine höhere Edition verfügen, können Sie zusätzlich die Option **Remoteverbindung mit diesem Computer zulassen** ❷ aktivieren und festlegen, welche Benutzer sich zusätzlich von außen (*remote*) einloggen dürfen ❸.

4. Klicken Sie **OK** ❹.

5. Nach erfolgtem Remotezugriff sollten Sie die Option **Remoteverbindung mit diesem Computer zulassen** wieder deaktivieren, um die Sicherheit Ihres Rechners nicht unnötig zu gefährden.

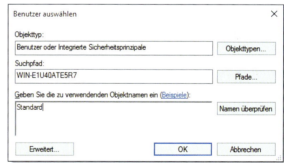

Benutzer für Fernzugriff

Für den Fernzugriff einer anderen Person auf Ihren Rechner sollten Sie ihr zuvor ein eigenes Benutzerkonto auf Ihrem Rechner einrichten – ansonsten müssten Sie das Passwort Ihres eigenen Benutzerkontos weitergeben, was Sie vermeiden sollten.

Router konfigurieren

Wenn Sie einen lokalen Router (z. B. FritzBox oder Speedport) betreiben, muss dieser für eine sogenannte Portfreigabe auf Port 3389 konfiguriert sein. Konsultieren Sie dazu die entsprechende Bedienungsanleitung.

Remotezugriff auf einen Rechner

Um von einem Windows-Rechner aus Verbindung mit einem anderen Windows-Rechner aufnehmen zu können, gibt es die *Remotedesktopverbindung*.

1. Geben Sie im Suchfeld »Remote« ein, und wählen Sie in der Ergebnisliste **Remotedesktopverbindung**.
2. Geben Sie den Rechnernamen (inklusive Domainnamen) oder die IP-Adresse des Rechners ein, auf den Sie zugreifen möchten, sowie den Benutzernamen ❶, mit dem Sie sich auf dem Zielrechner einloggen möchten.
3. Starten Sie den Verbindungsaufbau mit **Verbinden** ❷.
4. Falls ein Hinweis erscheint, dass die Identität des Zielrechners nicht verifiziert werden konnte, klicken Sie auf **Ja**.
5. Wenn Sie den Remotezugriff beenden wollen, klicken Sie auf die Schaltfläche **Schließen**.

Windows Pro oder höher erforderlich

Auf dem Zielrechner muss eine Windows-Pro- oder -Enterprise-Edition laufen.

Der Explorer reagiert nicht mehr

Es wird früher oder später auch Ihnen mal passieren, dass der Explorer nicht mehr reagiert. Dies ist besonders ärgerlich, da auch der gesamte Desktop indirekt ein Teil des Explorers ist. In früheren Windows-Versionen musste man letztlich Windows neu starten, um wieder normal arbeiten zu können. Mittlerweile geht es einfacher, denn Sie können einfach den Explorer-Prozess neu starten.

1. Rufen Sie den **Task-Manager** auf ([Strg] + [⇧] + [Esc]).

2. Klicken Sie unten im **Task-Manager**-Fenster gegebenenfalls auf **Mehr Details**, um zur erweiterten Ansicht zu wechseln. Wenn **Weniger Details** ❶ sichtbar ist, dann sind Sie bereits in der erweiterten Ansicht.

3. Klicken Sie auf der Registerkarte **Prozesse** mit der rechten Maustaste auf den Eintrag **Windows-Explorer**, und wählen Sie **Neu starten** ❷.

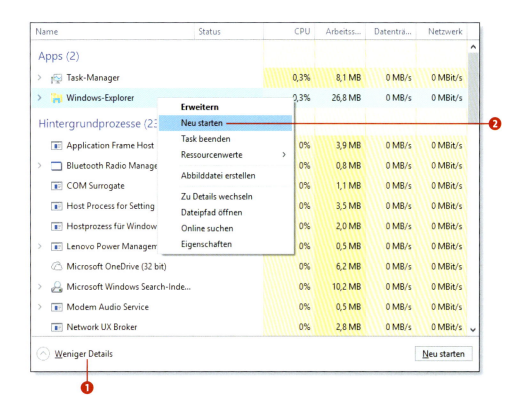

Neustart nur beim Explorer möglich

Die Option **Neu starten** ist nicht bei allen Prozessen möglich. Andere Prozesse müssen Sie zunächst beenden und dann auf dem herkömmlichen Weg über das Startmenü neu starten.

Glossar

Administrator
Ein Benutzer, der über erweiterte Rechte zur Verwaltung des Rechners verfügt. Der Benutzer erhält diese Rechte, indem er sich mit einem Administratorkonto anmeldet oder indem er eine Aktion anstößt, für die Administratorrechte benötigt werden, wie z. B. der Aufruf des Befehls **Als Administrator ausführen**, den der Explorer im Kontextmenü von Apps anbietet. In beiden Fällen wird er aufgefordert, sich durch Eingabe eines Administratorpassworts zu autorisieren.

App
Ab Windows 10 bezeichnet Microsoft nicht nur die für die Fingerbedienung optimierten Programme für Tablets und Smartphones, sondern alle Programme als *Apps*. Wenn ein Programm für den klassischen Desktop gedacht ist, wird es auch als *Desktop-App* bezeichnet.

App-Listen
Diese Listen sind Teil des Startmenüs beziehungsweise der Startseite und sollen den Zugriff auf die von Ihnen benötigten Apps erleichtern. Es gibt diverse App-Listen: eine Liste der meistverwendeten Apps, eine Liste der zuletzt installierten Apps sowie die **Alle Apps**-Liste aller installierten Programme.

App-Menü
Menü von Window-Store-Apps, das über die Schaltfläche mit den drei Strichen links oben in den Apps eingeblendet wird und app-spezifische Befehle enthält. Im Tablet-Modus verfügt die Startseite ebenfalls über ein App-Menü, das die Navigationsleiste mit den App-Listen enthält. Es wird oft auch als »Hamburger-Menü« bezeichnet.

»Ausführen«-Dialog
Über diesen Dialog können Sie viele Systemdialoge und -programme direkt aufrufen. Der **Ausführen**-Dialog erscheint, wenn Sie die Tastenkombination ⊞ + R drücken oder den gleichnamigen Befehl aus dem Kontextmenü der Start-Schaltfläche auswählen.

Benachrichtigungen
Die Benachrichtigungen, z. B. Update-Ankündigungen oder Informationen sozialer Medien, werden oben im **Info-Center** angezeigt. Eingeblendet wird das **Info-Center** über den gleichnamigen Schalter rechts in der Taskleiste.

Bildschirmtastatur
Bei mobilen Geräten, die nicht über eine Tastatur verfügen, können Sie über das gleichnamige Symbol aus der Taskleiste eine virtuelle Tastatur einblenden.

BIOS
Firmware des Rechners, deren Hauptaufgabe es ist, den Rechner beim Hochfahren betriebsbereit zu machen und das Betriebssystem zu starten.

Bitlocker
Microsoft-Technologie zur Verschlüsselung von Laufwerken. Wird meist erst ab der Windows-Pro-Edition angeboten.

ClearType
Technologie, die darauf abzielt, Schriften am Bildschirm klarer und besser lesbar darzustellen.

Cortana
Die Sprachassistentin von Windows 10. Wer ein mobiles Gerät verwendet, findet es unter Umständen einfacher, seine Befehle an das Gerät mündlich zu übermitteln. **Cortana** ist inzwischen so ausgereift, dass sie Termine eintragen, eine Telefonverbindung herstellen oder die Bing-Suche bedienen kann. **Cortana** kann aber natürlich auch auf normalen Desktop-PCs genutzt werden.

Dateiversionsverlauf
Backup-Technologie zum automatischen Sichern von Dateien.

Desktop-App
Klassisches Windows-Programm.

Desktop-Modus
Der klassische Windows-Modus, bei dem man die Fenster der Apps beliebig auf dem Desktop verteilen kann (siehe Tablet-Modus).

Download
Das Herunterladen von Daten aus dem Internet.

Edge
Der neue Microsoft-Browser (Nachfolger des Internet Explorers).

Eingabeaufforderung
Ein spezielles Fenster, über das Sie Windows per Systembefehlen steuern können (manchmal auch *Konsole* genannt).

Flugzeugmodus
Betriebsmodus von mobilen Geräten, der verhindern soll, dass die von den Geräten ausgestoßene Strahlung den Betrieb elektronischer Geräte aus der näheren Umgebung stört (z. B. in Krankenhäusern oder Flugzeugen).

Freeware
Software, die im Internet kostenfrei angeboten wird.

Hamburger-Menü
Spitzname für das App-Menü.

Glossar

Info-Center

Dieser Bereich wird auch als *Aktions- und Benachrichtigungscenter* bezeichnet und an der rechten Bildschirmseite eingeblendet. Aufgerufen wird das **Info-Center** über das **Benachrichtigungen**-Symbol in der Taskleiste. Gibt es aktuelle Benachrichtigungen, dann stehen sie oben im **Info-Center**; im unteren Bereich gibt es diverse Schaltflächen wie z. B. WLAN, VPN, Bluetooth, Flugzeugmodus, Tablet-Modus etc. – die genaue Zusammenstellung ist systemabhängig.

ISO-Datei

Eine Datei, die das Speicherabbild einer CD oder DVD enthält. Mit Hilfe von Windows oder entsprechender Software können Sie aus einer ISO-Datei eine CD oder DVD brennen.

Kontextmenü

Durch Rechtsklick mit der Maus oder durch längeres Drücken mit dem Finger können Sie zu bestimmten Objekten, die dies unterstützen, ein Menü mit objektspezifischen Optionen, das sogenannte *Kontextmenü*, aufrufen.

Links

Verweise. Der Begriff wird meist im Zusammenhang mit Webseiten gebraucht und bezeichnet Verweise auf andere Seiten, herunterladbare Dateien etc.

Live-Kachel

Bestimmte Kacheln im Startmenü oder auf der Startseite können aktiviert werden und aktuelle Informationen anzeigen, z. B. die Kachel für die **Wetter**-App, den Kalender und die Nachrichten. Der Vorteil ist, dass Sie sich auf diese Weise, ohne die App zu öffnen, auf der App aktuelle Informationen anzeigen lassen können.

Lokales Konto

Windows-Benutzerkonto, das nicht mit einem Microsoft-Konto verbunden ist.

Malware

Oberbegriff für Schadsoftware, wie Viren, Trojaner oder Würmer.

MD5

Algorithmus zur Berechnung von Prüfsummen, mit deren Hilfe man erkennen kann, wenn eine heruntergeladene Datei während des Herunterladens beschädigt oder manipuliert wurde. In diesem Fall ergibt die Berechnung der Prüfsumme für die heruntergeladene Datei nicht den gleichen Wert wie die auf der Download-Seite angegebene Prüfsumme.

Microsoft-Konto
Im engeren Sinne ein Konto, das Sie durch Registrierung bei Microsoft erhalten und das Sie über die angegebene E-Mail-Adresse identifiziert. Im weiteren Sinne ein Windows-Benutzerkonto, das mit einem Microsoft-Konto verbunden ist. Etliche Windows- und App-Dienste können nur in Verbindung mit einem Microsoft-Konto genutzt werden.

OneDrive
Dahinter verbirgt sich der kostenlose Cloud-Speicher von Microsoft, den alle Windows-Nutzer mit einem Microsoft-Konto kostenlos nutzen können. Nachfolger von SkyDrive.

OneNote
Ein virtueller Notizblock, der Daten unterschiedlichster Couleur (Text, Bilder, Handschrift, Videos etc.) aufnehmen kann.

ReadyBoost
Cache-Technologie, die Windows nutzen kann, um den Zugriff auf die Festplatte zu beschleunigen.

Registrierdatenbank
Eine Windows-interne Datenbank, die von Windows und vielen installierten Programmen verwendet wird, um diverse Konfigurationseinstellungen und Hilfsdaten abzuspeichern. Wird auch *Registry* genannt.

Registrierungs-Editor
Spezieller Windows-Editor, mit dem Sie die Registrierdatenbank einsehen und bearbeiten können.

Remotezugriff
Zugriff auf andere Rechner über ein Netzwerk.

Router
Gerät, das Daten in Form von Netzwerkpaketen zwischen Netzwerken überträgt.

Secure Boot
Eine Technologie, die die Ausführung von Schadsoftware beim Systemstart verhindern soll und derzeit zum Leistungsumfang von UEFI-Bootsystemen gehört.

SHA-1
Algorithmus zur Berechnung von Prüfsummen, mit deren Hilfe man erkennen kann, wenn eine heruntergeladene Datei während des Herunterladens beschädigt oder manipuliert wurde. In diesem Fall ergibt die Berechnung der Prüfsumme für die heruntergeladene Datei nicht den gleichen Wert wie die auf der Download-Seite angegebene Prüfsumme.

Sperrbildschirm
Vorgeschalteter Bildschirm, der erst entsperrt werden muss, bevor der Benutzer nach Eingabe seines Passwortes die Arbeit mit dem Computer aufnehmen kann. Der Sperrbildschirm ist konfigurierbar. Lassen Sie z. B. Ihr Lieblingsbild oder aktuelle Informationen anzeigen.

Glossar 311

Startmenü
Wichtigste Schaltzentrale des Windows-Betriebssystems. Von hier aus können Sie die installierten Programme aufrufen, zu den Systemeinstellungen gelangen oder den PC herunterfahren. Sie öffnen es über ⊞ oder die Start-Schaltfläche links in der Taskleiste.

Startseite
Das Startmenü des Tablet-Modus.

Suchfeld
Eingabefeld für die globale Suche auf Ihrem System und im Web. Das Suchfeld befindet sich in der Taskleiste direkt neben der Start-Schaltfläche. Im Desktop-Modus können Sie meist direkt in das Suchfeld klicken, im Tablet-Modus müssen Sie zuerst auf das **Suchen**-Symbol in der Taskleiste tippen, um das Suchfeld einzublenden. Wenn Sie **Cortana** aktivieren, nutzt sie das Suchfeld zum Anzeigen gesprochener Befehle und Suchbegriffe, und statt des Suchen-Symbols sehen Sie in der Taskleiste das **Cortana**-Symbol.

Systemsteuerung
Über diesen Dialog können Sie viele Einstellungen am System vornehmen. Sie rufen das Dialogfeld über den Eintrag **Systemsteuerung** im Kontextmenü der Start-Schaltfläche auf.

Tablet-Modus
Betriebsmodus, in dem Windows-Store-Apps und die Fenster der Programme immer bildschirmfüllend angezeigt werden (vor allem für Tablets und Smartphones geeignet).

Taskansicht
Präsentiert eine Übersicht aller geöffneten Apps und erlaubt die Einrichtung und Verwaltung virtueller Desktops.

Taskleiste
Wichtige Leiste am unteren Bildschirmrand; sie zeigt im Desktop-Modus links das Suchfeld, die Taskansicht und die Symbole aller geöffneter Apps und Programme sowie rechts den Infobereich an.

Teilen
Das Versenden von Inhalten (z. B. einer Datei) an jemanden, häufig via E-Mail. In vielen Apps gibt es dafür eine spezielle **Teilen**-Schaltfläche.

Touchscreen
Berührungsempfindlicher Bildschirm, der die Steuerung mittels bestimmter Bewegungen (*Gesten*) der Finger oder spezieller Stifte ermöglicht. Tablets und Smartphones werden standardmäßig mit Touchscreens ausgestattet.

UEFI
Abkürzung für *Unified Extensible Firmware Interface*; eine moderne Form des BIOS.

Universelle App
Eine App, die nach einem einheitlichen Programmierstandard entwickelt wurde und ohne Änderungen auf allen Windows-10-basierten Geräten (Desktop, Tablet, Smartphone) ablaufen kann.

Virtueller Desktop
Seit Windows 10 können Sie im Desktop-Modus mehrere virtuelle Desktops anlegen, auf denen Sie jeweils verschiedene Apps geöffnet haben. Mittels virtueller Desktops können Sie z. B. unterschiedliche Arbeitsbereiche anlegen, zwischen denen Sie schnell wechseln können.

VPN
VPN steht für *Virtual Private Network*. Eine verschlüsselte Verbindung über das (unsichere) öffentliche Internet.

Windows Store
Der Onlinemarkt von Microsoft, von wo Sie z. B. Musik, Videos oder Apps herunterladen können. Bezahlen können Sie im Windows Store mit Ihrem Microsoft-Konto.

Xbox
Im engeren Sinn eine Spielkonsole von Microsoft. Ergänzend dazu gibt es auch eine Website *xbox.com*, auf der Sie sich mit Gleichgesinnten zu Spielen und Multimedia-Inhalten austauschen und miteinander spielen können. Diese Vernetzung ist in vielen Xbox-Spielen direkt integriert.

ZIP-Dateien
Komprimierte Archivdateien.

Stichwortverzeichnis

A

Abgesicherter Modus	283
Abgesicherter Start	283
Administrator	
für Programmstart	254
Kontotyp ändern	253
Administratorkonto	54
einrichten	253
geheimes	54
Aktien	
analysieren	152
im Startmenü beobachten	153
Anmeldung	
automatische	42
Bildkennwort	40
mit PIN	38
unverschlüsselte	38
Ansicht, Explorer	84
Antiviren-Software	246
Anzeigedauer des Bootmenüs	117
Anzeige, hoher Kontrast	73
Apps	26, 52
alle Apps anzeigen	57
alle beenden	64
ältere Programme ausführen	286
Anmeldedaten löschen	167
Ansicht	57
an Taskleiste anheften	61
App-Menü	22
automatisch starten	46
beenden	27, 64, 298
Benachrichtigungen	200
Benachrichtigungen ausschalten	67
Definition	26
deinstallieren	28

Desktop-Apps	26
drucken	68
finden	57
Gruppe beenden	64
gruppieren	60
im Tablet-Modus nebeneinander anzeigen	66
individuelle Sprache	217
installieren	28
installierte Apps	57
Kachel auf Startseite anlegen	58
Kachel entfernen	59
Kachel im Startmenü anlegen	58
konfigurieren	27
Live-Kachel	59
Live-Vorschau	204
mehr Prozesorzeit zugestehen	123
per Tastenkombination starten	52
Speicherbelegung	277
starten	26
steuern	27
Stromverbrauch	65
Update ausschalten	121
Verbindung zu Microsoft-Konto lösen	167
Verbrauchsdaten	124, 276
von Taskleiste entfernen	61
Arbeitsspeicher überprüfen	293
Ausführen-Dialog	33
Autostart	
App	46
aufräumen	118
Dateien	47
einrichten	118

B

Begrüßungsbildschirm	198
Benachrichtigungen	200
ausschalten	67
im Info-Center	24
Benutzer	
Administrator	54
Administratorkonto	253
anlegen (lokal)	250
anlegen (Microsoft-Konto)	250
automatisch anmelden	42
Gastkonto	54
Kontotyp ändern	160
wechseln	55
Benutzdaten synchronisieren	259
Benutzerkonto	249
Administratorrecht zuteilen	253
ändern	253
anlegen (lokal)	250
anlegen (Microsoft-Konto)	250
Konzeption	249
Besitzer, von Dateien	100, 101, 103
Besitzrechte übernehmen	103
Betriebssystemauswahl	117
Bibliothek erstellen	231
Bildkennwort	
festlegen	40
vergessen	41
Bildschirmauflösung	66
Bildschirmlupe	72
andocken	72
beenden	72
Bildschirmtastatur	20
BIOS	281
Bitlocker	239

Bootmenü, Anzeigedauer festlegen 117
Browser
anonym surfen 242
Cookies 243
Cookies löschen 243
InPrivate-Modus 242
temporäre Dateien 263
Verlauf löschen 243

C

CD
auf Smartphone übertragen 190
brennen 191
Cover drucken 192
in MP3 umwandeln 187
ClearType 273
Cookies 243
Cortana 76
aktivieren 76
App starten 79
Erinnerungen einrichten 81
Erinnerungen verwalten 81
Internetrecherche 80
konfigurieren 77
Musik 80
Notizbuch 77
Sprachsteuerung 78
suchen mit 80
Suchfeld 77, 79
Termine 80
Wetter 80
CRC32 247

D

Datei
an Taskleiste anheften 63
automatisch öffnen 47
Besitzer ändern 100, 103

Besitzer mit »takeown« ändern 101
Besitzrechte 103
Endung zuweisen 86
erweitertes Kontextmenü 95
»hiberfil.sys« löschen 266
ISO-Datei 108
kopieren mit Dateidialog 96
kopieren per Drag & Drop 98
Kopiervorgang anhalten 93
löschen 272
mehrere umbenennen 92
Pfad kopieren 95
sofort löschen 88
spionagesicher löschen 234
verschlüsseln 237
versteckte Dateien sichtbar machen 87
Zugriff auf Dateien von fremdem
Computer 106
Zugriffsrechte ändern 100, 103
Zugriffsrechte mit »icacls« ändern 101
zusammen umbenennen 90
Dateidialogfeld 96
Dateien
extrahieren 104
komprimieren 104
Prüfsummern 247
Dateisystem
FAT32 274
in NTFS ändern 299
NTFS 274
überprüfen 265
Dateiversionsverlauf 228, 230
auf frühere Version zugreifen 231
Datenschutzoptionen 229
Datumsanzeige, Format 208
Defragmentieren 267
Desktop
schließen 75
Symbolabstand ändern 51
Symbole anordnen 49, 50
Symbolgröße ändern 51

Tablet-Modus 22
virtueller 74
Desktop-App 26
Desktop-Modus
automatisch starten 43
Windows beenden 35
Dialogfeld an Taskleiste anheften 62
Diashow als Desktop-Hintergrund 220
Dienst abschalten 119
DirectX, Diagnose 289
Drucken, von Apps aus 68
DVD abspielen 194
DVD-Laufwerk
reagiert nicht 291
verschwundenes 291

E

Edge 128
anonym surfen 242
Cookies löschen 243
Favoriten abrufen 132
Favoriten hinzufügen 131
Favoritenleiste 132
Favoriten verwalten 132
Leseansicht 134
Leseliste 131
Startseite einrichten 130
Startseiten-Schalter 130
Tastenkombinationen 149
Verlauf löschen 243
Webseiten kommentieren 135, 136
Webseitennotizen 135, 136
Webseiten speichern 133
wechseln zu Internet Explorer 137
Eingabeaufforderung 82, 95
Hilfe 82
konfigurieren 82
Programme starten 82
Verzeichnis wechseln 82

Stichwortverzeichnis   315

Ereignisanzeige 280, 288
Eventanzeige 280, 288
Explorer
  Ansichten synchronisieren 89
  auswählen 90
  eigener Fensterprozess 94
  erweitertes Kontextmenü 95
  erweitertes »Senden an«-Menü 95
  kopieren im, per Drag & Drop 98
  Kopiervorgang anhalten 93
  löschen 89
  löschen im 88
  Menüband 84, 86, 117
  Navigationsbereich 84, 89
  OneDrive Integration 173
  Ordner mit eigenem Symbol 212
  Pfad kopieren 95
  reagiert nicht mehr 305
  schneller Ansichtwechsel 84
  Schnellzugriff 84
  Schnellzugriff konfigurieren 85
  Schnellzugriffleiste 84, 235
  sortieren im 90, 91
  Start mit Laufwerksansicht 85
  Systemordner 97
  Tastenkombination 109
  versteckte Dateien sichtbar machen 87
  ZIP-Dateien durchsuchen 105
Extrahieren 104

F

FAT32 274
Favoriten
  abrufen 132
  hinzufügen 131, 147
  und Sicherheit 147
  verwalten 132, 148

Fenster in den Vordergrund holen 69
Fenstervorschau
  Größe 202
  Verzögerung 202
Fernzugriff
  durchführen 304
  zulassen 303
Festplatte
  defragmentieren 267
  nachträglich partitionieren 274
Festplattenverschlüsselung 239
Feststelltaste deaktivieren 207
File History → Dateiversionsverlauf 230
Finanzen-App
  Aktien analysieren 152
  Portfolio einrichten 152
Firewall 245
Flugzeugmodus 150
Folder Size 264
Formatieren 299
Fotos
  anschauen 180
  automatisch korrigieren 184
  Daten ändern 185
  drehen 183
  importieren 180
  in Fotos-App vergrößern 181
  in Fotos-App zoomen 181
  private Bildinformationen entfernen .. 185
  Quellen 180
  sichten 182
Freeware
  Folder Size 264
  HashTab 247
  herunterladen 271
  LockHunter 99
  VLC Media Player 194

G

Gastkonto 54
Geräte-Manager 290
Geste 23
Gesundheit-App, Diät 155
Godmode 226
Grafikprobleme 289
Groove-Musik-App 186
Gruppe (Apps)
  anlegen 60
  löschen 60
  umbenennen 61

H

Hamburger-Menü 22
Hardware-Beschleunigung (Grafik) 289
HashTab 247
Hauptspeicher überprüfen 293
hiberfil.sys 266
Hintergrundbild für mehrere
Monitore 225
Hintergrundprozesse abschalten 119
Hybrid-Boot 115

I

icacls 101
Indizierte Orte 105, 107
Info-Center 24
Installieren, App 28
Internet
  Flugzeugmodus 150
  keine Verbindung 297
  keine Verbindung nach
  Ruhezustand 298

Internet Explorer
als Standardbrowser 138
anonym surfen 242
Cookies löschen 243
Download-Ordner ändern 146
Favoriten hinzufügen 147
Favoriten verwalten 148
größere Symbole verwenden 140
individuelle Befehlsleiste 140
in Taskleiste 138
letzte Sitzung öffnen 141
mehrere Fenster 129
mehrere Startseiten 141
Registerkarten in eigener Zeile 139
Startseite einrichten 141
Suchanbieter konfigurieren 145
Suchanbieter wechseln 142
suchen mit der Adressleiste 144
Tastenkombinationen 149
Verlauf löschen 243
Wikipedia-Suche installieren 143
IP-Adresse 296
ipconfig 296
iPhone, Musik übertragen 190
ISO-Datei
als virtuelles Laufwerk einbinden 108
brennen 107
Ixquick 130, 141, 142, 242

K

Kachel 21
anlegen 21
entfernen 21
Größe ändern 59
gruppieren 60
im Startmenü anlegen 58
Live-Modus 59
Kamera deaktivieren 236

Karten
App 195
löschen 196
offline 196
Karten-App 195
Kennwort
vergessenes (lokales Konto) 285
vergessenes (Microsoft-Konto) 284
zurücksetzen (lokales Konto) 285
zurücksetzen (Microsoft-Konto) 284
Kennwortrücksetzdatenträger 233
Kennwortrücksetzdiskette 233
Komprimieren 104
Kontextmenü
aufrufen 23
erweitertes 95
Windows-Schaltfläche 18, 30
Konto
Administratorkonto aktivieren 54
Gastkonto aktivieren 54
Kontrastdarstellung 73
Kopieren
anhalten 93
mit Datei-Dialog 96
Kurznotiz 71

L

Laufwerk
Buchstaben ändern 210
ISO-Datei 108
Namen ändern 211
Leseansicht 134
Leseliste im Edge 131
Lieder online kaufen 188
Linkshänder
Maustasten 53
Menüs 53
Tablet-Einstellungen 53

Live-Kachel 59
Live-Vorschau
aller Kacheln ausschalten 204
einzelner Kacheln ausschalten 204
LockHunter 99
Log-in
Bildkennwort 40
mit PIN 38
Lokales Konto umwandeln in
Microsoft-Konto 160
Löschen
Bestätigungsdialog 272
Dateien spionagesicher löschen 234
endgültig 272
temporäre Browser-Dateien 263
temporäre Dateien 262

M

Mail
Junk-Mail Filter 166
Konto entfernen 165
Konto konfigurieren 165
Kontoname ändern 165
Spam-Filter 166
weiteres Konto hinzufügen 163, 164
Windows Live Mail installieren 168
Windows-Mail-Live-Konto einrichten . 170
Malware 244
MD5 247
Menüband, Explorer 84, 86, 117
Microsoft Edge → Edge 128
Microsoft-Konto 158, 160
anlegen 158, 250
Registrierung 158
schließen 162
umwandeln in lokales Konto 161

Stichwortverzeichnis 317

Mikrofon
deaktivieren 236
einrichten 78
Monitor
anordnen, mehrere 223
Anzeigemodus 222
Auflösung 222
Diashow 220
Hauptbildschirm 222
Hintergrundbild 225
identifizieren 223, 225
mehrere 222
Taskleiste 224
MP3, umwandeln von CD 187
Musik
auf Smartphone übertragen 190
CD brennen 191
CD-Cover drucken 192
CD importieren/rippen 186
CD in MP3 umwandeln 187
Groove-Musik-App 186
MP3-CD brennen 191
Online kaufen 188
Windows Media Player 186

N

Navigationsbereich, Explorer 84, 89
Netzwerk, keine Verbindung nach
Ruhezustand 298
Netzwerkadresse 296
Netzwerkdiagnose 297
Netzwerktyp, Firewall-Einstellung 245
Netzwerkverbindung/Netzwerk
überprüfen 297
Neustart verhindern 56
NTFS 274, 299

O

Offline-Karten 196
OneDrive
arbeiten im Windows-Explorer 172
Integration mit Explorer 173
Ordner lokal speichern 174
Zugriff 171
Ordner
erweitertes Kontextmenü 95
Größe anzeigen 264
kopieren per Drag & Drop 98
Kopiervorgang anhalten 93
Pfad kopieren 95
versteckte Dateien 87

P

Papierkorb
konfigurieren 272
umgehen 88
Partition
nachträglich erstellen 274
vergrößern 274
verkleinern 274
Passwort
vergessenes (lokales Konto) 285
vergessenes (Microsoft-Konto) 284
zurücksetzen (lokales Konto) 285
zurücksetzen (Microsoft-Konto) 284
PIN 38, 39
Portfolio 152
Post-it 71
Problemaufzeichnung 302
Programm
als Administrator ausführen 254
mehr Prozessorzeit zugestehen 123
Programm → Apps 52

Prozess 94
Prozessor, mehrere Prozessoren für Start nut-
zen 114
Prüfsummern 247

R

RAM überprüfen 293
ReadyBoost 122
Rechner
Systeminformationen 287
virtueller 286
Registrierdatenbank 269
importieren 292
säubern 271
sichern 270
wiederherstellen 271, 292
Registry → Registrierdatenbank 269
Remote-Desktop starten 304
Remoteunterstützung 303
Remotezugriff
durchführen 304
zulassen 303
Router 303
Ruhezustand 44
aktivieren 116
»hiberfil.sys« ansehen 266
»hiberfil.sys« löschen 266
Kopiervorgänge 93

S

Schnellzugriff
Explorer 84
konfigurieren 85
Schnellzugriffleiste
Explorer 84, 235
Verlauf löschen 235

318 Stichwortverzeichnis

Schriftart installieren 218
Schrittaufzeichnung 302
Screenshot erstellen 301
Senden-an-Menü 213
   App-Einträge 213
   Ordner-Einträge 213
SHA-1 247
Shell-Befehl 97
SkyDrive 171, 259
Skype 175
   Anruf annehmen 178
   anrufen 178
   Hardware 175
   installieren 175
   Kontaktanfrage 177
   Kontakt hinzufügen 177
   Kontakt löschen 177
   Konto anlegen 176
   Skype-Name 176
Smartphone, Musik übertragen 190
SmartScreen deaktivieren 240
Solid-State-Festplatte 267, 277
Sperrbildschirm
   Diashow 201
   konfigurieren 199
Sprache
   hinzufügen 214
   individuell für App 217
   wechseln per Sprachenleiste 215
   wechseln per
   Tastenkombination 214, 216
Sprungliste löschen 70
SSD 267, 277
Standardbetriebssystem 117
Start
   Hybrid-Boot 115
   mit mehreren Prozessoren 114
Startmenü 21
   Live-Vorschau 204
   Platz schaffen 59

Startseite
   Edge 130
   Internet Explorer 141
Startzeit 288
   messen 112
Suche, indizierte Orte 105, 107
Suchfeld 18, 30, 32
Systemabbild 228
Systemdateien reparieren 290
Systeminformationen 287
Systemordner 97

T

Tablet-Modus 22
   aktivieren 22
   automatisch starten 43
   virtuelle Desktops 74
   Windows beenden 35
takeown 101
Taskansicht 25
   App beenden 64
   beenden 25
   einblenden 25
Taskleiste
   App anheften 61
   Dialogfelder anheften 62
   Eigenschaften-Dialog 64
   für mehrere Monitore 224
   Internet Explorer 138
   Kontextmenü 62
   Position ändern 209
   Schaltflächen gruppieren 64
   Schaltflächen nicht gruppieren 206
   Uhr 208
   verwalten 62
Task-Manager 65
   App beenden 65
   Malware entdecken 244

Programmleistung kontrollieren . 124, 276
   Stromverbrauch 65
Tastaturbelegung 216
Tastenkombination 34
   App schließen 27
   Edge 149
   Internet Explorer 149
   Programm schließen 27
   Windows-Taste 34
   Windows-Taste + X 18
   zum Starten von Programmen 52
   zum Wechseln der Sprache 214, 216
Tastenkombinationen 109
Teilen-Leiste 34
Telefonieren via PC 175
Temporäre Dateien 262
TPM-Chip 239
Treiber
   aktualisieren 290
   auflisten 290

U

UEFI 281, 282
Uhrenanzeige
   Format 208
   mehrere Uhren 208
Umbenennen, mehrere Dateien 90, 92
Update für Windows-Store-Apps
ausschalten 205
USB
   Abschaltung verhindern 300
   Gerät nicht mehr erkannt 300
USB-Stick, Kopieren nicht möglich 299

V

Verbinden-Leiste 34
Verknüpfung erstellen 48

Verschlüsselung	237
Verschlüsselung, Kontextmenü	238
VirtualBox	286
Virtuelle Desktops	
Tablet-Modus	74
anlegen	74
Virtueller Rechner	286
Visuelle Effekte	
abschalten	120
reduzieren	120
VLC Media Player	194

W

Webseitennotizen	135
Wecker-App	
Stoppuhr	154
weiteren Wecker hinzufügen	154
Zeit einstellen	154
Wetter-App	
Ort hinzufügen	151
Ort löschen	151
Wiederherstellungspunkt	228
einspielen	294
erstellen	232
Wikipedia	143
Windows	
abgesicherter Modus	283
abgesicherter Start	283
alte Version löschen	268
beenden	35
Begrüßungsbildschirm	198
Benutzerkonten	249
Eingabeaufforderung	82
Fingerbedienung	20, 23

Geräte-Manager	290
installierte Treiber	290
Reset	295
schneller herunterfahren	126
Sperrbildschirm	199
starten	19
Startmodus	43
Startzeit	288
Systeminformationen	287
Tastenkombinationen	34
Version bestimmen	287
zuletzt geöffnete Dateien	235
zurücksetzen	295
Windows-Benutzeroberfläche	
App-Menü	22
Bildschirmtastatur	20
Ecken und Ränder	24
Gesten	23
Info-Center	24
Kacheln	21
Liste der geöffneten Apps	25
Startmenü	21
Suchfeld	18, 30, 32
Taskansicht	25
versteckte Elemente	24
Windows-Schaltfläche	18
Windows Defender	246
Windows-Explorer	
ZIP-Dateien erstellen	104
ZIP-Dateien extrahieren	104
Windows-Firewall	245
Windows-Fotoanzeige	182
Windows Live-ID	157
Windows Live Mail	168
Windows Live → Microsoft-Konto	158

Windows Media Player	186
Albuminformationen aktualisieren	192
CD auf Smartphone übertragen	190
CD brennen	191
CD in MP3 umwandeln	187
CD kopieren	186
Windows-Schaltfläche,	
Kontextmenü	18, 30
Windows-Schaltfläche →	
Start-Schaltfläche	18
Windows-Store-App	26
automatisches Update ausschalten	205
Windows-Update verhindern	125
Wise Registry Cleaner	271
WLAN	
keine Verbindung nach	
Ruhezustand	298
überprüfen	297

X

Xbox	188
XE Media Player, Datenspionage	
abschalten	241

Z

ZIP-Datei	
durchsuchen	105
erstellen	104
extrahieren	104
Zugriffsrechte	100, 101, 103
Zuletzt geöffnete Dateien	235

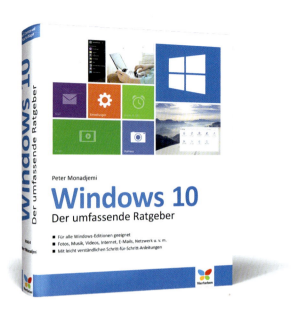

Peter Monadjemi

Windows 10
Der umfassende Ratgeber

- Für alle Windows-Editionen geeignet
- Fotos, Musik, Videos, Internet, E-Mails, Netzwerk u. v. m.
- Mit leicht verständlichen Schritt-für-Schritt-Anleitungen

816 Seiten, broschiert, in Farbe, 39,90 €
ISBN 978-3-8421-0163-0
www.vierfarben.de/3832

Walter Saumweber

Windows 10
Das große Handbuch

- Das komplette Windows-Wissen – Grundlagen und Profiwissen
- Mit Schrittanleitungen für die Anwender-Praxis
- Fotos, Musik, Internet, Mail, Netzwerk, Sicherheit u. v. m.

820 Seiten, broschiert, 19,90 €
ISBN 978-3-8421-0162-3
www.vierfarben.de/3831

Das gesamte Buchprogramm finden Sie unter: www.vierfarben.de